"新商科"电子商务系列规划教材

电子商务物流

汪永华　主　编

朱合圣　李囡囡　副主编

胡华江　主　审

电子工业出版社

Publishing House of Electronics Industry

北京·BEIJING

内 容 简 介

电子商务活动一般包括四大要素，即商流、信息流、物流、资金流。物流是电子商务的四大要素之一，因此，本课程对于电子商务专业培养目标的实现具有重要的意义。而电子商务物流是一门跨电子商务和物流两个专业领域的综合性、交叉性的新兴学科，融电子商务与物流的专业知识和专业技能为一体的实践性很强的课程，因此，《电子商务物流》的编写打破了传统学科的体系，采用倒推的办法，完全遵循实用、够用的原则，构建教材体系。

网商中的物流管理岗位需求主要体现在以下几个方面：我们以什么样的品质向电子商务客户提供物流服务？由谁实施电子商务物流服务？如何控制电子商务物流成本？如何监控物流服务质量？如何评估和管理电子商务物流活动？

因此，依据电子商务运营主体对物流管理岗位需求与物流管理岗位工作任务，将全书分 7 个项目，包括电子商务物流知识、电子商务物流服务细则策划、电子商务物流供应商的选择与管理、电子商务库存控制与发货管理、电子商务物流售后服务、电子商务物流成本控制、电子商务物流服务质量评估与绩效管理等内容。

未经许可，不得以任何方式复制或抄袭本书的部分或全部内容。
版权所有，侵权必究。

图书在版编目（CIP）数据

电子商务物流 / 汪永华主编. —北京：电子工业出版社，2018.3
ISBN 978-7-121-32058-3

Ⅰ. ①电… Ⅱ. ①汪… Ⅲ. ①电子商务—物流—高等学校—教材 Ⅳ. ①F713.365.1

中国版本图书馆 CIP 数据核字（2017）第 144049 号

策划编辑：张云怡
责任编辑：胡辛征
印　　刷：北京虎彩文化传播有限公司
装　　订：北京虎彩文化传播有限公司
出版发行：电子工业出版社
　　　　　北京市海淀区万寿路 173 信箱　邮编　100036
开　　本：787×1 092　1/16　印张：16.25　字数：416 千字
版　　次：2018 年 3 月第 1 版
印　　次：2024 年 1 月第10次印刷
定　　价：39.00 元

凡所购买电子工业出版社图书有缺损问题，请向购买书店调换。若书店售缺，请与本社发行部联系，联系及邮购电话：(010) 88254888，88258888。
质量投诉请发邮件至 zlts@phei.com.cn，盗版侵权举报请发邮件至 dbqq@phei.com.cn。
本书咨询联系方式：(010) 88254573，zyy@phei.com.cn。

序言

2017年5月19日至20日，全国电子商务职业教育教学指导委员会在常州召开高等职业教育电子商务类专业教学改革研讨会。来自全国高职院校的近400位院校负责人和专业负责人参加会议。为在经济全球化的时代背景下，适应商业、技术和人文愈发深层次融合的新商业时代特征需求，会议提出了高职"新商科"人才培养的理念和倡议。

"新商科"人才培养理念体现新的商业思维。商业、技术和人文愈发深层次融合的新商业时代，商业人才需要逐步构建起"计算思维"、"数据思维"、"交互思维"、"哲学思维"、"伦理思维"和"美学思维"，这些思维的交叉融合是商业创新的动力源泉。

"新商科"人才培养理念探索新的商业规律。新的基础设施、新的商业模式、新的商业组织、新的价值观正在悄然地以"非中心化"的模式构建起新的社会生活，也产生了新的商业规律，比如信用成为资产、数据成为生产资料等。这些新的规律逐渐形成并产生广泛而深刻的影响。

"新商科"人才培养理念融合新的知识与技能。经济学、管理学、传播学、计算机科学技术、智能科学、数据科学等在新商业中的交叉融合应用，以及新的劳动工具使用所产生的新的技术技能积累。需要我们对财经商贸专业大类中绝大多数专业内涵与外延进行再思考。

"新商科"人才培养理念推动新的教育教学模式。基于新商业特征的新商科人才培养，要实事求是地调整人才培养结构，重构专业内涵与外延，反思培养规律与培养方法，创新培养内容与培养载体。探索跨专业的专业群建设模式和教学研究方法。

"新商科"人才培养理念提出后，得到了各界的积极响应。2017年9月11日至12日，在全国电子商务职业教育教学指导委员会的倡议下，来自联合国教科文组织等22个国际组织和国家的负责人在广西共同发起成立"新商科国际职教联盟"。中国商业经济学会职业教育分会设立了32项新商科应用人才培养专项研究课题。电子工业出版社率先组织编写了这套融入新商科人才培养理念的系列教材。

"新商科"教育是新商业时代的客观需要和必然趋势。高等职业教育要把握时代机遇，主动拥抱新商业时代！

陆春阳
全国电子商务职业教育教学指导委员会副主任

"新商科"电子商务系列规划教材编委会名单

主　任：沈凤池

总主编：胡华江

副主任：（按拼音顺序）

　　　　陈　明

　　　　嵇美华

　　　　李玉清

　　　　商　玮

　　　　谈黎红

　　　　杨泳波

前言

《电子商务物流》是一门跨电子商务和物流两个专业领域的综合性、交叉性的新兴学科，融电子商务与物流的专业知识和专业技能为一体的实践性很强的课程。《电子商务物流》的编写打破了传统学科的体系，采用倒推的办法，完全遵循实用、够用的原则，构建教材体系。电子商务运营主体是广大网商，而网商中的物流管理岗位需求主要体现在以下几个方面：我们以什么样的品质向电子商务客户提供物流服务、由谁实施电子商务物流服务、如何控制电子商务物流成本？如何监控物流服务质量、如何评估和管理电子商务物流活动等。因此，依据电子商务运营主体对物流管理岗位需求与物流管理岗位工作任务，将全书分7个项目，包括电子商务物流知识、电子商务物流服务细则策划、电子商务物流供应商的选择与管理、电子商务库存控制与发货管理、电子商务物流售后服务、电子商务物流成本控制、电子商务物流服务质量评估与绩效管理等内容。

本书针对高职高专的教学培养目标和教学特点，吸收了编者长期的电子商务企业实践经验，并结合电子商务专业的知识体系和职业能力要求，并充分吸收浙江经济职业技术学院开展的"以职业标准为导向的课程能力本位"改革以及国家骨干校建设的丰硕成果，组织编排教学内容，突出了电子商务职业能力的培养，增强了教学的针对性、实用性和可操作性。

全书内容重点突出、结构清晰、通俗易懂、资料丰富、实践性强，具有鲜明的特色。每个项目均由案例引入，通过案例，学生可以了解本项目内容产生的实际背景、相关知识与技能的实际应用，加深对电子商务内涵的学习；同时，全书还注重学习引导，在每个项目的开头部分都针对本项目内容提出了项目重点与难点，学和做相结合，使本项目内容学有所会。在每个项目的结尾都有同步阅读、实训和习题，方便学习者更好地掌握本项目的内容。通过本课程的学习，能够使学生全面掌握电子商务物流的策划、运营及管理能力。

本书体系完整、内容新颖、体例生动，突出实用性、引导性、创新性和前沿性的特点。适合作为高职高专院校电子商务专业或相关专业的教材，也可用于企业电子商务从业者的岗位培训教材，对从事电子商务实际工作的人员也有较高的参考价值。

本书提供电子教案、题库等教学资源，有助于教师的教学和学生的学习。选用本教材的教师可与出版社或作者联系，获取有关教学资源。

本书的编写人员由从事电子商务教学一线，并拥有丰富的企业实践经验的教师、中青年专家组成。同时，编写团队也引入了企业一线的职业经理人，他们把丰富的行业、企业一线实践成果充实到教材中，使教材更具实用性和超前性。本书由浙江经济职业技术学院汪永华主编，金华职业技术学院的胡华江教授主审，金华职业技术学院的朱合圣老师、浙江经济职业技术学院的李囡囡老师任副主编，其中项目1、项目3由汪永华编写，项目2、项目5由朱合圣老师编写，项目6由李囡囡老师编写，项目4、项目7由金华职业技术学院的金川涵老师编写，同时浙江经济职业技术学院的纪琳、卢静宜、苏程浩、程亚等老师参与了部分项目的编撰工作。在此一并表示感谢。

由于本书涉及面广，体系和内容较新，编者水平有限，编写任务紧，因此书中难免有疏漏甚至错误之处，恳请广大读者和同行批评指正。同时，欢迎广大读者和同行与编者交流，电子邮箱：13588825845@163.com。

编者

目 录

项目 1　电子商务物流认知 ··· 1

　任务 1　现代物流认知 ··· 2
　　1.1.1　物流的涵义与特点 ·· 2
　　1.1.2　物流的基本职能 ·· 5
　任务 2　电子商务物流认知 ·· 18
　　1.2.1　电子商务与物流的关系 ·· 18
　　1.2.2　电子商务物流模式 ·· 22
　任务 3　物流信息技术与应用 ·· 29
　　1.3.1　物流信息的功能和特征 ·· 29
　　1.3.2　常用物流信息技术 ·· 32
　　1.3.3　物流信息系统 ·· 34
　　实训 1　物流行业服务电子商务的现状调研 ································ 39

项目 2　电子商务物流服务细则制定 ·· 42

　任务 1　电子商务物流服务模式及内容 ······································ 44
　　2.1.1　电子商务企业自营物流 ·· 44
　　2.1.2　第三方物流服务 ·· 49
　　2.1.3　电子商务物流平台化 ·· 62
　　2.1.4　电子商务物流增值服务 ·· 71
　任务 2　电子商务物流服务细则 ·· 73
　　2.2.1　电子商务物流服务细则概述 ·· 73
　　2.2.2　电子商务物流服务细则构成要素 ···································· 74
　　2.2.3　不同类型电子商务企业的物流服务细则 ······························ 79
　　实训 2　XXX 店铺电子商务物流服务细则策划 ······························ 86

项目 3　电子商务物流供应商选择 ·· 89

　任务 1　电子商务物流供应商选择概述 ······································ 90
　　3.1.1　物流供应商选择的特点 ·· 90

3.1.2　物流供应商选择和管理的一般过程 …………………………………………… 91
任务 2　电子商务物流供应商评估与选择 ………………………………………………… 92
　　3.2.1　电子商务物流服务需求的表述 …………………………………………… 92
　　3.2.2　电子商务物流供应商调查 ………………………………………………… 94
　　3.2.3　电子商务物流供应商评估与选择 ………………………………………… 95
任务 3　电子商务物流供应商管理 ………………………………………………………… 103
　　3.3.1　物流服务合同的签订 ……………………………………………………… 103
　　3.3.2　物流供应商合作关系的管理 ……………………………………………… 108
　　实训 3　电子商务物流——快递公司服务比较 ……………………………… 112
　　实训 4　XXX 天猫旗舰店物流供应商选择方案 ……………………………… 113

项目 4　电子商务库存控制与发货管理 ………………………………………………… 117

任务 1　电子商务库存控制 ………………………………………………………………… 118
　　4.1.1　库存概述 …………………………………………………………………… 118
　　4.1.2　电子商务库存控制策略 …………………………………………………… 119
任务 2　电子商务发货管理 ………………………………………………………………… 126
　　4.2.1　拣货 ………………………………………………………………………… 126
　　4.2.2　发货 ………………………………………………………………………… 135
　　实训 5　为双翼天猫店绘制仓库布局图 ……………………………………… 150

项目 5　电子商务物流售后服务 ………………………………………………………… 157

任务 1　电子商务物流售后规则 …………………………………………………………… 159
　　5.1.1　电子商务物流售后的法律法规依据 ……………………………………… 159
　　5.1.2　阿里巴巴的物流售后规则 ………………………………………………… 160
　　5.1.3　淘宝网的物流售后规则 …………………………………………………… 164
　　5.1.4　京东商城的物流售后规则 ………………………………………………… 167
　　5.1.5　速卖通的物流售后规则 …………………………………………………… 170
任务 2　电子商务物流售后常见问题及处理 ……………………………………………… 172
　　5.2.1　电子商务物流配送常见问题及处理 ……………………………………… 172
　　5.2.2　电子商务中换货常见问题及处理 ………………………………………… 178
　　5.2.3　电子商务中退货常见问题及处理 ………………………………………… 179
任务 3　电子商务物流售后客服 …………………………………………………………… 182
　　5.3.1　物流售后客服重要性 ……………………………………………………… 182
　　5.3.2　物流售后客服工作内容 …………………………………………………… 185
　　5.3.3　物流售后客服沟通技巧 …………………………………………………… 187
　　实训 6　电子商务物流售后服务策划 ………………………………………… 190

项目 6　电子商务物流成本控制 ………………………………………………………… 193

任务 1　电子商务物流成本认知 …………………………………………………………… 194

          6.1.1　电子商务物流成本的概述 194
          6.1.2　电子商务物流成本的分类 195
          6.1.3　电子商务运营主体的物流成本分析 197
          6.1.4　电子商务物流成本控制方法与应用 199
   任务 2　电子商务物流配送成本控制 203
          6.2.1　电子商务配送成本分析 203
          6.2.2　电子商务配送控制策略 205
   任务 3　电子商务库存成本控制 209
          6.3.1　电子商务库存成本控制方法 209
          6.3.2　供应链管理环境下电子商务库存成本控制策略 213
   任务 4　电子商务物流退换货成本控制 214
          6.4.1　电子商务退换货物流成因 214
          6.4.2　电子商务退换货成本控制策略 215
          实训 7　XXX 天猫店的物流成本核算 217
          实训 8　跨境电子商务物流成本控制方案设计 219

项目 7　电子商务物流绩效评价与管理 221

   任务 1　电子商务物流绩效评价概述 222
          7.1.1　电子商务物流绩效评价的概念 222
          7.1.2　电子商务物流服务及评价的特点 222
          7.1.3　电子商务物流绩效评价的意义 223
          7.1.4　集中重要的数据与事实 224
   任务 2　电子商务物流绩效评价的主要方法 224
          7.2.1　关键绩效指标（KPI）概述 224
          7.2.2　KPI 制定与管理案例 226
   任务 3　基于 KPI 的电子商务物流绩效评价与管理 232
          7.3.1　仓储的评价与管理 233
          7.3.2　分拣与发货的评价与管理 234
          7.3.3　配送与交付的评价与管理 237
          7.3.4　客户服务的监控 238
          实训 9　XXX 天猫店物流岗位考核方案设计 247

参考文献 250

项目 1

电子商务物流认知

 **本项目重点难点**

理解物流的涵义和物流的基本职能；理解电子商务和物流之间的关系；了解物流信息技术与信息系统；了解互联网+物流发展新趋势；通过网络调查，分析我国物流行业服务电子商务的现状。

 **项目导图**

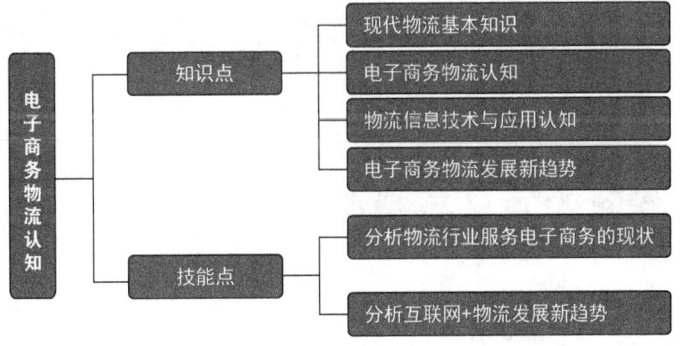

 引例

2016年11月11日凌晨，云南省红河弥勒市弥阳镇中以则村村民张阿姨正准备睡下时，快递小哥就已经将今年"双11"的农村物流首单就送到她的农村合伙人手中。从下单到签收，这个包裹仅用了不到1个半小时。如今，网购在农村早已不是新鲜事，经过多年的锤炼，其实农村地区的网购体验早已向城市靠拢：大部分人都无法想到的是，海量的县村人群已可以在"双11"当天收到包裹。

2016年"双11"速卖通开售不到1个小时，菜鸟仓内的数千部小米手机被一抢而空。丹尼尔在9:15下单抢到了一部。14日上午9:40，快递小哥按响了居住在西班牙马德里的丹尼尔家的门铃，丹尼尔是今年第一个收到"双11"包裹的海外买家，这笔订单是从菜鸟开设在马德里的海外仓库发出的。

2016年菜鸟"双11"物流报告表明，从签收时间看，2013年双"11包"裹签收达1亿用了 9 天，2014 年用了 6 天，到 2015 年提速到了 4 天，今年则进一步提速只用 3.5 天。

这是一场数据战争，也是一场物流业从混凝土到互联网的巨变。最新的 2016 年"双 11"物流报告显示，根据测算，在传统需要 2000 人的仓库，运用自动化流水线后，作业人数可以减少到 500 人以内。除了自动化的流水线，机器人也在菜鸟仓库内开始测试运行。从消费者下单到出库的整个过程，AGV 机器人、智能缓存机器人、360 度运行的拣选机器人、带有真空吸盘的播种机器人流水作业，上演一部机器人总动员。不仅如此，利用大数据，菜鸟得以对商家的生产计划和货品分仓等问题提供了备货指导、风险预警以及供应链优化等帮助，降低库存。

（资料来源：卖家资讯 http://www.maijia.com/news/article/217549）

引例分析

电子商务已经改变了人们的生活习惯，随着电子商务的持续发展，对电子商务物流的需求越来越大。2016 年的"双 11"，产生了数亿个包裹，使得各大快递公司感到"压力山大"，面对海量订单，物流环节压力巨大，若处理不当，会直接影响消费者的购物体验。我们欣喜地看到行业的参与者都积极协同创新，应用最新的科技手段努力提升物流响应时间及服务水平。

物流行业如何满足电子商务的需求，是摆在每一个电商人面前的不得不认真思考的问题。电子商务的发展为物流创造了巨大的市场，同时，物流行业的发展和服务水平提升，可以进一步促进电子商务的健康发展。

任务 1 现代物流认知

1.1.1 物流的涵义与特点

1. 物流的涵义

（1）现代物流概念的演变与发展

关于物流活动的最早文献记载是在英国。1918 年，英国犹尼利弗的哈姆勋爵成立了"即时送货股份有限公司"，旨在全国范围内把商品及时送达到批发商、零售商和用户手中。

二战期间，美国首先采用了物流管理（Logistics Management）这一名词，并对军火的运输、补给、屯驻等进行全面管理。"物流"一词被美国人借用到企业管理中，被称作"企业物流"（Business Logistics）。从此以后，"物流"的概念在全世界范围得到了广泛应用。

1986 年美国物流协会所作的物流定义是："以适合于顾客的要求为目的，对原材料、在制品、制成品与其关联的信息，从产出地点到消费地点之间的流通与保管，为求有效率且最大的'对费用的相对效果'而进行计划、执行、控制。"

1997 年我国国家技术监督局完成《物流术语国家标准（征订意见稿）》，将物流定义为："以最小的总费用，按用户要求，将物质资料（注：包括原材料、半成品、产成品、商品等）从供给地向需要地转移的过程。主要包括运输、储存、包装、装卸、配送、流通加工、信息处理等活动。"

1999年，联合国物流委员会对物流作了新的界定：物流是为了满足消费者需要而进行的从起点到终点的原材料、中间过程库存、最终产品和相关信息有效流动和存储计划、实现和控制管理的过程。现代物流是指"物"在一定的时间内的空间移动以及在"物"的移动过程中动态及静态的管理。这个定义强调了从起点到终点的过程，提高了物流的标准和要求，确定了未来物流的发展，较传统的物流概念更为明确。

综上，我们认为：物流是指为满足用户需求而进行的原材料、中间库存、最终产品及相关信息从起点到终点间的有效流动，为实现这一高效流动，而应用大数据、人工智能等方法进行的协同作业、提升效率和提高服务水平的过程。

（2）物流的分类

1）按照物流活动覆盖的范围分类，物流可以被划分为国际物流和区域物流。

2）按照物流在供应链中的作用分类，物流可以被划分为供应物流、生产物流、销售物流、分销物流、回收物流、废弃物物流。

3）按照物流活动的主体分类，物流可以被划分为企业自营物流，第二方物流，第三方物流和第四方物流等。

企业自营物流，也称第一方物流（the First Party Logistics，1PL），是指由物资提供者自己承担向物资需求者送货，以实现物资的空间位移的过程。传统上，多数制造企业都自己配备有规模较大的运输工具（如车辆、船舶等）和运输自己产品所需要的仓库等物流设施，来实现自己产品的空间位移。特别是当产品输送量较大的情况下，企业比较愿意由自己来承担物流的任务。但是，随着市场竞争日趋激烈，企业越来越注重从物流过程中追求"第三利润"，由此企业感到，由制造商自己从事物流确实存在一系列问题。

第二方物流（the Second Party Logistics，2PL）是指由物资需求者自己解决所需物资的物流问题，以实现物资的空间位移。传统上的一些较大规模的商业部门都备有自己的运输工具和储存商品的仓库，以解决从供应站到商场的物流问题。

第三方物流，英文表达为Third-Party Logistics，简称3PL，也简称TPL，是相对"第一方"发货人和"第二方"收货人而言的。3PL既不属于第一方，也不属于第二方，而是通过与第一方或第二方的合作来提供其专业化的物流服务，它不拥有商品，不参与商品的买卖，而是为客户提供以合同为约束、以结盟为基础的、系列化、个性化、信息化的物流代理服务。

第四方物流，是指向物流行业提供物流服务业务，包括物流咨询、物流规划和设计、物流信息技术开发和提供、物流培训等组织。

2. 物流的特点

（1）信息化

电子商务时代，物流信息化是电子商务的必然要求。物流信息化表现为物流信息的商品化、物流信息收集的数据库化和代码化、物流信息处理的电子化和计算机化、物流信息传递的标准化和实时化、物流信息存储的数字化等。因此，条码技术（Bar Code）、数据库技术（Database）、电子订货系统（Electronic Ordering System，EOS）、电子数据交换（Electronic Data Interchange，EDI）、快速反应（Quick Response，QR）及有效的客户反映（Effective Customer Response，ECR）、企业资源计划（Enterprise Resource Planning，ERP）等技术与观念在我国的物流中将会得到普遍的应用。信息化是一切的基础，没有物流的信息化，任何先进的技术设备都不可能应用于物流领域，信息技术及计算机技术在物流中的应用将会彻底改变世界物流的面貌。

（2）自动化

自动化的基础是信息化，自动化的核心是机电一体化，自动化的外在表现是无人化，自动化的效果是省力化，另外还可以扩大物流作业能力、提高劳动生产率、减少物流作业的差错等。物流自动化的设施非常多，如条码/语音/射频自动识别系统、自动分拣系统、自动存取系统、自动导向车、货物自动跟踪系统等。这些设施在发达国家已普遍用于物流作业流程中，而在我国由于物流业起步晚，发展水平低，自动化技术的普及还需要相当长的时间。

（3）网络化

物流领域网络化的基础也是信息化，这里指的网络化有两层含义：一是物流配送系统的计算机通信网络，包括物流配送中心与供应商或制造商的联系要通过计算机网络，另外与下游顾客之间的联系也要通过计算机网络通信，比如物流配送中心向供应商提出订单这个过程，就可以使用计算机通信方式，借助于增值网（Value Added Network，VAN）上的电子订货系统（EOS）和电子数据交换技术（EDI）来自动实现，物流配送中心通过计算机网络收集下游客户的订货的过程也可以自动完成；二是组织的网络化，即所谓的企业内部网（Intranet）。

物流的网络化是物流信息化的必然，是电子商务下物流活动的主要特征之一。当今世界 Internet 等全球网络资源的可用性及网络技术的普及为物流的网络化提供了良好的外部环境，物流网络化不可阻挡。

（4）智能化

这是物流自动化、信息化的一种高层次应用，物流作业过程大量的运筹和决策，如库存水平的确定、运输（搬运）路径的选择、自动导向车的运行轨迹和作业控制、自动分拣机的运行、物流配送中心经营管理的决策支持等问题都需要借助于大量的知识才能解决。在物流自动化的进程中，物流智能化是不可回避的技术难题。好在专家系统、机器人等相关技术在国际上已经有比较成熟的研究成果。为了提高物流现代化的水平，物流的智能化已成为电子商务下物流发展的一个新趋势。

（5）柔性化

柔性化本来是为实现"以顾客为中心"理念而在生产领域提出的，但要真正做到柔性化，即真正地能根据消费者需求的变化来灵活调节生产工艺，没有配套的柔性化的物流系统是不可能达到目的的。20 世纪 90 年代，国际生产领域纷纷推出弹性制造系统（Flexible Manufacturing System，FMS）、计算机集成制造系统（Computer Integrated Manufacturing System，CIMS）、制造资源系统（Manufacturing Requirement Planning，MRP）、企业资源计划（ERP）以及供应链管理的概念和技术，这些概念和技术的实质是要将生产、流通进行集成，根据需求端的需求组织生产，安排物流活动。因此，柔性化的物流正是适应生产、流通与消费的需求而发展起来的一种新型物流模式。这就要求物流配送中心要根据消费需求"多品种、小批量、多批次、短周期"的特色，灵活组织和实施物流作业。

另外，物流设施、商品包装的标准化，物流的社会化、共同化也都是电子商务下物流模式的新特点。

> 物流就是运输和送货，这样的理解对吗？为什么？

1.1.2 物流的基本职能

1. 运输

运输是指物的载运及输送，它是在不同地域范围间，如两个城市，两个工厂之间，或一个较大的企业内相距较远的两车间之间，对物进行空间位移，以改变物的空间位置为目的的活动。其中包括集货、分配、搬运、中转、装入、卸下、分散等一系列操作。

在物流的诸多环节中，运输和仓储是两个主要环节，特别是运输占有中心的地位。它们虽然不产生新的物质产品，但却能实现物品在空间的转移或时间上的转移，创造场所性和时间性价值，可以说，运输是物流过程中最主要的增值活动。

（1）运输两种职能

1）物品移动。显而易见，运输首先实现了物品在空间上移动的职能。无论物品处于哪种形式，是材料、零部件、配件、在制品或流通中的商品，运输都是必不可少的。运输通过改变物品的地点与位置而创造出价值，这是空间效用。另外，运输能使物品在需要的时间到达目的地，这是时间效用。另外，运输的主要职能就是将物品从原产地转移到目的地，运输的主要目的就是要以最少的时间完成产品的运输任务。

运输是一个增值的过程，通过创造空间效用和时间效用来创造价值。商品最终送到顾客手中，其运输成本构成了商品价格的一个重要部分，运输成本的降低可以达到以较低的成本提供优质服务的效果。

2）短时产品库存。产品进行短时储存也是运输的职能之一，即将运输工具作为暂时的储存场所。如果转移中的产品需要储存，而短时间内产品又重新转移的话，卸货和装货的成本也许会超过储存在运输工具中的费用，这时，便可考虑采用此法，只不过产品是移动的，而不是处于闲置状态。

例如当交付的货物处于转移之中，而最初的装运目的地被改变时，产品需要临时储存，那么采取改道则是产品短时存储的一种方法。另外，在仓库空间有限的情况下，利用运输工具储存也不失为一种可行的选择。可将货物装上运输工具，采用迂回路径或间接路径运往目的地。尽管用运输工具储存产品可能是昂贵的，但如果从总成本或完成任务的角度来看，考虑装卸成本、储存能力的限制等，那么用运输工具储存往往是合理的，甚至有时是必要的。

（2）运输方式的分类

1）按运输的范围分。按运输的范围分，可分为干线运输、支线运输、二次运输、厂内运输。

干线运输。这是利用铁路、公路的干线，大型船舶的固定航线进行的长距离、大数量的运输，这是进行远距离空间位置转移的重要运输形式。干线运输一般速度较同种工具的其他运输速度要快，成本也较低。干线运输是运输的主体。

支线运输。这是与干线相接的分支线路上的运输。支线运输是干线运输与收、发货地点之间的补充性运输形式，路程较短，运输量相对较小。

二次运输。这是一种补充性的运输形式，指的是干线、支线运输到站后，站与用户仓库或指定地点之间的运输。由于是单个单位的需要，所以运量也较小。

厂内运输。指的是在大型工业企业范围内，直接为生产过程服务的运输。但小企业内的这种运输称之为"搬运"。从工具上讲，厂内运输一般使用卡车，而搬运则使用叉车、输送机等。

2）按运输的作用分。按运输的作用分，可分为集货运输和配送运输。

集货运输。将分散的货物汇集集中的运输形式，一般是短距离、小批量的运输。货物集中后才能利用干线运输形式进行远距离及大批量运输，因此，集货运输是干线运输的一种补充形式。

配送运输。将结点中已按用户要求配好的货物分送各个用户的运输。一般是短距离、小批量的运输，从运输的角度讲是对干线运输的一种补充和完善的运输。

3）按运输的协作程度分。按运输的协作程度分，可分为一般运输和联合运输。

一般运输。孤立地采用不同运输工具或同类运输工具而没有形成有机协作关系的为一般运输。

联合运输。是使用同一运送凭证，由不同运输方式或不同运输企业进行有机衔接接运货物，利用每种运输手段的优势以充分发挥不同效率的一种运输形式。采用联合运输，对用户来讲，可以简化托运手续，方便用户，同时可以加快运输速度，也有利于节省运费。

4）按运输中途是否换载分。按运输中途是否换载分，可分为直达运输和中转运输。

直达运输。在组织货物运输时，利用一种运输工具从起运站、港一直到到达站、港，中途不经过换载，中途不入库储存的运输形式。直达运输可避免中途换载所出现的运输速度减缓、货损增加、费用增加等一系列弊病，从而能缩短运输时间、加快车船周转、降低运输费用。

中转运输。在组织货物运输时，在货物运往目的地的过程中，在途中的车站、港口、仓库进行转运换装，称为中转运输。中转运输可以将干线、支线运输有效地衔接，可以化整为零或集零为整，从而方便用户、提高运输效率。

5）按运输设备及运输工具不同分。按运输设备及运输工具不同，可分为铁路运输、公路运输、水运、航空运输和管道运输。

（3）运输合理化的一般途径

1）运输合理化的涵义。

运输合理化就是按照货物流通的规律，用最少的劳动消耗，达到最大的经济效益，来组织货物调运。即在有利于生产，有利于市场供应，有利于节约流通费用和节约运力、劳动力的前提下，使货物走最短的里程，经最少的环节，用最快的时间，以最小的损耗，花最省的费用，把货物从生产地运到消费地。

2）运输合理化的一般途径。

长期以来，我国劳动人民在生产实践中探索和创立了不少运输合理化的途径，在一定时期内、一定条件下取得了效果。在发展现代物流的今天，这些做法仍然是值得借鉴的。

① 提高运输工具实载率。

实载率有两个含义：一是单车实际载重与运距之乘积和标定载重与行驶里程之乘积的比率，这在安排单车、单船运输时，是作为判断装载合理与否的重要指标；二是车船的统计指标，即一定时期内车船实际完成的货物周转量（以吨公里计）占车船载重吨位与行驶公里之乘积的百分比。在计算时车船行驶的公里数，不但包括载货行驶，也包括空驶。

提高实载率的意义在于：充分利用运输工具的额定能力，减少车船空驶和不满载行驶的时间，减少浪费，从而求得运输的合理化。

我国曾在铁路运输上提倡"满载超轴"，其中，"满载"的含义就是充分利用货车的容积和载重量，多载货，不空驶，从而达到合理化之目的。这个做法对推动当时运输事业的发展起到了积极作用。当前，国内外开展的"配送"形式，优势之一就是将多家需要的货和一家需要的多种货实行配装，以达到容积和载重的充分合理运用，比起以往自家提货或一家送货车辆多数空驶的状况，是运输合理化的一个进展。在铁路运输中，采用整车运输、合装整车、整车分卸及整车零卸等具体措施，都是提高实载率的有效措施。

② 采取减少动力投入，增加运输能力的有效措施求得合理化。

这种合理化的要点是，少投入、多产出，走高效益之路。运输的投入主要是能耗和基础设施的建设，在设施建设已定型和完成的情况下，尽量减少能源投入，是少投入的核心。做到了这一点就能大大节约运费，降低单位货物的运输成本，达到合理化的目的。

国内外在这方面的有效措施有：

前文已提到的"满载超轴"其中"超轴"的含义就是在机车能力允许情况下，多加挂车皮。我国在客运紧张时，也采取加长列车、多挂车皮办法，在不增加机车情况下增加运输量。

水运拖排和拖带法。竹、木等物资的运输，利用竹、木本身浮力，不用运输工具载运，采取拖带法运输，可省去运输工具本身的动力消耗从而求得合理化；将无动力驳船编成一定队形，一般是"纵列"，用拖轮拖带行驶，可以有比船舶载乘运输运量大的优点，求得合理化。

顶推法。是我国内河货运采取的一种有效方法。将内河驳船编成一定队形，由机动船顶推前进的航行方法。其优点是航行阻力小，顶推量大，速度较快，运输成本很低。

汽车挂车。汽车挂车的原理和船舶拖带、火车加挂基本相同，都是在充分利用动力能力的基础上，增加运输能力。

③ 发展社会化的运输体系。

运输社会化的含义是发展运输的大生产优势，实际专业分工，打破一家一户自成运输体系的状况。

一家一户的运输车辆自有，自我服务，不能形成规模，且一家一户运量需求有限，难于自我调剂，因而经常容易出现空驶、运力选择不当（因为运输工具有限，选择范围太窄）、不能满载等浪费现象，且配套的接、发货设施，装卸搬运设施也很难有效地运行，所以浪费颇大。实行运输社会化，可以统一安排运输工具，避免对流、倒流、空驶、运力不当等多种不合理形式，不但可以追求组织效益，而且可以追求规模效益，所以发展社会化的运输体系是运输合理化的非常重要的措施。

当前火车运输的社会化运输体系已经较完善，而在公路运输中，小生产方式非常普遍，是建立社会化运输体系的重点。

社会化运输体系中，各种联运体系是其中水平较高的方式。联运方式充分利用面向社会的各种运输系统，通过协议进行一票到底的运输，有效打破了一家一户的小生产，受到了欢迎。

我国在利用联运这种社会化运输体系时，创造了"一条龙"货运方式。对产、销地及产、销量都较稳定的产品，事先通过与铁路、交通等社会运输部门签定协议，规定专门收、到站，专门航线及运输路线，专门船舶和泊位等，有效保证了许多工业产品的稳定运输，取得了很大成绩。

④ 开展中短距离铁路公路分流，"以公代铁"的运输。

这一途径的要点，是在公路运输经济里程范围内，或者经过论证，超出通常平均经济里程范围，也尽量利用公路。这种运输合理化的表现主要有两点：一是对于比较紧张的铁路运输，用公路分流后，可以得到一定程度的缓解，从而加大这一区段的运输通过能力；二是充分利用公路从门到门和在中途运输中速度快且灵活机动的优势，实现铁路运输服务难以达到的水平。

我国"以公代铁"目前在杂货、日用百货运输及煤炭运输中较为普遍，一般在 200 公里以内，有时可达 700~1000 千米。山西煤炭外运经认真的技术经济论证，用公路代替铁路运至河北、天津、北京等地是合理的。

⑤ 尽量发展直达运输。

直达运输是追求运输合理化的重要形式，其对合理化的追求要点是通过减少中转过载换载，从而提高运输速度，省却装卸费用，降低中转货损。直达的优势，尤其是在一次运输批量和用户一次需求量达到了一整车时表现最为突出。此外，在生产资料、生活资料运输中，通过直达，建立稳定的产销关系和运输系统，也有利于提高运输的计划水平，考虑用最有效的技术来实现这种稳定运输，从而大大提高运输效率。

特别需要一提的是，如同其他合理化措施一样，直达运输的合理性也是在一定条件下才会有所表现的，不能绝对地认为直达一定优于中转。这要根据用户的要求，从物流总体出发做综合判断。如果从用户需要量看，批量大到一定程度，直达是合理的，批量较小时中转是合理的。

⑥ 配载运输。

配载运输是充分利用运输工具的载重量和容积，合理安排装载的货物及载运方法以求得合理化的一种运输方式。配载运输也是提高运输工具实载率的一种有效形式。

配载运输往往是轻重商品的混合配载，在以重质货物运输为主的情况下，同时搭载一些轻泡货物，如海运矿石、黄沙等重质货物，在仓面捎运木材、毛竹等，铁路运矿石、钢材等重物上面搭运轻泡农、副产品等，在基本不增加运力投入、不减少重质货物运输的情况下，解决了轻泡货的搭运，因而效果显著。

⑦ "四就"直拨运输。

"四就"直拨是减少中转运输环节，力求以最少的中转次数完成运输任务的一种形式。一般批量到站或到港的货物，首先要进分配部门或批发部门的仓库，然后再按程序分拨或销售给用户。这样一来，往往会出现不合理的运输。

"四就"直拨，首先是由管理机构预先筹划，然后就厂或就站（码头）、就库、就车（船）将货物分送给用户，而无须再入库了。

⑧ 发展特殊运输技术和运输工具。

依靠科技进步是运输合理化的重要途径。例如，专用散装及罐车，解决了粉状、液状物运输损耗大，安全性差等问题；袋鼠式车皮，大型半挂车解决了大型设备整体运输的问题；"滚装船"解决了车载货的运输问题，集装箱船比一般船能容纳更多的箱体，集装箱高速直达车船加快了运输速度等，都是通过采用先进的科学技术实现合理化。

⑨ 通过流通加工，使运输合理化。

有不少产品，由于产品本身形态及特性问题，很难实现运输的合理化，如果进行适当加工，就能够有效解决合理运输的问题，例如将造纸材在产地预先加工成干纸浆，然后压缩体积运输，就能解决造纸材运输不满载的问题。轻泡产品预先捆紧包装成规定尺寸，装车就容易提高装载量；水产品及肉类预先冷冻，就可提高车辆装载率并降低运输损耗。

2. 仓库管理

仓库是物流系统中的重要组成部分，也是分布最广、数量最多的物流结点，目前全球大约有七十五万个大型仓库设施，包括人工和计算机管理仓库。在追求以最低成本向顾客提供优质产品的服务过程中，仓库这一环节扮演着极其重要的角色。作为连接生产者和消费者的纽带，仓库管理已经发展成为物流系统中一个举足轻重的职能部门。

在物流系统中，货物的流转是无时不在的。货物的储存只是物流过程中暂时的滞留，这种暂时滞留是静止和动态的统一表现形式，它体现了商品流通的连续性和永久性。因此在此过程中，仓库业务管理就显得特别重要。仓库业务管理包括仓库的作业过程组织。维护保养、仓库安全管理等内容。

（1）货物进仓作业过程

货物进仓作业又称验货收货，是仓库作业过程的第一个步骤，主要包括以下具体内容。

1）收货点验。

仓库作业规程要求，凡入库货物与货物进仓单必须一起到库，收货员对货物的品名、规格、数量、质量、包装和印章应逐一核对，确认无误后，决定货物正式入库。收货检验的标准应严格遵照仓库已经制定的入库程序制度、货物质量标准制度、货物包装执行制度以及货物供应方与仓库之间的合同或其他标准。

2）分喽搬运。

收货员将入库商品经过严格分喽后，按照单货同行的要求，交有关人员将货物分批送到预定位进行堆垛，在此过程中，尽量做到"一次连续到点"，力求避免货物在搬运途中停顿和重复劳动，避免不必要的业务差错事故，这对缩短收货时间、加速商品流通、入库货物的管理具有重要影响。

3）签发凭证。

收货员对于检验合格的入库货物，即可签盖货运交接单和货物入库凭证。如果发现货物有异样或其他不符制度标准的情况，则应做好经双方确认的记录，并交付有关部门处理。

（2）货物保管作业过程

货物保管作业是仓库作业过程的第二个步骤。仓库针对种类繁多的货物应积极寻找其变化规律，确保在库货物的质量标准水平和使用价值。

1）堆码。

仓库积极推行分区分类和货位管理制度，根据不同货物适当存放相应货物。在堆码操作中力求达到以下要求。

① 充分利用货位空间，采用立体堆码方式。
② 正确使用堆码工具，努力提高劳动水平。
③ 适当保持库内货物之间距离，保持货物堆码或拆码的工作效率。
④ 选择货位时，严格遵照先进先出原则。
⑤ 一旦货位发生紧缺时，避免发生货物堆码操作时的随意性。

2）盘点。

仓库针对大宗货物管理难和程度深的特点，建立相应盘点制度，其内容包括货物盘点的方式、盘点的程序、盘点职责和要求，以及盘点发现问题的处理办法。根据具体内容应逐一执行，力求做到仓库内所有货物账、卡、物，相一致，实现万无一失的目的。

3）货卡。

货卡是货物储存的动态记录，是衡量货物保管员管理水平的有效工具。其作用表现在三个方面：一是正确反映每批货物进出库和在库的数量及质量动态。二是对货物的并垛、分垛、移位起着原始记录的控制。三是货物出库和货物盘点的有效依据。

（3）货物出库作业过程

货物出库作业是仓库作业过程的第三个步骤。仓库发货在根据有效凭证、在保证货物品种规格和数量的前提下，进行正确、及时、有效的出库作业。

1）核对出库凭证。

仓库发货员根据出库凭证，经核对无误后方能发货。核对内容除了货物品名规格之外，还应核对储存凭证号码，以及货物的数量和品质，保证发货的正确性。

2）配货出库。

凡是需要发运的货物，仓库发货员和理货员在组织发货时除了核对出库凭证以保证发货的正确性之外，还应当做好相应运输标志等业务，确保货物送到目的地。

3）登账。

登账是货物出仓作业的最后一道工序，在发货完毕之后，仓库账务员根据有效的发货凭证，确实做好发货登记工作。登记时，必须严格实行"一单一唛"、"同批次同一货物"等要求，同时为了提高登账工作质量，还必须做到"日账日清"，为编制仓库货物统计业务表打下坚实的基础。

（4）货物维护保养

1）货物维护保养工作的作用。

货物维护保养是货物储存过程中的一项极为重要的工作，是保证货物在库期间质量完好的关键环节。货物维护保养是一门独立的综合性应用学科，它来源于仓库工作实践，又能动地指导仓储工作，为仓储工作服务。由于货物受本身自然属性及外界因素的影响，一定程度上会发生这样和那样的变化，从而降低货物的使用价值，甚至丧失其全部使用价值，因此，货物维护保养的研究和实践在于保证货物在库期间的质量和使用价值，并最大限度地降低货物损耗。

2）货物维护保养的主要工作环节。

"以防为主，防治结合"是维护保养的基本方针，为切实履行这一方针，必须做好以下具体工作。

① 严格验收入库货物。

货物入库时严格质量验收,防止货物在库时发生质量变化。例如,某货物在入库时已经发现超出安全水分范围,入库后应立即采取通风、晾晒等措施,尽力降低含水率。有时还会发现货物生霉、腐败、溶化、沉淀、出蛀、变色、沾污等异状,入库后应会同有关部门及时救治,以免扩大损失。

② 适当安排货位。

由于货物性能不尽相同,客观上要求安排适当的储存场所与之相对应。如易溶(熔)、发粘、挥发、易燃、易爆货物应存放在温度较低或阴凉货位;怕冻且怕热货物应存放于恒温货位;性能明显不一或易串味的货物,不应存放在同一货位区域;化学危险品应存放于独立货位区域。

③ 苫垫堆码。

地面潮气或地势较低的货位对货物有很大影响,特别是在梅雨季节、地潮上升时,容易引起货物霉变和溶化,这就要求货物在堆码时,作好苫垫和隔离工作。苫垫堆码目的是便于防潮、隔热通水、散潮,同时还便于日常检查。

④ 调节库内温、湿度。

库内温、湿度也是影响货物质量的重要因素之一,任何货物本身的物理性能和化学性能都与温、湿度保持紧密的联系,这种联系程度如果很高,就必须每天注意和观察其变化,通过通风、密封、或人为机械调节使之适应于储存货物,保持良好的温、湿度状态。反之,联系程度很低,则保持一般正常温、湿度水平即能适应货物储存需要。

⑤ 建立良好的卫生环境。

储存环境不清洁,往往很容易引起微生物、虫类孳生繁殖,因此,必须经常保持良好的卫生环境,如经常清除周围杂草、灰尘和无用废物,以及墙角蜘蛛网,实质上去除了微生物和虫类的温床,就能保证货物不受外来因素的侵袭,使得货物安全储存。

⑥ 坚持货物在库检查。

如果储存期间货物质量发生变化,没有及时被发现或被发现后没有采取有效措施,那么就会造成或扩大损失。因此,对库存货物应通过定期或不定期地深入认真地进行检查,并做好相应的客观记录。检查的时间和方法应视货物性能的稳定性程度、气候季节变化、储存环境优劣和储存时间长短等因素决定。在检查时,运用人的五官功能、有用器具对货物是否发生质量变化作出判断,一旦发现异样或异状,及时弄清发生问题的原因,并采取有效的防治措施,恢复货物原来的状况和功能,保持其使用价值。

(5)仓库安全工作

1)治安保卫。

仓库治安保卫工作要立足于"防范",预防和戒备各种有政治或经济影响的事故发生,其具体防范措施包括:

- 经常性制度化开展法制宣传。
- 建立和完善仓库出入库制度和日常安全检查制度。
- 仓库内部重要部位和存放易燃、易爆、剧毒场所,指定专人负责并加强检查。
- 加强库区的巡逻检查。
- 仓库管理人员一旦发现货物包装有任何异状,应当模拟组织检查,并做好现场记录,直到弄清为止。

- 重要库房应配备电子报警装置，应用现代科技手段确保仓库安全。

2）消防安全。

消防工作是保障仓库货物和全体员工安全的重要工作，仓库必须严格认真地做好每一项预防工作，彻底保证仓库安全。消防安全的基本措施包括：

- 加强放火宣传和教育，普及灭火基本科学知识。
- 建立消防设备和系统，保障消防通道和安全门、走道畅通无阻。
- 保护电器设备的完整性，对避雷和静电装置要经常检查，工作结束后要切断所有电源。
- 加强火种管理，严禁任何形式的火种进入库区。
- 任何形式的明火或明火操作，必须经消防部门或安全部门审查批准，并配置防火安全措施，方能实施。
- 发生任何火警和爆炸事故，必须立即通知公安消防部门，认真调查事故原因，严肃处理事故责任者，直至追究刑事责任。

3）劳动安全。

劳动安全也是仓库安全工作的重要内容之一。为了确保仓库员工的生产安全，提高劳动效率，防止各类工伤事故的发生，其防范措施包括：

- 制度化开展劳动安全条例的教育与学习、考核。
- 定期或不定期开展业务安全操作技能竞赛以及业务安全操作的检查，发现问题及时纠正，严重时可以采取相应行政手段，直至消除隐患。
- 对业务操作的机械设备和设施经常检查和维修保养，严格遵循使用者、维修保养者和检查者分离制度，并切实做好相关记录。
- 积极推行劳动条件更新制度，使劳动设备工具、操作环境、保护措施适应和符合现代化操作要求。

3. 包装

包装是为在流通过程中保护产品，方便储运，促进销售，按一定技术方法而采用的容器、材料及辅助物等的总体名称。也指为了达到上述目的而采用容器、材料和辅助物的过程中施加一定技术方法等的操作活动。

在社会再生产过程中，包装处于生产过程的末尾和物流过程的开头，既是生产的终点，又是物流的起点。作为生产的终点，产品生产工艺的最后一道工序是包装。因此，包装对生产而言，标志着生产的完成，也就是说，包装必须根据产品的性质、形状和生产工艺来进行，必须满足生产的要求；作为物流的始点，包装完成之后，被包装了的产品便有了物流的能力，在整个物流过程中，包装便可发挥对产品的保护作用和方便物流的作用，最后实现销售。从这个意义上来说，包装对物流有决定性作用。

（1）包装的作用

包装有三大特性，即保护性、单位集中性及便利性。这三大特性具有保护商品、单元化、便利性、促销的作用。

1）保护商品。这是包装的首要功能，是确定包装方式和包装形态时必须抓住的主要矛盾。只有有效的保护，才能使商品不受损失地完成流通过程，实现所有权的转移。

包装的作用体现在下述几个方面：

防止商品破损变形。这就是要求包装能承受在装卸、运输、保管过程中各种力的作用，如冲击、振动、颠簸、压缩等，形成对外力破坏抵抗的防护作用；

防止商品发生化学反应，即防止商品吸潮发霉、变质、生锈，这就要求包装能在一定程度上起到阻隔水分、溶液、潮气、光线、空气中的酸性气体的作用，起到对环境、气象的影响进行保护的作用；

防止腐朽霉变、鼠咬虫食，这就要求装有阻隔霉菌、虫、鼠侵入的能力，形成对生物的防护作用；

此外，包装还有防止异物混入、污物污染，防止丢失、散失、盗失等作用。

2）单元化。包装有将商品以某种单位进行集中的功能。这就是单元化。包装单元的规格要视商品生产的情况，消费的情况以及商品种类、特征，还有物流方式和条件而定。一般来讲，包装的单元化主要达到两个目的：方便物流和方便商业交易。

从物流方面来考虑，包装单位的大小要和装卸、保管、运输条件的能力相适应。在此基础上应当尽量做到便于集中输送以获得最佳的经济效果，同时又要求能分割及重新组合以适应多种装运条件及分货要求；从商业交易方面来考虑，包装单位的大小应适合于进行交易的批量，在零售商品方面，应适合于消费者的一次购买。

3）便利性。商品的包装还有方便流通及方便消费的功能，这就要求包装的大小、形态、包装材料、包装重量、包装标志等各个要素都应为运输、保管、验收、装卸等各项作业创造方便条件，也要求容易区分不同商品并进行计量。进行包装及拆装作业，应当简便、快速，拆装后的包装材料应当容易处理。

4）促销。商品的包装就是"无声的推销员"，在商业交易中促进销售的手段很多，包装也是其中之一。恰当的包装能够唤起人们的购买欲望。包装的外部形态、装潢和广告说明一样，是很好的宣传品，对顾客的购买行为起着说服的作用。由此看来，适当的包装可以推动商品销售，有很大的经济意义。

（2）包装合理化

包装合理化一方面包括包装总体的合理化，这种合理化往往用整体物流效益与微观包装效益统一来衡量；另一方面也包括包装材料、包装技术、包装方式的合理组合及运用。

从多个角度来考察，包装合理化应满足多方面的要求。因此，我们在进行包装合理化的过程中应注意以下几个方面：

1）包装应妥善保护内装商品，使其质量不受损伤。

这就要制定相应的适宜标准，使包装物的强度恰到好处地保护商品质量免受损伤。除了要在运输装卸时经得住冲击、震动之外，还要具有防潮、防水、防霉、防锈等功能。

2）包装材料和包装容器应当安全无害。

包装材料要避免有聚氯联苯之类的有害物质。包装容器的造型要避免对人引起伤害。

3）包装容量要适当，便于装卸。

不同的装卸方式决定着包装的容量。例如，采用人工操作的装卸方式的情况下，包装的重量必须限制在手工装卸的允许能力下，包装的外形及尺寸也应适合于人工操作。在工人权力和健康受保护的今天，为减轻工人体力消耗，包装的重量一般应控制在工人体重的40%较为科学，即男劳动力为20~25公斤，女劳动力为15~20公斤比较合适。当然，这并不等于说包装的重量越轻越好。包装重量太轻，工人的装卸频率要增加，也容易引起疲劳和降低效率；同时，对于过轻包装，工人往往将两个合并操作，也容易造成损失。如果采用机械装卸，包装的尺寸和质量都可大大增加。如采用集装箱做外包装，重量可高达10吨以上。当然，衡量包装是否先进，也不能脱离物流的其他环节而孤立地进行。

4）对包装容器的内装物要有贴切的标志或说明。

商品包装物上关于商品质量、规格的标志或说明，要能贴切地表示内装物的性状，尽可能采用条形码，便于出入库管理、保管期间盘点及销售统计。

5）包装内商品外围空闲容积不应过大。

为了保护内装商品，不可避免会使内装商品的外围产生某种程度的空闲容积，但合理包装要求空闲容积减少到最低限度，防止过大包装。由于商品的性状、形状及包装功能的不同，关于包装物内部的空闲容积率，也很难提出一个统一的要求，但可以考虑一个适宜的限度，对于不同类的商品要分别规定相应的空闲容积率。一般情况下，空闲容积最好降低到20%以下。对于混装的、形状特殊的和易损坏商品，超过这一标准，只要是合理的，也是允许的。另外，有些商品空闲容积率低于20%，但不合乎合理包装的要求，也是不允许的。

6）包装费用要与内装商品相适应。

包装费用应包括包装本身的费用和包装作业的费用。包装费用必须与内装商品相适应，但不同商品对包装要求不同，所以包装费用占商品价格的比率是不相同的。一般来说，对于普通商品，包装费用应低于商品售价的15%，这只是一个平均比率。例如，有些包装如金属罐，起作用大，已成为商品的一部分，包装费用的比率超过15%也是合理的；手纸的包装，起作用小，包装费用比率不超过15%，仍有不合理的可能。

7）包装要便于回收利用或废弃物的治理。

包装应设法减少其废弃物数量，在制造和销售商品时，就应注意包装容器的回收利用或成为废弃物后的治理工作。近年来广泛采用一次性使用的包装和轻型塑料包装材料，消费者用过之后随手扔掉，从方便生活和节约人力角度来看，是现代包装的发展方向，但又同时产生了大量难以处理的垃圾，带来了环境污染及资源浪费等社会问题。运用可循环使用的包装，有利于减少污染及浪费，但目前由于该方式的包装材料成本高、空包装回收困难，还没有为大多数企业所接受。

4. 配送

在现代化市场经济竞争中，为了满足不同客户或收货人的需要，尤其是"多品种、小批量、多批次、高频率"的物流服务需要，流通企业或物流企业必须对运输资源（包括车辆、运输计划、送货路线、人员）进行科学、合理的配置，以低成本满足客户的需要，从而产生了配送这一物流活动。配送是物流中一种特殊的、综合的活动形式，是商流与物流的结合，也是包含了物流中若干功能要素的一种形式。

（1）配送的概念

配送是指按用户或收货人的订货要求，在配送中心或其他物流结点进行集货、分货、配货业务，并将配置货物送交客户或收货人。这一过程包括集货、配货和送货三部分。

1）配送是一种末端物流活动。配送的对象是零售商或用户（包括单位用户、消费者），故配送处于供应链的末端，是一种末端物流活动。

2）配送是"配"和"送"的有机结合。配送的主要功能是送货，但科学、经济的送货以合理配货为前提。即送货达到一定的规模，可以更有效地利用运输资源，才产生了配送。少量、偶尔的送货不能说是配送。

3）配送以用户要求为出发点。配送是从用户利益出发，按用户要求进行的一种活动，体现了配送服务性的特征。配送的时间、数量、品种规格都必须按用户要求进行，以用户满意为最高目标。

4）配送是物流活动和商流活动的结合。配送作业的起点是集货，必然包括订货、交易等商流活动。在买方市场占优势的当代社会，商流组织相对容易，故配送仍视作一种以物流活动为主的业务形式。

5）配送是一种综合性物流活动。配送过程包含了采购、运输、储存、流通加工、物流信息处理等多项物流活动，是一种综合性很强的物流活动。

（2）配送的种类

配送有许多种类和形式，可以从配送的数量、配送的品种和配送的组织三个角度加以分类。

1）按配送的数量及时间不同分。

① 定量配送。所谓定量配送指按规定的批量在一定时间范围内进行配送。其特点是配送数量相对固固定或稳定，时间要求不十分严格，备货工作相对简单，运输效率较高。在运输手段上可采用集合包装、托盘、集装箱等设备，进一步提高配送效率。

② 定时配送。所谓定时配送指按规定的时间间隔进行配送。其特点是间隔时间固定，配送数量和品种可按计划或按一定联络方式（电话、电子计算机网络）进行确定。有时，这种配送临时性较强，一定程度上增加配送难度。

③ 定时定量配送。所谓定时定量配送指按规定时间、规定的货物品种数量进行配送。其特点兼有定时和定量配送两种优点。但计划性很强、稳定性要求很高，故选用此类配送不很普遍。

④ 定时定量定点配送。所谓定时定量定点配送指按照确定周期、货物品种和数量，计划确定客户或用户进行配送。其特点表明配送中心与用户签有配送协议，并严格执行。适用于重点企业和重点项目的物流支持。

⑤ 即时配送。所谓即时配送指完全按用户的配送时间、品种数量要求进行随时配送。其特点以当天任务为目标，对临时性或急需货物进行配送。这种方式要求配送企业的配送资源相对富余。

2）按配送的品种和数量分。

① 少品种大批量配送。所谓少品种大批量配送指对制造业所需的货物品种少，但需求量大实行的配送。其特点采用卡车运输、配送工作简单、配送成本低廉。

② 多品种少批量配送。所谓多品种少批量配送指针对零售企业所需的货物品种多，批量小的特点，通过配备齐全后，送达该企业或用户的配送。其特点除了配备良好的硬件设备外，还需一流的业务操作水平和训练有素的管理水平。

③ 成套配套配送。所谓成套配套配送指对那些装配型或流水线制造企业生产的需要，集合各种产品一切零部件，按生产节奏定时定量的配送。其特点适应于专业化生产和实现制造企业"零库存"的需要。

3）按配送的组织形式分。

① 分散配送。所谓分散配送指销售网点或仓库根据自身或用户的需要，对小批量、多品种货物进行配送。其特点具有分布广、服务面宽，适合于近距离、品种繁多的小额货物的配送。

② 集中配送。集中配送又称配送中心配送。是指专门从事配送业务的配送中心对社会性用户的货物需要而进行的配送。其特点是规模性大、专业性强、计划性强、与客户关系稳定和密切、配送品种多、数量大。

③ 共同配送。所谓共同配送指若干企业集中配送资源，制定统一计划，满足用户对货物需求的配送形式。一般分成两种类型：一种是中小生产企业间通过合理分工和协商，实行共同配送；第二种是中小企业配送中心之间实现联合、共同配送。前者可以弥补配送资源不足的弱点；后者可以实现配送中心联合作业的优势，两者均可实现配送目的，创造共同配送。

（3）配送模式及其选择

在我国目前各企业系统、各地区都开展了配送业务，并在不断发展和壮大。就其实践过程来看，大致有以下几种模式。

1）企业内自营型配送模式。

这种模式目前被广泛采用和使用。企业或企业集团通过独立组建配送中心，实现对其内部各部门、厂、站的货物供应——配送。这种模式的配送中心只服务于企业内部，不对外提供任何配送服务。虽然是一种传统的"自给自足的小农意识"，形成了"大而全，小而全"形式，造成新的资源浪费，但是，实践表明这种模式保证和满足了企业内部对货物的需要，对企业的业务发展发挥了重要作用。美国沃尔玛公司所属的配送中心是一种典型的该类模式，它专门为本公司所属的连锁门店提供配送服务。这种模式适用于大企业或社会物流企业不能提供配送服务的场合。

2）单项服务外包型配送模式。

这是一种具有相当规模的物流设施设备（包括：库房、月台、车辆、操作机械）、专业经验、批发技能、储运以及其他物流业务的经营企业，根据和利用自身优势，承担和经营制造业或流通企业在本地区或以外地区的市场开拓、商品营销而进行的纯配送业务。这种模式下，制造业或流通企业通过租用物流硬件设施，在现场设置办公系统来开展配送业务，提供场所的物流企业收取相应的费用，因此，可能缺乏经济收入的合理性。

3）社会化的中介型配送模式。

指从事配送业务的企业，通过与制造业或加工企业建立广泛的代理或买断关系，与零售商形成的稳定契约关系，从而组合配送信息，按客户或用户的货物需求，实现配送。这是一种比较完整意义上的配送模式，得到多数物流、配送企业的重视。

4）共同配送模式。

这是一种配送经营企业之间为实现整体的配送合理化，以互惠互利为原则，互相提供便利的配送服务的协作型配送模式。后两种共同配送模式是我国未来配送业务模式的发展趋势。

在当今我国市场经济发展中，极其需要创建配送业务平台，支撑商品流转，满足生产和消费需要。但是，配送新理念在我国发展相当短暂，由于社会缺乏对配送的支持和投入，到目前为止尚未形成节约化和规模化的配送体系，因此，配送业务始终处于低谷时期，而需要配送的企业就显得苍白而无力，一定程度上造成资源的浪费。如国内一些相当规模的连锁超市，虽然建立了内部配送中心，并严格实行统一采购、统一进货、统一配送，各分销网点同时得到了满足，但从经济效益或利益角度上分析，这是迫于一种无奈，最大潜能和效能远远没有发挥，始终充当"后勤兵"的角色。当然这是一种选择。

由于传统批发体制解体，使得相当的物流设施和设备、物流专业技术人员等资源闲置，在这种状况下，物流企业委曲求全，租赁资源，依靠承揽单项服务外包配送业务，实现经济利益。这也是一种选择。

社会化的中介型配送企业模式是一种地道的独立经济模式，其实质是一种规模经营模式，根据我国巨大生产能力和消费能力，社会化中介配送和共同配送两者模式将是我国今后经济发展的开放的巨大平台，这种平台是一种最好的选择。

快递业投递时限缩短 总体满意度略有提高

快递业高速发展，但快递业满意度没有被落下。2016年，国家邮政局委托专业第三方对50个城市中的10家全网型快递服务品牌，从受理、揽收、投递和售后4个快递服务环节及16项基本指标进行调查和满意度评价。调查共获得有效样本93884个，快递服务总体满意度得分连续八年稳步提升，时限也有所提升，但受理和揽收环节的满意度得分下降。

调查显示，2016年快递服务总体满意度得分为74.7分，较2015年提升0.7分；其中，公众满意度为80.5分，时测满意度为68.9分。

在受理环节，各快递企业在普通电话受理服务方面差异较小，服务均达到较高水平；各快递企业在统一客服热线受理方面差异较大，部分企业仍需加强。在揽收环节较2015年下降1.2分，值得关注。费用公开透明满意度得分为80.7分，需进一步提升。在投递环节，派件员服务较2015年下降2.3分，下降明显；送达时限、网络覆盖、签收信息反馈三项指标的满意度得分分别为78.2分、79.6分、77.2分。

值得注意的是，在同时开展的快递服务时限准时率测试结果显示，2016年全程时限均值为58.71小时，同比缩短0.49小时，72小时准时率从2012年的72.4%提升到2016年的75.53%。寄出、运输、寄达地处理、投递4个环节中，寄出地处理时限、寄达地处理时限均有所改善，运输时限略有延长，投递时限保持稳定，表明处理能力建设进一步加强。

2000公里以下快件全程时限基本稳定，2000公里以上尤其是3000公里以上提升明显。寄往西部地区的快件平均时限为61.13小时，同比分别缩短了1.87小时和2.25小时。快递普惠水平进一步提升，各区域时限服务更加均衡。由于寄送距离更长，乡镇地区寄往城市的快件全程时限比城市间快件全程时限长5个小时；同时，城市寄往乡镇地区的快件全程时限比城市间快件全程时限长7个小时。

调查还显示，快递企业在应对高峰期、春节假期的服务保障能力均有所提升，特殊时期快递服务有所优化，已逐步获得用户的认可。2016年，用户对春节期间快递服务满意度的得分为78.5分，高于当月总体水平76.7分；"双11"等业务高峰期的满意度为78.4分，较2015年略有提升。（资料来源：北京商报《快递业投递时限缩短 总体满意度略有提高》，2017-1-29）

任务 2　电子商务物流认知

要搞清楚电子商务和物流的关系，先从下面两幅图入手。图 1-1 展示的是 B2C 和 C2C 两种电子商务模式的物流、信息流、资金流的关系。可以看出物流在电子商务交易的过程中伴随始终，起着至关重要的作用。

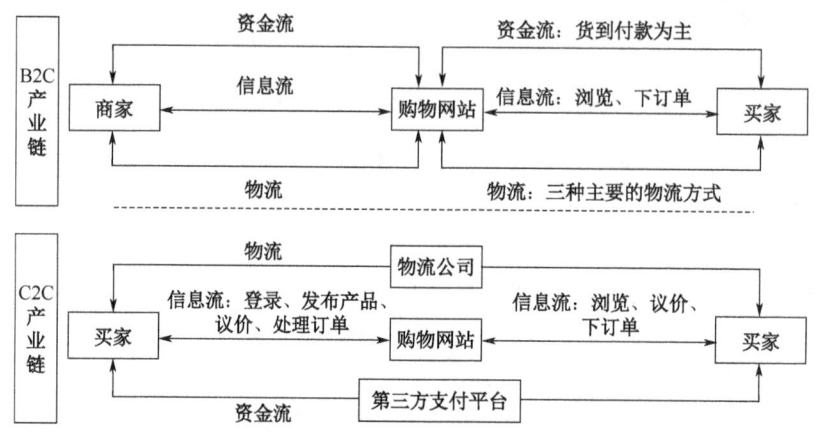

图 1-1　B2C 和 C2C 两种电子商务网站物流、信息流、资金流的关系

如图 1-2 展示的是一个简单的电子商务网上交易流程。其中连接步骤 3 和步骤 4 之间的是一个非常重要的作业内容，它对整个交易的完成起着非常关键的作用，它便是物流。物流起到了最终将商品从商家送达销售者并最终完成一次交易的这么一个角色。可见没有物流支撑的电子商务交易只能成为空中楼阁。

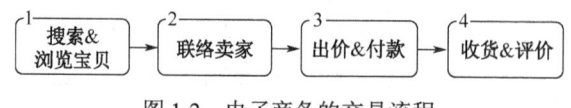

图 1-2　电子商务的交易流程

物流环节联系着买家和卖家，物流的水平，比如运费的高低、送货的时间、商品的安全等因素都是双方非常关心的。电子商务的发展带动了现代物流的飞速发展，为现代物流业创造了巨大的市场，为物流信息化提供了平台，引领现代物流的发展方向；而现代物流的发展又促进了电子商务的进一步发展。

1.2.1　电子商务与物流的关系

1．电子商务对物流的影响

（1）对物流理念的影响

把电子商务作为商业竞争环境时，它对物流理念的影响，可以从以下几个方面来理解。

一是物流系统中的信息变成了整个供应链运营的环境基础。网络是平台,供应链是主体,电子商务是手段。信息环境对供应链的一体化起着控制和主导的作用。

二是企业的市场竞争将更多地表现为以外联网所代表的企业联盟的竞争。换句话说,网上竞争的直接参与者将逐步减少。更多的企业将以其商品或服务的专业化比较优势,参加到以核心企业(或有品牌优势,或有知识管理优势)为龙头的分工协作的物流体系中去,在更大的范围内建成一体化的供应链,并作为核心企业组织机构虚拟化的实体支持系统。供应链体系在纵向和横向的无限扩张的可能性,将对企业提出要么是更广泛的联盟化,要么就是更深度的专业化。显然,在电子商务的框架内,联盟化和专业化是互为表里并统一在物流一体化的体系之中的。

三是市场竞争的优势将不再是企业拥有的物质资源有多少,而在于它能调动、协调、最后是能整合多少社会资源来增强自己的市场竞争力。因此,企业的竞争将是以物流系统为依托的信息联盟或知识联盟的竞争。物流系统的管理也从对有形资产存货的管理转为对无形资产信息或知识的管理。

四是物流系统面临的基本技术经济问题,是如何在供应链成员企业之间有效地分配信息资源使得全系统的客户服务水平最高,即是追求物流总成本最低的同时为客户提供个性化的服务。

五是物流系统由供给推动变为需求拉动,当物流系统内的所有方面都得到网络技术的支持时,产品对客户的可得性将极大地提高。同时,将在物流系统的各个功能环节上极大地降低成本,如降低采购成本、减少库存成本、缩短产品开发周期、为客户提供有效的服务、降低销售和营销成本以及增加销售的机会等。

(2)对物流系统结构的影响

一是由于网上客户可以直接面对制造商并可获得个性化服务,故传统物流渠道中的批发商和零售商等中介将逐步淡出,但是区域销售代理将受制造商委托逐步加强其在渠道和地区性市场中的地位,作为制造商产品营销和服务功能的直接延伸。

二是由于网上时空的"零距离"特点与现实世界的反差增大,客户对产品的可得性的心理预期加大,以致企业交货速度的压力变大。因此,物流系统中的港、站、库、配送中心、运输线路等设施的布局、结构和任务将面临较大的调整。如尤尼西斯公司在采用了EDI的MRP系统后,将其欧洲区的5个配送中心和14个辅助仓库缩减为1个配送中心。在企业保留若干地区性仓库以后,更多的仓库将改造为配送中心。由于存货的控制能力变强,物流系统中仓库的总数将减少。随着运管政策的逐步放宽,更多的独立承运人将为企业提供更加专业化的配送服务。配送的服务半径也将加大。

三是由于信息共享的即时性,使制造商在全球范围内进行资源配置成为可能,故其组织结构将趋于分散并逐步虚拟化。当然,这主要是那些拥有品牌的、产品在技术上已经实现功能模块化和质量标准化的企业。

四是大规模的电讯基础设施建设,将使那些能够在网上直接传输的有形产品的物流系统隐形化。这类产品主要包括书报、音乐、软件等,即已经数字化的产品的物流系统将逐步与网络系统重合,并最终被网络系统取代。

(3)对客户服务的影响

一是要求在客户咨询服务的界面上,能保证企业与客户间的即时互动。网站主页的设

计不仅要宣传企业和介绍产品,而且要能够与客户一起就产品的设计、质量、包装、改装、交付条件、售后服务等进行一对一的交流,帮助客户拟定产品的可得性解决方案,帮助客户下订单。这就要求得到物流系统中每一个功能环节的即时的信息支持。

二是要求客户服务的个性化。只有当企业对客户需求的响应实现了某种程度的个性化对称时,企业才能获得更多的商机。因此:

第一,要求企业网站的主页设计个性化。除了视觉感官的个性化特点外,最主要的是网站主页的结构设计应当是针对特定客户群的。这里要把握一个原则即"并不是把所有的新衣服都穿上身就一定漂亮"。所以,传统市场营销学的对客户细分和对市场细分的一般性原则和方法仍然是企业设计和变换网站主页的基本依据。

第二,要求企业经营的产品或服务的个性化。专业化经营仍然是企业在网络经济环境下竞争发展的第一要素。企业只有专业化经营,方能突出其资源配置的比较优势所在,为向客户提供更细致、更全面,更为个性化的服务提供保证。同样,按照供应链增值服务的一般性原则,把物流服务分成基本的和增值的两类。并根据客户需求的变化进行不同的服务营销组合将是适用的。

第三,要求企业对客户追踪服务的个性化。网络时代客户需求的个性化增大了市场预测的离散度,故发现客户个性化服务需求的统计特征将主要依赖对客户资料的收集、统计、分析和追踪。虽然从技术层面讲并没有什么困难,但是要涉及文化的、心理的、法律的等诸多方面,因此建立客户档案并追踪服务本身,就是一项极富挑战性的工作。

(4) 对物料采购的影响

企业在网上寻找合适的供应商,从理论上讲具有无限的选择性。这种无限选择的可能性将导致市场竞争的加剧,并带来供货价格降低的好处。但是,所有的企业都知道频繁地更换供应商,将增加资质认证的成本支出,并面临较大的采购风险。所以,从供应商的立场来看,作为应对竞争的必然对策,是积极地寻求与制造商建成稳定的渠道关系,并在技术或管理或服务等方面与制造商结成更深度的战略联盟。同样,制造商也会从物流的理念出发来寻求与合格的供应商建立一体化供应链。作为利益交换条件,制造商和供应商之间将在更大的范围内和更深的层次上实现信息资源共享。如LOF公司在建立信息共享机制后,将其产品承运人的数目从534位减少为2位:一个物流服务公司为其安排所有的货运事项;另一家物流公司则为其提供第三方付款服务,负责用电子手段处理账单信息,这不仅可减少运费50万美元,而且消除了7万件文案工作。事实上,电子商务对物料采购成本的降低,主要体现在诸如缩短订货周期、减少文案和单证、减少差错和降低价格等方面。因此,虚拟空间的无限选择性将被现实市场的有限物流系统即一体化供应链所覆盖。

(5) 对存货的影响

一般认为,由于电子商务增加了物流系统各环节对市场变化反应的灵敏度,可以减少库存,节约成本。相应的技术手段也由看板管理（JIT）和物料需求计划（MRP）等,转向配送需求计划（DPR）、重新订货计划（ROP）和自动补货计划（ARP）等基于对需求信息做出快速反应的决策系统。但从物流的观点来看,这实际是借助于信息分配对存货在供应链中进行了重新安排。存货在供应链中总量是减少的,但结构上将沿供应链向下游企业移动。即经销商的库存向制造商转移,制造商的库存向供应商转移,成品的库存变成零部件的库存,而零部件的库存将变成原材料的库存等。因存货的价值沿供应链向下游是逐步递减的，所以将引发一个新的问题：上游企业由于减少存货而带来的相对较大的经济利益如何与下游企业一起来分享。供应链的一体化不仅要分享信息，而且要分享利益。比如，最著名的虚拟企业耐克公司，准备从今年开始改用电子数据交换（EDI）方式与其供应商联系，直接将成衣的款式、颜色和数量等条件以 EDI 方式下单，并将交货期缩短至 3～4 个月。它同时要求供应布料的织布厂先到美国总公司上报新开发的布样，由设计师选择合适的布料设计为成衣款式后，再下单给成衣厂商生产；而且成衣厂商所使用的布料也必须是耐克公司认可的织布厂生产的。这样一来，织布厂必须提早规划新产品供耐克公司选购。但由于布料是买主指定，买主给予成衣厂商订布的时间缩短，成衣厂商的交货期也就越来越短，从以往的 180 天缩短为 120 天甚至 90 天。显然，耐克公司的库存压力减轻了，但成衣厂商为了提高产品的可得性就必须对织布厂提出快速交货的要求。这时织布厂将面临要么增加基本原材料的存货，要么投资扩大其新产品的开发能力。

（6）对运输的影响

在电子商务条件下，速度已上升为最主要的竞争手段。物流系统要提高客户对产品的可得性水平，在仓库等设施布局确定的情况下，运输将是决定性的。由于运输活动的复杂性，运输信息共享的基本要求就是运输单证的格式标准化和传输电子化。由于基本的 EDI 标准难以适应各种不同的运输服务要求，且容易被仿效，以至不能作为物流的竞争优势所在，所以在物流体系内必须发展专用的 EDI 能力才能获取整合的战略优势。专用的 EDI 能力实际上是要在供应链的基础上发展增值网（VAN），相当于在供应链内部使用的标准密码，通过管理交易、翻译通信标准和减少通信联接数目来使供应链增值，从而在物流联盟企业之间建立稳定的制化渠道关系。为了实现运输单证，主要是货运提单、运费清单和货运清单的 EDI 一票通，实现货运全程的跟踪监控和回程货运的统筹安排，将要求物流系统在相关通信设施和信息处理系统方面进行先期的开发投资，如电子通关、条形码技术、在线货运信息系统、卫星跟踪系统等。

2．物流对电子商务的影响

（1）物流是实现电子商务的保证

1）物流保障生产。无论在传统的贸易方式下，还是在电子商务下，生产都是商品流通之本，而生产的顺利进行需要各类物流活动的支持。生产的全过程从原材料的采购开始，便要求有相应的供应物流活动，将所采购的材料到位，否则生产就难以进行；在生产的各工艺流程之间，也需要原材料、半成品的物流过程，即所谓的生产物流，以实现生产的流动性；部分余料、可重复利用的物资的回收，就需要所谓的回收物流；废弃物的处理则需要废弃物物流。可见，整个生产过程实际上就是系列化的物流活动。合理化、现代化的物流，通过降低费用从而降低成本、优化库存结构、减少资金占压、缩短生产周期，保障了现代化生产的高效进行。相反，缺少了现代化的物流，生产将难以顺利进行，那无论电子商务是多么便捷的贸易形式，仍将是无米之炊。

2）物流服务于商流。在商流活动中，商品所有权在购销合同签订的那一刻起，便由供方转移到需方，而商品实体并没有因此而移动。在传统的交易过程中，除了非实物交割的期货交易，一般的商流都必须伴随相应的物流活动，即按照需方（购方）的需求将商品实体由供方（卖方）以适当的方式、途径向需方（购方）转移。而在电子商务下，消费者通过上网购物，完成了商品所有权的交割过程，即商流过程。但电子商务的活动并未结束，

只有商品和服务真正转移到消费者手中，商务活动才告以终结。在整个电子商务的交易过程中，物流实际上是以商流的后续者和服务者的姿态出现的。没有现代化的物流，商流活动将会退化为一纸空文。

（2）物流是电子商务交易中的重要一环

自从1998年开始，电子商务就成为一个热门的话题，特别是与电子商务沾得上一点边的企业上市筹资，都获得成功。电子商务的快速发展需要现代化物流的支撑，没有现代化的物流，电子商务的交易只能停留在概念上。国家领导人也一再强调发展物流行业是中国经济新的增长点，降低物流成本也是企业的第三利润源泉，还有就是把物流行业的发展作为"十五规划"的一个方面。在这样一个政府支持的软环境下，物流的发展空间会更大。

（3）物流是实现"以顾客为中心"理念的根本保证

从原始买卖到如今的电子商务，其中最大的改变就是电子商务不受时间、地点的限制。电子商务可以把所有的商品买卖虚拟成一个大的商场，在任何时间、地点都可以买到世界上任何一种商品。电子商务的出现，在最大程度上方便了最终消费者。他们不必再跑到拥挤的商业街，一家又一家地挑选自己所需的商品，而只要坐在家里，在Internet上搜索、查看、挑选，就可以完成他们的购物过程。但试想，他们所购的商品迟迟不能送到，或商家所送并非自己所购，那消费者还会选择网上购物吗？网上购物的不安全性，一直是电子商务难以推广的重要原因。不管是B2B，还是B2C，作为消费者、顾客，买了商品，是不是商品能安全迅速地送到我们的手中？这才是消费者最关心的问题，这当中就需要解决物流及配送等问题。一句话：电子商务的发展需要物流做基础，物流是实现"以顾客为中心"理念的根本保证。

（4）电子商务依赖于物流信息化

电子商务必须以信息化为基础，离开信息化，电子商务将成为无源之水，无本之木。物流信息化表现为物流信息的商品化、物流信息收集的数据化和代码化、物流信息处理的电子化和计算机化、物流信息传递的标准化和实时化、物流信息存储的数字化等。随着电子商务的发展，在我国物流业中将得到普遍的应用。信息化是一切的基础，没有物流的信息化，任何先进的技术装备都不可能应用于物流领域，信息技术和计算机技术的应用将彻底改变我国物流业的面貌。

物流是电子商务中实现以"以顾客为中心"理念的最终保证，缺少了现代化的物流技术，电子商务给消费者带来的购物便捷等于零，消费者必然会转向他们认为更为安全的传统购物方式，那网上购物还有什么存在的必要呢？

从以上的论述中可见，物流是电子商务重要的组成部分。我们必须摒弃原有的"重信息流、商流和资金流的电子化，而忽视物流的电子化"的观念，大力发展现代化物流，以进一步推广电子物流。

1.2.2 电子商务物流模式

由于从事的专业不同，电子商务服务商更多地从如何建立电子商务信息服务网络、如何提供更多的信息内容、如何保证网络的安全性、如何方便消费者接入、如何提高信息传输速度等方面考虑问题，至于电子商务在线服务背后的物流体系的建立问题则因为涉及另一个完全不同的领域。实际上，完整的电子商务应该包括商流、物流、信息流和资金流四方面。在商流、信息流、资金流都可以在网上进行的情况下，物流体系的建立应该被看作是电子商务的核心业务之一。电子商务物流的具体实施有多种模式可以选择，目前，从中国电子商务物流行业的发展来看，中国电子商务物流行业分为电子商务企业自建物流模式及第三方物流模式两种典型模式。

1. 电子商务企业自建物流模式

国内的物流公司大多是由传统的储运公司转变过来的，还不能真正满足电子商务的物流需求，电子商务企业纷纷自建物流体系。对于众多电子商务企业来说，如果采取这种方式投资应十分慎重，因为电子商务的信息业务与物流业务是截然不同的两种业务，企业必须对跨行业经营产生的风险进行严格的评估，新组建的物流公司必须按照物流业务的要求运作才有可能成功。

从世界电子商务企业发展来看，自建物流体系始于亚马逊。随着中国电子商务市场的不断发展，电商企业不断发展壮大，加之多轮融资为自建物流提供了丰富的资金支持，面对业务规模的不断扩张，每日成单量的迅猛增加，自建仓储物流已经成为大型电商争相竞技的场所。

【相关案例阅读 1-1】

京东商城的自建物流

京东商城是中国首家明确展开仓储物流自建的电子商务公司，一方面，与京东电商业务的快速发展相关；另一方面，也与京东选取亚马逊作为标杆企业加以比对相关联。

京东商城于2009年开始自建物流体系。目前，在北京、上海、广州、成都、武汉建有物流中心，自建物流体系已经覆盖60余个城市。据京东数据显示，2010年京东70%的业务量是通过自建物流完成的。2011年，京东筹建"亚洲一号"项目，其在上海嘉定购置了60亩土地，打造亚洲最大的现代化B2C物流中心，其中包括单体15万～20万平方米的库房，以此适应京东商城未来5～10年的发展需要。此外，2010年，京东投资2 000万元成立"上海圆迈快递公司"，支持本公司的物流配送。

据推测，京东自建的物流体系经不断完善后，将为其他中小电子商务公司提供物流服务，以此将其电商业务线扩展为"商城+物流"模式。

【相关案例阅读 1-2】

当当网——搭建电商物流开放平台

2011年，"当当"成功上市之后，在全产品线电商平台搭建的过程中，物流建设也成为其主要战略方向之一。2011年初，当当网宣布，将着手牵头组建一个由当当网控股的配送服务公司，将打造独立的物流开放平台，为电子商务企业提供商品储存、分拣、包装及全国1 200多个城市的货到付款（COD）服务。

物流平台意味着，当当将通过整合第三方物流资源，进而以物流整合者和公众服务平台的角色向其他企业开放物流服务。与自建物流相比，组建物流开放平台更具延展性和可持续性。这种电商物流开放平台的搭建成为"当当"与其他自建物流电商与众不同的定位。

从"当当"自身物流建设来看，目前，当当网已经实现北京、上海、广州、郑州、天津、廊坊、东莞、苏州、无锡、常州等30多个主要城市七成用户享受当日送达服务。2011年，广州新仓启用，可以满足将近九成广州、深圳用户的当日达订单。

从中国自建物流的电子商务企业来看，自建物流的优势主要有以下几点：

1）电子商务主要是由物流、信息流、资金流3个部分组成的，从电商企业而言，一般企业对信息流和资金流控制力较强，但是与第三方物流公司合作，对物流本身的速度、服务质量的控制能力不强。不过，自建物流使得物流完全在电商企业的掌控之下，对电子商务的全程掌控提升了电商企业的竞争力。

2）物流是电子商务的最后一公里，也是直接面向消费者的最直接的环节。通过组建自有的物流系统，电商企业可以有效地增加物流环节的附加值。自建物流的电商企业可以通过自有的物流进行新业务的推广和品牌的宣传，对已购用户进行二次营销，提升再次购买的可能性及用户粘性。同时还可以完成用户满意度的调查及对产业信息的及时反馈，第三方物流公司则无法完全满足，电子商务企业可以通过自有配送队伍的上门机会，进行其他服务和产品推介。在红孩子成立之初，这种自配物流加之企业产品营销的形式就已经出现，并取得了良好的市场反馈。

3）自建仓储物流，如果遇到用户发生退货的，可以就近选取仓库保存，当附近有消费者再选取同类商品时，即可送出，打破了以往退货产品沿途返还发送地的弊端，极大地节省了交易成本。另一方面，对于选择货到付款的用户，直接将货款到达电子商务企业，缩短了回款周期。

电商企业自建物流也存在一定的劣势与弊端，主要有以下几点：

1）前期投入成本较大，短期内牵制电商资金流。目前，中国电子商务企业虽然交易规模较大，但大部分电商并未实现盈利。大量外部资本的涌入，为电商的发展注入了持续发展的动力。不过，资本更为关注电商的用户量、交易规模、利润空间等，对于以物流为主的基础设施建设热情度不高，态度较为谨慎。此外，电商企业可能与资本方存在对赌行为，这种对赌需要用持续增长的交易规模说话，为此，兴建物流的大中型电商企业面临的资本压力仍然较大。

2）物流兴建时间较长，收效尚需时日。一般而言，仓储物流的选址与兴建是需要较长时间的，投入期较长即需要牵制大量的资金。此外，电商企业的发展速度远远超于物流的建设速度，一定时间内，自建物流系统是无法发挥作用的。

3）自建物流的专业性需要积累。电子商务企业将业务延伸到物流层面，尽管是产业链的纵深延伸，但是两者的商务模式及核心能力配比方面都不尽相同。初期，电子商务企业自建物流的专业性要低于第三方物流企业，其专业化的物流能力培养尚需时间。

2. 第三方物流模式

将物流外包（Outsourcing）给第三方物流公司（Third-Party Logistics Service Provider）也是跨国公司管理物流的通行作法。按照供应链的理论，将不是自己核心业务的业务外包给从事该业务的专业公司去做，这样从原材料供应到生产，再到产品的销售等各个环节的各种职能，都是由在某一领域具有专长或核心竞争力的专业公司互相协调和配合来完成的，这样所形成的供应链具有最大的竞争力。物流通常不是大多数的电子商务企业的核心业务，电子商务企业把物流业务外包于第三方物流企业，可以把资源集中在自身的核心竞争力业务上，以获取最大的投资回报。

【相关案例阅读 1-3】

汽车配件快递后竟也被摔碎

家住河南省南阳市的小陈，开网店已有五六年了，每天都会和快递打交道。今年9月份，小陈通过南阳某快递，给贵州六盘水的客户寄了一件汽车配件。从南阳到漯河，漯河到武汉，武汉到长沙，长沙到贵阳，贵阳到六盘水，收件人当时拆开之后，商品就摔坏了。

这个邮件辗转六天，经过了五次中转，终于到达了六盘水。收件人打电话告诉小陈，说汽车零件是坏的。小陈清楚记得，当时他是当着揽件员的面包装的，包装也得到了揽件员的认可。揽件员按一公斤7元的价格收了60元的快递费，钢铁铸造的汽车配件怎么说坏就坏呢，在接下来和快递公司交涉的过程中，快递公司的经理承认，这个件确实是摔坏的。为了不影响到网店的信誉度，他再三和客户解释，并给客户退了全款。邮件又被邮回了河南南阳，当初小陈还想着，看看能不能修好再用，但打开包装一看，小陈绝望了。小陈告诉我们，主体东西全部坏完了，等于这个东西就报废了，只能卖废铁。

小陈的淘宝记录显示，这个汽车配件的成交价格是3 200元，买卖没做成，3 000多元的汽车配件却变成了废铁，小陈十分着急，和揽件员讨要赔偿，揽件员说回公司和经理商量，后来揽件员干脆告诉小陈，公司不愿意赔。憋屈又窝火的小陈对此事开始了投诉。小陈说快递投诉特别难，找邮政（管理）局不管，找（某快递公司）总部也不管，找分（南阳）公司也不管。

小陈多次去南阳某快递公司，根本见不到管事的人；打某快递上海总部的电话投诉，对方让找南阳公司解决。折腾了一个月，小陈倍感无奈。今年10月，他通过12305热线，把南阳某快递公司投诉到河南省邮政管理局，邮政监管部门的说法却让小陈十分失望。

邮政监管部门对小陈说，他们就起一个调节作用，没有执法权，找某快递公司，某快递公司说这件事情只愿意赔300元，小陈无论如何也接受不了，邮政监管部门建议小陈去走法律程序。小陈觉得打官司费时费力，他不断地找南阳某快递公司协商，多次软磨硬泡后南阳某快递公司表示，最多只赔1 000元，但就是这1 000元，他也没能拿到手。

接下来的两个多月时间里，小陈多次拨打南阳某快递公司的客服电话，根本打不通。某快递公司就再也没联系过小陈。12月15日，小陈再次来到南阳某快递公司，这里的客服人员告诉小陈，领导都不在，赔偿的事她做不了主。

某快递公司的员工告诉记者，他们对此事进行了协商，要赔1 060元，谁知道这个东西值多少钱，因为他们也没见，当时给他们1 060元，60元运费，1 000元钱的东西。来协商后也不吭声，结果又投诉到邮政管理局，只要投诉到邮政管理局，罚款下来，罚500块钱，就罚到业务员头上了。

小陈的遭遇确实让人同情，买卖不成倒赔了一笔钱。某快递公司真是精算到骨头里了，行政罚款也要从小陈的快递赔偿里面出。更糟糕的是，事情已经过去三个多月了，小陈仍然投诉无门。那么这些邮件究竟是如何损坏的呢？一个包裹得好好的东西为什么会被摔成两半了呢？我们的记者来到快递公司应聘打工，亲身体验了这些包裹究竟是如何运送的。

（资料来源：CCTV《经济半小时》）

第三方物流公司由于承接多家的业务，在产品的配送中，配送人员可能无法完全保障服务的质量，造成包裹延迟递送、配送人员态度不佳等问题的投诉，这可能会增加电商企业的客服成本，而且还可能影响电商企业的品牌形象。

【相关案例阅读1-4】

无处不在的暴力分拣

某快递公司在北京马各庄的一个分拣中心，11月底，记者通过应聘，进入这里当起了快递分拣员。每天，这些从广州、杭州等地运件的大货车都会不断地开到这里，一天中转量能达到几十万票，第一天，记者就看到了这些让人过目难忘的场景。

被运送来的包裹，如果不是航空邮件，不会有任何安检和抽检，会被直接卸到传送带上。卸车的时候随意抛扔。快件被按照区域写上编码后，被放在分拣线上，"站线"工人便开始忙碌起来，流水线上的包裹一波一波源源不断，只要快件上了这条流水线，贴不贴易碎标志都不再重要。

这里的一切要，最重要的就是效率。一个60人左右的班次要处理5到10万票快件，每个人都忙得不可开交。大不压小、重不压轻的码放原则，快件分拣脱手时不超过30厘米的规矩，在这里根本不存在，只要位置和方向正确，能抛多远就抛多远。

分拣工人会时不时从传送带上跨过，这个"倒霉"的快件就是一个工人从传输线上跳下来时踩瘪的，年轻的分拣工人有时也会互相扔着邮件打闹。每天都会有这样的场面，很多邮件由流水线上散落到地上，分拣工人脚踩着邮件，把邮件扔到对面的筐里，这名工人还跳过生产线，直接踩到筐车里面，一屁股坐到了邮件上。在这个分拣中心，从卸车到分拣，再到扫描出库，一个快件最少要经过三次抛扔。记者问道，这些东西不怕摔吗？员工说没有怕摔的，都是袜子之类的东西，就算踩烂了再封上就行了。

上班几天，记者渐渐和工人们熟了起来，为了证明这些货不怕踩踏，正在往车上装快递的工人竟然当场实验了一下，在这个邮包上踩上一脚，邮件的外包装被当场踩坏，内包装露了出来，里面衣物的颜色也看得清清楚楚。这批货是运往河北承德的，是一些衣物和鞋子。

对于那些经常在网上购物的朋友来说，记者的体验触目惊心。你千挑万选的宝贝到了快递公司手里竟然遭到如此践踏。事实上，快递业存在野蛮装卸的事情并非今天才暴露出来，但像节目中那样故意损毁邮包的还是第一次看见。

在某快递公司北京马各庄分拣中心工作了将近一周，记者见到的让人吃惊的场景越来越多。早上7点多，这个问题包裹孤零零地放在库房外，里面的液体流了一地，上面的易碎标签清晰可见，能判断出这个邮包是被夜班人员放在这里的，临近中午，这个邮件被扔在库房外近12个小时，无人处理。在处理问题邮件时，这里的工作人员正在用胶带包裹一些破损的邮件，在现场中我们记者看见11月份的包裹还有很多，他们说如果长时间没有人认领的话，他们就放着，时间久了就放到仓库里。

在二楼的航空件问题包裹处理点，这里的工作人员介绍说，架子上的这些都是问题包裹，这些包裹或是丢失面单，或是找不到收件人和发件人的包裹。快递员说没有面单的他们直接就给拆了，不拆不知道里面是啥？像没有面单的，拿过去他们直接就给拆了，拆开拍照，说不拆开怎么拍照。也不知道里面是什么东西。无论包裹得再好，他们都要拆的。

工人说，这里的问题邮件过三个月或者半年时间，就会定期往仓库清理，公司有专门人员处理无人认领的作废件。即使是对内部员工，无着落邮件的处理也是机密的。我们的另一路记者以购买报废件的名义，联系了北京某快递公司监察部的一个经理，经理告诉记者，仓库剩下的几乎都是不值钱的衣物。那么其他快递公司是如何处理无人认领的包裹呢？记者随后以收购作废件的名义走访了某快递公司，该公司行政部人员告诉记者，因为作废件比较敏感，他们处理起来比较谨慎，作废件涉及财务营运部，比较敏感，因为是客户的东西，他们没有什么权力去动。确实这个东西没有人要，找不到主了，营运部和财务部确定了，他们就可以卖出去。这位工作人员介绍说，公司每个月的作废件有60～70件，这些作废件中包括螺丝、钉子、衣服、毛绒玩具等。他最终向我们透露，对无着邮件确实最终会变卖处理。

从化妆品到中华烟，这些价值不菲的货品到了快递公司的手里竟然会变成无人认领的问题邮件，说什么也让人难以置信。事实上我们在邮寄包裹的时候，都会按照要求留下详细的地址和收寄人双方的电话号码。快递公司怎么敢把顾客的邮件私下变卖呢？

经过几天的接触，记者与这位快递员相处得十分融洽，他透露了一些快递业内的潜规则，随着快递管理越来越规范，如果掉包、偷盗，被查出来会处罚很重，但他们即使不动客人的货，也仍然可以挣钱。员工说，可以把大的箱子改小，改动稍微比货大一点点，本来按体积算的十公斤，要1 000元，但是改小了只要50元钱就发出去了，当中就赚了950元。或者是改数字，比如说上面价格是1 000多元，你加个点，一下就可以赚了。

在信息网络如此发达的今天，一些稍有规模的快递公司都可以实时跟踪包裹行踪，如果还存在着大量无着件，只能说是快递公司内部管理出现了严重漏洞。而私自售卖无着件也已经超出了服务质量优劣的问题，涉及一个行业是否在合理合法做生意的问题。

（资料来源：节选自CCTV《经济半小时》）

电子商务企业在与第三方物流合作的过程中，需要在订单处理的过程中实现双方后台系统的对接，以完成整个配送过程的适时控制。但是，由于很多电商企业采用自主开发的ERP系统，在和第三方物流企业合作时，后台平台的对接需要投资较多的资金和精力，而且安全性和稳定性都存在隐忧，容易造成合作双方信息沟通的不顺畅。

就目前快递行业现状来看，电子商务采用第三方物流的缺点是显而易见的。但相比于电商企业自建物流，中国第三方物流公司也具有其独特的优势，主要表现在以下几点：一方面，不需要电商企业资金投入，有利于电商企业资金周转；另一方面，由于规模效应，物流成本相对较低，尤其是仓储环节更是如此。第三方物流公司发展相对较早，其已经建成相对完善的仓储及物流体系，其业务的辐射范围较大。而且，对于大中型的电子商务公司而言，一般会选择两到三家的第三方物流公司作为合作伙伴，进一步扩大了业务的辐射范围，提升了覆盖人群的面积。第三方物流公司的专业性相对较强，一般可以保证最后一公里服务的可靠性与完备性。

3. 电子商务与普通商务活动共用一套物流系统

对于已经开展普通商务的公司，可以建立基于Internet的电子商务销售系统，同时可以利用原有的物流资源，承担电子商务的物流业务。批发商和零售商具有组织物流的优势，它们的主业就是流通，在美国，如Wal-Mart（www.wal-mart.com）等，在国内像苏宁电器、西单商场等都开展了电子商务业务，其物流业务都与其一般销售的物流业务一起安排。

4. 第三方物流企业建立电子商务系统

区域性或全球性的第三方物流企业具有物流网络上的优势，正如上面讨论的问题一样，它们大到一定规模后，也想将其业务沿着主营业务向供应链的上游或下游延伸，向上延伸到制造业，向下延伸到销售业。

【相关案例阅读 1-5】

1999 年美国联邦快递公司（FedEx）决定与一家专门提供 B to B 和 B to C 解决方案的 Intershop 通信公司合作开展电子商务业务，FedEx 一直认为，该公司从事的不是快递业而是信息业，公司进军电子商务领域的理由有两个，第一，该公司已经有覆盖全球 211 个国家的物流网络；第二，公司内部已经成功地应用了信息网络（Powership Network），这一网络可以使消费者在全球通过因特网浏览服务器跟踪其发运包裹的状况。该公司认为，这样的信息网络和物流网络的结合完全可以为消费者提供完整的电子商务服务。

像 FedEx 这样的第三方物流公司开展电子商务销售业务，它完全有可能利用现有的物流和信息网络资源，使两个领域的业务经营都做到专业化，实现公司资源的最大利用。但物流服务与信息服务领域不同，需要专门的经营管理技术，第三方物流公司涉足电子商务的销售和信息服务领域要慎重。

5. 电子商务物流平台化

（1）电子商务物流平台化的涵义

学者陈威如在《平台战略》一书中，详细介绍了平台商业模式。平台商业模式是一个双边市场概念，具有网络的外部性（消费上的增值性）。比较典型的企业是淘宝。淘宝上有千万种商品，生产是由卖家完成的，即便没有卖出去的库存也由卖家负责，这时投资与库存的风险都由卖家来承担了，而不是淘宝。淘宝做的只是一个平台，从连接买家与卖家中赚钱。在平台模式上，如果没有竞争的话，投资的风险理论上会很少。但并不是说，平台模式完全没有风险，平台模式在成长初期非常不容易。还以淘宝为例，如果淘宝把所有的卖家都找来，但是没有买家，这些卖家就不会在淘宝上待太久，同样如果没有卖家，没货可卖，买家也会离开。只有把两者都带到这个平台上来，平台才能够成长。在网络效应下，平台商业模式往往出现规模收益递增现象，强者可以掌控全局、打造共赢生态圈，而弱者只能瓜分残杯冷炙。

电子商务物流平台化的概念由阿里旗下的菜鸟网络率先提出，旨在建设一个数据驱动、社会化协同的物流及供应链平台。菜鸟网络提供物流企业、电商企业无法实现，但是未来社会化物流体系必定需要的服务，即在现有物流业态的基础上，建立一个开放、共享、社会化的物流基础设施平台。菜鸟不做自建物流，其核心目标是为电子商务企业、物流公司、仓储企业、第三方物流服务商等各类企业提供平台服务，而不是自建物流或者成为物流公司。

菜鸟平台依托天猫、淘宝交易、物流信息的数据网络（天网），并利用分布在全国几大重要区域的巨大仓储中心（地网），利用信息大数据的优势，布置仓储，调配物流，在多个方面提高物流快递转运的效率。

（2）电子商务物流平台的发展趋势

菜鸟网络在成立之后，平台根据天猫、淘宝的交易与物流信息搭建起一个数据网络，称之为"天网"，并在分布全国的几大重要物流区域搭建起数个巨大仓储中心，称之为"地网"。"天网"配合"地网"进行"天地联动",根据其信息大数据的优势,布置仓储,调配物流,在多个方面提高物流快递转运的效率。

经过几年的发展,菜鸟网络在多各领域布局,智能物流平台立体布局逐渐清晰:

其一,菜鸟引入银泰和复星作为股东,借力银泰、复星全国拿地,布局物流地产,据网络媒体不完全统计,菜鸟目前已拿下2万亩物流用地。

其二,阿里巴巴与苏宁"联姻",互相出资百亿认购对方新发行股份。通过战略合作,苏宁得到阿里导入的线上巨量消费者资源,阿里则将450万平米仓储网络和全国线下门店资源纳入麾下。

其三,参股专业智能仓配一体化解决方案提供商——心怡科技,让其负责天猫超市开仓的核心管理。

此外,阿里还投资全峰、百世汇通、圆通快递、日日顺、卡行天下、高德和新加坡邮政等企业,依靠圆通和全峰进行快递配送环节,依靠百世汇通实现仓配一体化,依靠心怡科技实现智能化仓储,依靠海尔日日顺和线下门店及仓库网络遍布全国的苏宁完成大件配送,依靠新加坡邮政(SinPost)疏通海外清关渠道,依靠卡行天下优化干路运输环节,依靠高德地图提高顾客体验,使配送在地图上可视化,最终完成了在智能物流领域的全方位立体布局。

未来,菜鸟网络可实现中国范围内24小时内送货必达、全球范围内72小时送货必达。

任务3 物流信息技术与应用

物流信息在现代企业经营战略中占有越来越重要的地位。建立物流信息系统,提供迅速、准确、及时、全面的物流信息是现代企业获得竞争优势的必要条件。掌握并熟练应用各种信息技术,如条形码、电子自动订货系统、销售时点系统、物流企业管理信息系统、卫星地面定位系统等,是物流企业提高管理工作效率,降低企业成本的重要保障。

1.3.1 物流信息的功能和特征

近年来,在企业经营方面,有关信息的重要性日益显现。在国际化、多样化、高速化等经营环境下,企业如果没有良好的信息系统,将会直接影响到企业的生存。

1. 物流信息及其内容

物流信息包含的内容和对应的功能可从狭义、广义两方面来考察。从狭义范围来看,物流信息是指与物流活动有关的信息。在物流活动的管理与决策中,都需要详细和准确的物流信息,因为物流信息系统对运输管理、库存管理、订单管理、仓库作业管理等都物流活动具有支持保证的功能。

从广义范围看,物流信息不仅指与物流活动有关的信息,而且包含与其他流通活动有关的信息,如商品交易信息和市场信息等。商品交易信息是指与买卖双方的交易过程有关的信息，如销售和购买信息、订货和接受订货信息、发出货款和收到货款信息等。市场信息是指与市场活动有关的信息，如消费者的需求信息、竞争业者或竞争性商品的信息、销售促进活动信息、交通通信等基础设施信息等。在现代经营管理活动中，物流信息与商品交易信息、市场信息相互交叉、融合，有着密切的联系。物流信息在现代企业经营战略中占有越来越重要的地位。建立物流信息系统，提供迅速、准确、及时、全面的物流信息是现代企业获得竞争优势的必要条件。

关于物流信息系统的内容，让我们结合批发业为例，进行说明。

物流信息系统在批发业主要是销售物流，包括接受订货系统、订货系统、收货系统、库存管理系统、发货系统和配送系统。（如图1-3）。

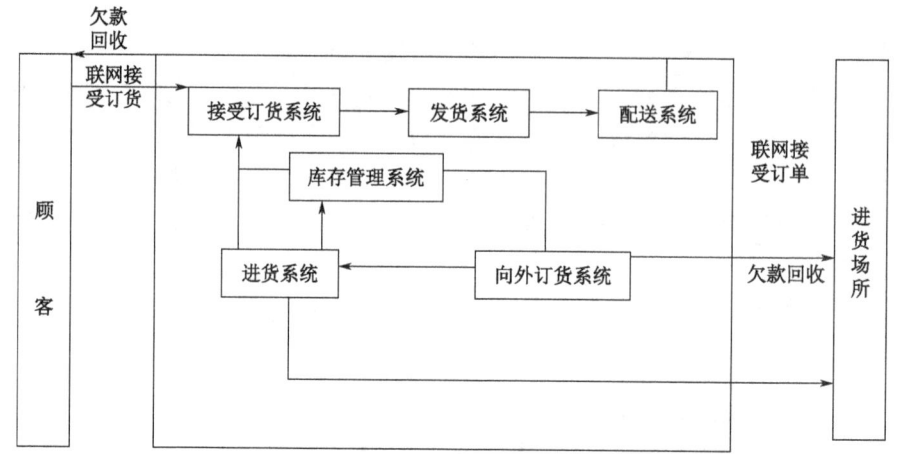

图1-3　批发业物流信息系统概念图

（1）接受订货系统

办理接受订货手续是交易活动的始发点，所有物流活动均从接受订货开始。为了迅速准确地将商品送到，必须准确迅速地办理接受订货手续。接受订货系统是办理从零售商处接受订单、准备货物、明确交货时间、交货期限、剩余货物管理等的系统。

（2）订货系统

订货系统是与接受订货系统、库存管理系统互动，库存不足时应防止缺货；在库存过多或库存不合理时，根据订货劝告，适时适量地调整订货系统。

（3）收货系统

收货系统是根据收货预定信息，对收到的货物进行检验，与订货要求进行核对无误之后，计入库存、指定货位等的收货管理系统。

（4）库存管理系统

批发业应该正确把握商品库存，对于制订恰当的采购计划、接受订货计划、收货计划和发货计划是必不可少的，所以库存管理系统才是物流信息的中心。对保存在物流中心内的商品进行实际管理、指定货位和调整库存的系统即库存管理系统。

（5）发货系统

如何通过迅速、准确的发货安排，将商品送到顾客手中，是物流系统需要解决的主要问题。发货系统是一种与接受订货系统、库存管理系统互动，向保管场所发出拣选指令或根据不同的配送方向进行分类的系统。

（6）配送系统

降低成本对于高效率的配送计划来说是非常重要的。配送系统是将商品按配送方向进行分类，制订车辆调配计划和配送路线计划的系统。

2. 物流信息的功能

对物流信息的功能有多种认识的描述，其中以"中枢神经功能"和"支持保障功能"两种看法最为典型。

（1）中枢神经功能

将物流信息比作中枢神经，是因为信息流经收集、传递后，成为决策依据，对整个物流活动起指挥、协调作用。如果信息失误，则指挥活动便会失误，如果没有信息系统，整个信息系统便会瘫痪。实物的运动就像一个人的手足活动，大脑和神经活动就是信息流，没有这种流，就没有人的运行。当然，信息还有传递方面的问题，中枢神经的信号如果只产生而不能传送到手足，同样也不可能指挥人的运动。这种传递就要依靠有效的信息系统。所以，物流信息系统，就像传递中枢神经信号的神经系统，高效的信息系统是物流系统正常运转的必要条件。

（2）支持保障功能

之所以说物流信息具有支持和保障功能，是因为物流信息对所有的物流活动起到支持作用，没有这种支持，物流设备、设施再好，也很难正常运转。当然，如果只有这种支持，而没有物流本身的技术水平和管理水平，物流活动也不会达到高水平。只有支撑体和本体都正常，才会有完善的整体。

物流信息对物流活动来讲，还有决定效益的作用。物流系统的优化，各个物流环节的优化所采取的办法、措施，如选用合适的设备、设计最合理路线、决定最佳库存储备等，都要切合系统实际，也就是说，都要依靠准确反映这实际的物流信息。否则，任何行动都不免带有盲目性。所以，物流信息对提高经济效益也起着非常重要的作用。

3. 物流信息的特征

物流信息有以下几个方面的特征。

（1）信息量大

物流信息随着物流活动以及商品交易活动的开展而大量发生。多品种少量生产和多频度小数量配送使库存、运输等物流活动的信息大量增加。零售商广泛应用POS系统读取销售时点的商品品种、价格、数量等即时销售信息，并对这些销售信息加工整理，通过EDI向相关企业传送。同时为了使库存补充作业合理化，许多企业采用EOS系统。随着企业间合作倾向的增强和信息技术的发展，物流信息的信息量在今后将会越来越大。

（2）动态性强

物流信息的更新速度快、动态性强。多品种少量生产、多频度小数量配送、利用POS系统的即时销售使得各种作业活动频繁发生，从而要求物流信息不断更新，而且更新的速度越来越快。

（3）来源多样化

物流信息不仅包括企业内部的物流信息（如生产信息、库存信息等），而且包括企业间的物流信息和与物流活动有关的基础设施的信息。企业竞争优势的获得需要供应链各参与企业之间相互协调合作。协调合作的手段之一是信息即时交换和共享。许多企业把物流信息标准化和格式化，利用 EDI 在相关企业间进行传送，实现信息共享。另外，物流活动往往利用道路、港湾、机场等基础设施。因此，为了高效率地完成物流活动，必须掌握与基础设施有关的信息，如在国际物流过程中必须掌握报关所需信息、港口作业信息等。

1.3.2 常用物流信息技术

1. 条形码

在贸易和物流活动中，为了能迅速、准确地识别商品、自动读取有关商品的信息，条形码技术被广泛应用。条形码是用一组数字来表示商品的信息。按使用方式分为直接印刷在商品包装上的条形码和印刷在商品标签上的条形码。按使用目的分为商品条形码和物流条形码。

商品条形码是以直接向消费者销售的商品为对象、以单个商品为单位使用的条形码。它由 13 位数字组成，最前面的两个数字表示国家或地区的代码，中国的代码是 69，接着的 5 个数字表示生产厂家的代码，其后的 5 个数字表示商品品种的代码，最后的 1 个数字用来防止机器发生误读错误。例如，商品条形码 6902952880041 中，69 代表中国，02952 代表贵州茅台酒厂，88004 代表 53%（V/V）、106PROOF、500ml 的白酒。

物流条形码是物流过程中以商品为对象，以集合包装商品为单位使用的条形码。标准物流条形码由 14 位数字组成，除了第 1 位数字之外，其余 13 位数字代表的意思与商品条形码相同。物流条形码第 1 位数字表示物流识别代码，如在物流识别代码中 1 代表集合包装容器装 6 瓶酒、2 代表装 24 瓶酒，物流条形码 26902952880041 代表该包装容器装有中国贵州茅台酒厂的白酒 24 瓶。商品条形码和物流条形码的区别如表 1-1 所示。

条形码是有关生产厂家、批发商、零售商、运输业者等经济主体进行订货和接受订货、销售、运输、保管、出入库检验等活动的信息源。由于在活动发生时点能即时自动读取信息，因此便于及时捕捉到消费者的需要，提高商品销售效果，也有利于促进物流系统提高效率。

表 1-1 商品条形码和物流条形码的区别

	应用对象	数字构成	包装形状	应用领域
商品条形码	向消费者销售的商品	13 位数字	单个商品包装	POS 系统、补充订货系统管理
物流条形码	物流过程中的商品	14 位数字（标准物流条形码）	集合包装（如纸箱、集装箱等）	出入库管理、运输保管、分拣管理

另外，条形码与其他辨识商品的方法如 OCR（Optical Character Recognition，光学文字识别）、OMR（Optical Mark Reader，光学记号读取）比较具有印刷成本低和读取精度高的优点。

2. 射频技术

（1）射频识别的概念

射频识别技术（Radio Frequency Identification，RFID）是 20 世纪 90 年代开始兴起的一种自动识别技术。射频技术的基本理论是电磁理论，利用无线电波对记录媒体进行读写。射频系统的优点是不局限于视线，识别距离比光学系统远，射频识别卡可具有读写能力、可携带大量数据、难以伪造和有智能等。

装载识别信息系统的载体是射频标签（在部分识别系统中也称作应答器、射频卡等），获取信息的装置称为射频读写器（在部分系统中也称作问询器、收发器等）。射频标签与射频读写器之间利用感应、无线电波或微波能量进行非接触双向通信，实现数据交换，从而达到识别的目的。

射频识别系统的传送距离由许多因素决定，如传送频率、天线设计等，射频识别的距离可达几十厘米至几米，且根据读写的方式，可以输入数千字节的信息，同时，还具有极高的保密性。但由于射频识别技术是以无线通信技术为核心的，伴随着半导体、大规模集成电路技术的发展而逐步形成的，其应用过程涉及无线通信协议、发射功率、占用频率等多方面的因素，目前尚未形成在开放系统中应用的统一标准，因此射频技术主要应用在一些闭环应用系统中。

（2）射频识别技术在物流控制系统中的应用

在物流控制系统中，RFID阅读器分散布置在给定的区域，并且阅读器直接与数据管理信息系统相连，信号发射机是移动的，一般安装在移动的物体上面。当物体经过阅读器时，阅读器会自动扫描标签上的信息并把数据信息输入数据管理信息系统进行存储、分析、处理，达到控制物流的目的。

3. 货物跟踪技术

货物跟踪是指利用现代信息技术及时获取有关货物状态或位置的实时信息，辅助决策，对物流各环节进行指挥、调度等控制，同时服务于客户的方法。具体说就是物流作业人员在进行物流作业时，利用现代信息技术自动获取货物装载工具、外包装或者货物票据上的货物识别代码等信息，通过计算机网络把货物的信息集中到中心计算机进行汇总、整理和储存，提供货物的位置及状态的实时信息，供物流运作决策及客户随时查询。

目前对在车站、港口、码头或仓库停留的货物所采用的技术主要是条码技术和射频技术等，对于在途货物的跟踪主要采用的是GPS（全球定位系统）、GIS（地理信息系统）以及GSM（移动通信）技术，通过对运输工具（车辆、船只、飞机等）的跟踪管理来实现。具体方法是在装载作业时，绑定货物与运输工具（通过装载清单）。通过对运输工具的跟踪，就能查询货物位置，如图1-4所示。

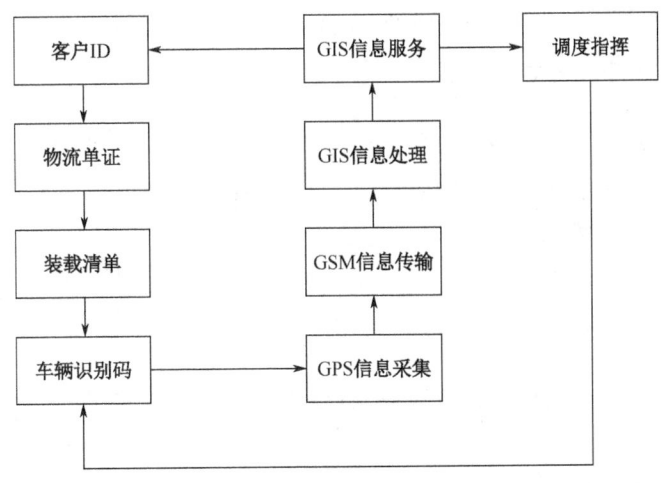

图1-4 在途货物跟踪原理

4. 电子面单

电子面单是由菜鸟网络和快递公司联合向商家提供的一种通过热敏纸打印输出纸质物流面单的物流服务。商家可在淘宝天猫的卖家中心申请开通服务，菜鸟会把服务申请流转给快递公司，快递公司审核通过后会给商家提供电子面单热敏打印纸，商家再通过发货软件与菜鸟网络系统交互并获得菜鸟生成的面单号（快递面单号段由快递公司提供）等打印信息，并通过热敏打印机（打印机由商家自行购买或与网点协商解决）完成电子面单打印并交付快递公司揽收派送。

电子面单的优势主要包括，打印速度提升4~6倍，降低面单打印的人力成本和设备成本，相比使用传统面单节省了一半以上的打印机数量和人力投入；包裹出库时减少了抽底单的工序，降低了操作成本、提升操作效率；可充当拣货单，可供商家打印商品信息等，省去了专门打印拣货明细的环节；由于整体物流链路的效率提升，消费者能够比以往更快地收到包裹，对店铺的满意度会更高；打印信息错误等情况发生时，已打印出来的快递单号可以自动回收，避免单号浪费；菜鸟电子面单在部分业务维权时，无须上传底单图片，也能实现快速维权处理。

1.3.3 物流信息系统

1. 物流信息系统涵义

物流信息系统是指由人员、设备和程序组成的、为物流管理者执行计划、实施、控制等职能提供信息的交互系统。对一个企业而言，物流信息系统不是独立存在的，而是企业信息系统的一部分，或者说是其中的子系统，即使对一个专门从事物流服务的企业也是如此。例如，一个企业的ERP系统，物流管理信息系统就是其中一个子系统。

物流信息系统是高层次的活动，是物流系统中最重要的方面之一，涉及运作体制、标准化、电子化及自动化等方面的问题。由于现代计算机及计算机网络的广泛应用，物流信息系统的发展有了一个坚实的基础，计算机技术、大数据分析技术、网络技术及相关的关系型数据库、条码技术、EDI等技术的应用使得物流活动中的人工、重复劳动及错误发生率减少，效率增加，信息流转加速，使物流管理发生了巨大变化。

2. 物流信息系统的分类

（1）按物流信息系统的功能分类

按物流信息系统的功能分类可分为事物处理信息系统、办公自动化系统、管理信息系统、决策支持系统、高层支持系统、企业间信息系统；

（2）按管理决策的层次分类

按管理决策的层次分类可分为物流作业管理系统、物流协调控制系统、物流决策支持系统；

（3）按系统的应用对象分类

按系统的应用对象分类可分为面向制造企业的物流管理信息系统、面向零售商、中间商、供应商的物流管理信息系统、面向物流企业的物流管理信息系统（3PLMIS）、面向第三方物流企业的物流信息系统；

（4）按系统采用的技术分类

按系统采用的技术分类可分为单机系统、内部网络系统、与合作伙伴、客户互联的系统。

3．物流信息系统的功能

物流信息系统是物流系统的神经中枢，它作为整个物流系统的指挥和控制系统，可以分为多种子系统或者多种基本功能。

（1）物流信息系统数据收集

物流数据的收集首先是将数据通过收集子系统从系统内部或者外部收集到预处理系统中，并整理成为系统要求的格式和形式，然后再通过输入子系统输入到物流信息系统中。这一过程是其他功能发挥作用的前提和基础，如果一开始收集和输入的信息不完全或不正确，在接下来的过程中得到的结果就可能是实际情况完全相左，这将会导致严重的后果。因此，在衡量一个信息系统性能时，应注意它收集数据的完善性、准确性，以及校验能力、预防和抵抗破坏能力等。

（2）物流信息系统信息存储

物流数据经过收集和输入阶段后，在其得到处理之前，必须在系统中存储下来。即使在处理之后，若信息还有利用价值，也要将其保存下来，供以后使用。物流信息系统的存储功能就是要保证已得到的物流信息能够不丢失、不走样、不外泄、整理得当、随时可用。无论哪一种物流信息系统，在涉及信息的存储问题时，都要考虑到存储量、信息格式、存储方式、使用方式、存储时间、安全保密等问题。如果这些问题没有得到妥善的解决，信息系统是不可能投入使用的。

（3）物流信息系统信息传输

物流信息在物流系统中，一定要准确、及时地传输到各个职能环节，否则信息就会失去其使用价值了。这就需要物流信息系统具有克服空间障碍的功能。物流信息系统在实际运行前，必须要充分考虑所要传递的信息种类、数量、频率、可靠性要求等因素。只有这些因素符合物流系统的实际需要时，物流信息系统才是有实际使用价值的。

（4）物流信息系统信息处理

物流信息系统的最根本目的就是要将输入的数据加工处理成物流系统所需要的物流信息。数据和信息是有所不同的，数据是得到信息的基础，但数据往往不能直接利用，而信息是从数据加工得到，它可以直接利用。只有得到了具有实际使用价值的物流信息，物流信息系统的功能才算发挥。

（5）物流信息系统信息输出

信息的输出是物流信息系统的最后一项功能，也只有在实现了这个功能后，物流信息系统的任务才算完成。信息的输出必须采用便于人或计算机理解的形式，在输出形式上力求易读易懂，直观醒目。

这五项功能是物流信息系统的基本功能，缺一不可。而且，只有五个过程都没有出错，最后得到的物流信息才具有实际使用价值，否则会造成严重的后果。

同步阅读

亚马逊从成立至今经历了 20 年的发展，同时也是引领电子商务物流信息系统应用的

20年。记得贝佐斯曾经说过：你可以学会亚马逊的过去、学会亚马逊的现在，但你学不会亚马逊的未来。从20年前贝佐斯的汽车房到今天的机器人库房、直升机配送，亚马逊开创了一整套以高科技为支撑的电子商务物流信息系统应用模式，在过去20年的快速稳健的发展中，亚马逊已经形成了成熟的覆盖全球的运营网络。通过遍布全球的109个运营中心，可到达185个国家和地区。在中国，亚马逊有13个运营中心，近300多条干线运输线路，可向1400多个区县的消费者提供当日达、次日达服务。亚马逊在业内率先使用了大数据、人工智能和云技术等信息技术进行仓储物流的管理，创新地推出预测性调拨、跨区域配送、跨国境配送等服务。

（1）订单与客户服务中的大数据应用

亚马逊是第一个将大数据推广到电商物流平台运作的企业。电商完整端到端的服务可分为五大类，即浏览、购物、仓配、送货和客户服务等。

亚马逊有一套基于大数据分析的技术来帮助精准分析客户的需求，电子商务网站后台系统会记录客户的浏览历史，亚马逊随之把顾客感兴趣的库存放在离他们最近的运营中心，这样方便客户下单。智能推荐，帮助客户快速下单。

大数据驱动的仓储订单运营非常高效，在中国亚马逊运营中心，接单之后30分钟内可以把订单处理完并完成出库，从订单处理、快速拣选、快速包装、分拣等一切都由大数据驱动，且全程可视化。

亚马逊的物流体系会根据客户的具体需求时间进行科学配载，调整配送计划，实现用户定义的时间范围的精准送达，美国亚马逊还可以根据大数据的预测，提前发货，在与线下零售竞争中赢得绝对优势。

亚马逊首次创建了技术系统识别和预测客户需求，根据用户的浏览记录、订单信息、来电问题，定制化地向用户推送不同的自助服务工具，大数据可以保证客户可以随时随地电话联系对应的客户服务团队，提供7*24小时不间断的客户服务。

（2）智能入库管理技术

在亚马逊全球的运营中心，可以说是把大数据技术应用得淋漓尽致。

1）入库。

采用独特的采购入库监控策略，亚马逊基于自己过去的经验和所有历史数据的收集，了解什么样的品类容易坏，坏在哪里，然后给他进行预包装。这都是在收货环节提供的增值服务。

2）商品测量。

亚马逊的 Cubi Scan 仪器会对新入库的中小体积商品测量长、宽、高和体积，根据这些商品信息优化入库。例如鞋服类、百货，新的爆款等，都可以直接送过来通过 Cubi 测量直接入库。

这给供应商提供了很大的便利。客户不需要自己测量新品，这样能够大大提升他的新品上升速度；同时有了这个尺寸之后，亚马逊数据库可以存储这些数据，在全国范围内共享，这样其他库房就可以直接利用这些后台数据，再把这些数据放到合适的货物里就可以收集信息，有利于后续的优化、设计和区域规划。

（3）亚马逊的智能机器人 Kiva 技术

机器人作业颠覆传统电商物流中心作业"人找货、人找货位"模式，通过作业计划调动机器人，实现"货找人、货位找人"的模式，整个物流中心库区无人化，各个库位在Kiva机器人驱动下自动排序到作业岗位。至2015年亚马逊已经将机器人数量增至10000台，用于北美的各大运转中心。Kiva系统作业效率要比传统的物流作业提升2~4倍，机器人每小时可跑30英里，准确率达到99.99%。

（4）大数据驱动的智能拣货和智能算法

1）智能算法驱动物流作业，保障最优路径。

在亚马逊的运营中心，亚马逊的后台有一套数据算法，它会给每个人随机地优化他的拣货路径。拣货的员工直接朝前走，不要走回头路。系统会给推荐下一个要拣的货在哪儿，永远不要走回头路。拣货的时候，系统会告诉员工，拿着扫描枪，下一个应该去到哪个货位，走得路是最少的，效率最高。通过这种智能的计算和智能的推荐，可以把传统作业模式的拣货行走路径减少至少60%。

2）图书仓的复杂的作业方法。

图书仓采用的是加强版监控，会限制那些相似品尽量不要放在同一个货位。图书穿插摆放，批量的图书，它的进货量很大，因为它的需求很大。所以这样一来，亚马逊通过数据的分析发现，这样穿插摆放，就可以保证每个员工出去拣货的任务比较平均。

3）畅销品的运营策略。

亚马逊根据后台大数据，对需求量比较高的商品，是整批整批进货的，入库时就会把它放在离发货区比较近的地方，这样可以减少员工的负重行走路程。

（5）随机存储

1）随机存储的运营原则。

随机存储是亚马逊运营的重要技术，但要说明的是，亚马逊的随机存储不是随便存储，是有一定的原则性的，特别是畅销商品与非畅销商品，要考虑先进先出的原则，同时随机存储还与最佳路径也有重要关系。

2）随机存储与系统管理。

亚马逊的随机存储核心是系统Bin，将货品、货位、数量绑定关系发挥极致。收货：把订单看成一个货位，运货车是另一个货位，收货即货位移动；上架：Bin绑定货位与货品后随意存放；盘点：与Bin同步，不影响作业；拣货：Bin生成批次，指定库位，给出作业路径；出货：订单生成包裹。

随机上架看似杂乱，实则乱中有序，打乱品类和品类之间的界线，可以把不同品类放在一起，库位的标签就是货品的GPS，然后这个货位里面所有的商品其实在系统里面都是各就其位，非常精准地被记录在它所在的区域。

（6）智能分仓和智能调拨

亚马逊作为全球大云仓平台，智能分仓和智能调拨拥有独特的技术含量。在亚马逊中国，全国10多个平行仓的调拨完全是在精准的供应链计划的驱动下进行的。

1）通过亚马逊独特的供应链智能大数据管理体系，亚马逊实现了智能分仓、就近备货和预测式调拨。这不仅仅是用在自营电商平台，在开放的"亚马逊物流+"平台中应用的更加有效果。

2）智能化调拨库存：全国各个省市包括各大运营中心之间有干线的运输调配，以确保库存已经提前调拨到离客户最近的运营中心。以整个智能化全国调拨运输网络很好地支持了平行仓的概念，全国范围内只要有货就可以下单购买，这是大数据体系支持全国运输调拨网络的充分表现。

（7）精准盘点与精准定位技术

亚马逊的智能仓储管理技术能够实现连续动态盘点，库存精准率达到99.99%。在业务高峰期，亚马逊通过大数据分析可以做到对库存需求精准预测，从配货规划、运力调配，以及末端配送等方面做好准备，平衡了订单运营能力，大大降低爆仓的风险。亚马逊全球运营中心中，每一个库位都一个独特的二维码，可以在系统里查出商品定位，亚马逊的精准的库位管理可以实现全球库存精准定位。

（8）亚马逊独特发货拣货技术

2016年"双11"亚马逊运营中心，大量采用八爪鱼技术，根据客户的送货地址，设计不同的送货路线。不同时间点经过不同的线路，分配到不同的流水线方向。在八爪鱼这边的作业台操作的员工，主要是负责把在前面已经运作完的货品，分配到专门的路由上去，非常高效，没有人员的冗余。而且，八爪鱼上全部是滚珠式的琉璃架，没有任何的板台，员工的作业很轻松。

（9）无人机送货

早在2013年12月，亚马逊就发布Prime Air无人快递，顾客在网上下单，如果重量在5磅以下，可以选择无人机配送，在30分钟内把快递送到家。整个过程无人化，无人机在物流中心流水线末端自动取件，直接飞向顾客。2014年亚马逊CEO贝佐斯在公开表示，亚马逊正设计第八代送货无人机，将采用无人机为Amazon Fresh生鲜配送服务。

（10）包裹追踪

亚马逊平台可以让消费者、合作商和亚马逊的工作人员全程监控货物、包裹位置和订单状态。比如：昆山运营中心品类包罗万象，任何客户的订单执行，从前端的预约到收货；内部存储管理、库存调拨、拣货、包装；以及配送发货，送到客户手中，整个过程环环相扣，每个流程都有数据的支持，并通过系统实现全订单的可视化管理。

正是借助于上述技术，亚马逊在2016年"双11"的数据尤为可观。根据来自亚马逊中国的最新消息显示，亚马逊2016年"双11"当日全国订单100%按计划完成出库和发货，正点送达率超过98.4%，实现了与平时同样的时效和质量承诺。其中在24个城市，顾客当天上午下单，99%已在当日完成上门配送。

（资料来源：中国大件物流运输 http://www.cndjyswlw.com/xinwenzhongxin/wuliuanli/8186.html）

【案例点评】

（1）亚马逊开创了一整套以高科技为支撑的电子商务物流信息系统应用模式，为亚马逊业务的快速稳健发展、竞争力的提升奠定了良好的基础。

（2）打通电子商务营运部与物流中心的壁垒，数据实时共享、协同创新，应用最新的大数据、物联网等科技手段努力提升物流响应时间及服务水平。

（3）强大的数据支撑，精准的把握产品及用户信息。数字化的仓储管理，支撑物品

项目 1 电子商务物流认知

的快速检索与分配，实现仓储的最佳匹配、自动匹配，发货成本最低、到达率最高的仓库，完成配送。一流的后台和电子商务物流信息系统系统，实现库存在全球最有效、流畅的调配。

实训 1　物流行业服务电子商务的现状调研

实训目的

（1）了解物流行业的发展现状；
（2）了解电子商务运营企业的物流"痛点"；
（3）分析物流行业服务电子商务的现状、电子商务物流行业服务的需求以及解决办法等。

实训内容与步骤

（1）登录阿里研究院（www.aliresearch.com）、亿邦动力网（www.ebrun.com）、中国互联网络信息中心（www.cnnic.cn）等网站，浏览"物流"、"报告"等栏目（如图 1-5），收集物流及电子商务物流展现状的二手资料，分析总结物流行业发展现状。

图 1-5　亿邦动力网的物流栏目

（2）通过即时通信工具、在线调查网站等在线访谈与调研电子商务运营者、电子商务购物者对电子商务物流体验及感受。整理分析电子商务运营企业的物流"痛点"。

（3）撰写调研报告，分析物流行业服务电子商务的现状、电子商务物流行业服务的需求以及解决办法等。

 电子商务物流

实训提示

此次实训的难点是收集电子商务运营者、电子商务购物者对电子商务物流体验及感受等一手资料,需要实训参与者广泛利用自己参与电子商务活动积累的关系资源,巧妙设计问题,吸引被调查者参与的积极性。

 思考与练习

(1)电子商务运营企业的物流"痛点"有哪些?请你按"关键词被提及的次数"排序。

(2)请以"物流行业服务电子商务的现状"为题,撰写一份调研报告,字数不少于1000字。

 项目小结

物流是指为满足用户需求而进行的原材料、中间库存、最终产品及相关信息从起点到终点间的有效流动,为实现这一高效流动,而应用大数据、人工智能等方法进行的协同作业、提升效率和提高服务水平的过程。

电子商务已经改变了人们的生活习惯,随着电子商务的持续发展,对电子商务物流的需求越来越大。在电子商务运营中,如果物流环节处理不当,会直接影响消费者的购物体验。物流行业如何满足电子商务的需求,是摆在每一个电商人面前不得不认真思考的问题。

电子商务的发展为物流创造了巨大的市场,同时,物流行业的发展和服务水平提升,可以进一步促进电子商务的健康发展。

电子商务与物流的行业参与者都积极协同创新,应用最新的大数据、人工智能等科技手段努力提升物流响应时间及服务水平。

同步测试

1. 单项选择题

(1)物流的基本功能包括有(   )。

  A. 生产、运输   B. 采购、保管

  C. 包装、批发   D. 运输、保管

(2)下述不属于电子商务物流特征的是(   )。

  A. 物流功能集成化   B. 物流作业规范化

  C. 物流组织网络化   D. 物流运输机构化

(3)关于电子商务物流的重要性,下述错误的是(   )。

  A. 物流是信息流、商流和资金流实现的根本保证

  B. 电子商务物流是体现电子商务优势的重要条件

C. 物流配送效率是用户评价电子商务满意程度的重要指标

D. 电子商务物流问题的解决是电子商务实现的根本保证

(4) 关于现代物流发展的趋势，下述错误的是（　　）。

A. 现代物流系统化趋势

B. 现代化物流的信息化趋势

C. 物流中心、批发中心、配送中心的社会化趋势

D. 仓储、运输的机械化趋势

(5) 配送中心的配送流程包括有：①出货；②订货与接货；③配货；④订单处理。正确的顺序是（　　）。

A. 4—1—2—3 B. 4—3—2—1

C. 1—2—3—4 D. 4—2—3—1

2．多项选择题

(1) 电子商务物流的特征包括（　　）。

A. 物流功能系列化 B. 物流服务快速化

C. 物流功能集成化 D. 物流作业规范化

(2) 电子商务企业的物流模式主要有（　　）。

A. 自营物流 B. 第三方物流

C. 物流联盟 D. 共同物流

(3) 配送中心的功能包括（　　）。

A. 采购集货功能 B. 储存保管功能

C. 分拣功能 D. 加工功能

(4) 以下（　　）属于商品不合理运输类型。

A. 返程或起程空驶 B. 对流运输

C. 迂回运输 D. 过远运输

(5) 以下哪些属于包装的作用（　　）。

A. 防止商品破损变形 B. 防止商品发生化学反应

C. 形成对生物的防护作用 D. 防止丢失、散失、盗失等

3．分析题

(1) 请详细分析电子商务与物流的关系是怎样的？

(2) 查资料、调研后分析我国电子商务企业物流的应用模式有哪些？

(3) 请分析"互联网+"物流发展的新趋势。

项目 2
电子商务物流服务细则制定

本项目重点难点

了解电子商务物流服务商的经营模式；熟悉电子商务物流服务的具体内容；掌握电子商务物流服务细则的构成要素；制定电子商务企业的物流服务细则。

项目导图

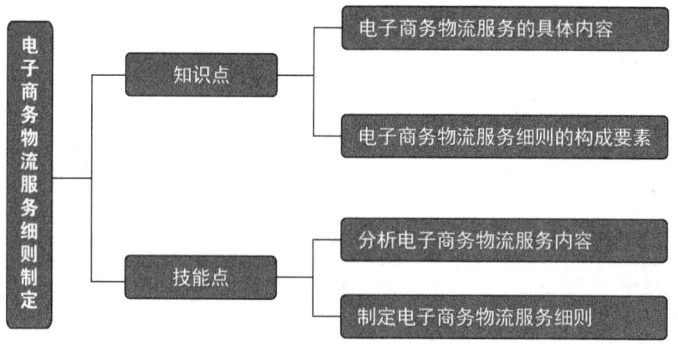

引例

2017 年，以苏宁易购为代表的电商行业自建物流业务在持续多年投入之后，开始迎来重要盈利拐点。苏宁云商最新发布的 2016 业绩快报显示，2016 年社会化物流收入同比增速达到 321.67%。

"苏宁物流要聚焦用户体验，全面提升物流核心竞争力，力争四个第一：做中国零售行业最大的自营物流企业；建设中国最大的仓储物流，仓储面积破千万；打造中国最密集的配送网络，快递服务到村入户；构筑最开放的社会化物流，面向十大行业开放物流云，发出中国物流最强音！"今年初，苏宁云商集团董事长张近东对苏宁物流定下上述目标。

业内资深人士告诉记者，苏宁物流伴随苏宁连锁体系以及 O2O 的发展路程，已经走过 20 多年历史，在完成专业化和规模化布局之后，已经在业内率先迎来智慧物流的盈利拐点。

项目 2　电子商务物流服务细则制定

"物流表面上看起来只是快递的问题，但本质上却是物流供应链的竞争，背后更需要大数据、云计算和强大的系统支撑。20多年来，苏宁一直坚持自建物流，苦练内功，这些最终都指向一个明确的目标，给用户更好的购物体验。"苏宁天津地区管理中心总经理吴俊告诉记者，这几年，苏宁在物流服务上的调性就是一个字"拼"——"拼服务、拼体验、拼增值"，速度与温度都要强。在网络购物已经成为大众消费主流的情况下，我们惯行的去前电联、白手套验机、代扔垃圾、包装回收等一系列特色服务是赢得消费者好感、为品牌增值必不可少的手段。

据了解，苏宁天津物流中心作为较早投入使用的物流基地之一，目前日作业能力超过15万件。苏宁云商天津物流公司办公室副总经理李涛透露，目前天津苏宁推出的极速达、家电送装一体和门店自提相结合的物流服务真正满足了顾客的需求，下一步苏宁将在天津重点打造新的华北电商物流枢纽，进一步提高物流运作效率，对天津市民来说，2小时急速达将成为常态。

电商物流背后是一整套商业逻辑。苏宁云商副董事长孙为民过去就曾谈到过，物流成本居高不下已成为电商发展所面临的突出问题。花大力气打造物流的公司并不少，但不少企业是在连年亏损之中维持高效运转。这种运转是带血的，而且不可持续。

从商业模式的角度来看，苏宁物流已经通过自营和合作的模式，构建起了全产业链的物流集团，探索出物流业融合发展的新模式。

苏宁云商2016业绩快报显示，2016年苏宁共投入运营7个自动化拣选中心，32个区域配送中心。目前已经有1000多家企业接入了苏宁物流云系统，由苏宁物流提供仓配一体业务。

而且，苏宁的社会化物流通过提供包括合同物流、仓储代运营、仓配一体、供应链金融、仓储租赁等多元化的服务产品，社会化物流收入实现了快速增长，同比增速达到321.67%。

"电商开放物流，就是让物流从成本中心转变为利润中心。"业内人士分析道。从目前发展状况来看，苏宁物流的规模化红利已经率先凸显，而且优势还在不断扩大。

（资料来源：凤凰天津 http://tj.ifeng.com/a/20170313/5458221_0.shtml）

> **引例分析**
>
> 提到电子商务物流，我们首先想到的是身边的快递服务。如今的电子商务物流表面看起来是快递的问题，本质上却是物流供应链的竞争，需要大数据、云计算等智能体系的支持。电子商务物流也不单单是简单的货物运输和送货上门，去前电联、白手套验机、代扔垃圾、包装回收等一系列特色服务早已是各大电子商务物流公司提升服务品质，优化客户体验，为自己的品牌增值的重要手段。同时，电子商务物流公司以客户需求为导向，推出了各式人性化的物流服务，例如苏宁在天津推出的极速达、家电送装一体和门店自提等。另外，随着电子商务物流行业的发展，电子商务物流逐渐衍生出了合同物流、仓储代运营、仓配一体、供应链金融、仓储租赁等多元化的服务产品。
>
> 2017年3月28日，国家邮政局发布2016年中国快递发展指数报告显示，我国快递业务量规模继续稳居世界首位，在全球占比超过四成，对世界快递业务量增长的贡献率达60%。快递物流体系的稳步发展，为国内电子商务和跨境电子商务的发展提供了坚实基础。展望未来，电子商务物流将不再是单一的物流，也不仅仅是电子商务的附庸品。伴随着新商业模式的出现，新产品、新服务的开发，电子商务物流将作为独立的中心从幕后走到台前。

任务 1 电子商务物流服务模式及内容

2.1.1 电子商务企业自营物流

1. 电子商务企业自营物流的涵义

项目 1 中我们已经介绍，企业自营物流也称第一方物流（the First Party Logistics，1PL），是指由物资提供者自己承担向物资需求者送货，以实现物资的空间位移的过程。结合电子商务企业的运营实际，电子商务企业自营物流是由电子商务企业自己承担货物配送任务，将所售商品送达客户手中，常见于 B2B 和 B2C 这两种电子商务模式中。

2. 电子商务企业自营物流的分类

（1）B2B 衍生的自营物流体系

传统的大型制造企业或批发企业经营的 B2B 电子商务网站，会根据其自身经营需要，建有一定规模的仓储和配送体系。在长期的传统商务中，这些企业已经建立起初具规模的营销网络和物流配送体系，在开展电子商务时只需将其加以改进、完善，就可满足电子商务条件下对物流配送的要求。

（2）B2C 衍生的自营物流体系

具有雄厚资金实力的 B2C 电子商务公司，在拥有一定规模的业务后，第三方物流公司难以满足其成本控制目标和客户服务要求。因此，电子商务企业会自行建立适应业务需要的畅通、高效的物流体系，并且，这个自营物流体系可向其他的物流服务需求方（比如其他的电子商务公司）提供第三方综合物流服务，以充分利用其物流资源，实现规模效益，例如京东物流。

3. 电子商务企业自营物流的服务内容

由于电子商务企业发展有 B2B、B2C 等多种模式，而且发展规模也有重大差异，因此，不同类型不同规模的电子商务企业以满足自身配送要求为目的，建设的自营物流体系也有很大区别，包括自营物流的规模、模式、服务、时效等。

（1）传统大型制造企业发展的电子商务自营物流服务内容

格力作为传统的大型制造企业，1997 年来利用区域性销售公司模式在线下布置营销和配送渠道。在格力官方商城（mall.gree.com）上线后，格力利用原有的 B2B 线下配送渠道，开展自营物流的配送服务，配送范围涵盖全国各省的主要城市（如表 2-1）。

从格力的全国配送区域列表中我们可以看出，格力商城的配送服务主要基于全国各地格力线下销售的经销商。这种自营物流模式可以保证格力商城的大部分商品配送时效好，配送过程安全，物流损耗和物流成本较低。门对门配送、安装服务都由格力服务网络统一管理，一步到位，有助于提高客户体验。另外，对于部分商品，格力利用主流的第三方物流发货，弥补服务网点的盲区。

表 2-1　格力官方商城的配送区域列表的一部分

地区	经销商/门店全称	经销商联系人员	可覆盖	不可以覆盖
北京	北京密宏光五金有限公司密云旗舰店	15010032***	北京市（就近区域分）	
北京	北京宏照建声科技发展有限公司公主坟旗舰店	18910017***	北京市（就近区域分）	
北京	北京华飞金顺制冷设备有限公司	13693521***	北京市（就近区域分）	
上海	上海苏宝格力空调专卖店	020-52376***	上海市	
上海	上海源洪暖通机电设备安装有限公司	13818947***	上海市	
上海	上海虹格电器销售有限公司	15821811***	上海市	
天津	天津百货商务贸易总公司梦幻分公司	18920171***	天津市	
天津	天津市源丰实业发展有限公司	13116007***	天津市	
重庆	重庆银福恒沣电器销售有限公司	13368169***	重庆市	
重庆	重庆市涪陵区立浩格力电器销售有限公司	18306085***	重庆市	
云南	昆明安信鼎立冷暖设备工程有限公司	13987163***	昆明	
重庆	贵州格力电器销售有限公司		重庆	
河北省	沧州志诚电器销售有限公司	0317-5205***/5517***	沧州市及县区	
河北省	河北新兴格力电器销售有限公司	0311-89168***	石家庄市、石家庄县区（正定、鹿泉）	
河北省	秦皇岛盈聚商贸有限公司格力空调专卖店	13731772***	秦皇岛市	
河北省	衡水科润电器有限责任公司	18732881***	衡水市及县区	
河北省	河北格力电器营销有限公司	18903116***	保定市	
河北省	邢台京海电器销售有限公司	0319-5213***	邢台市及县区	
河北省	廊坊市霸州恒瑞达电器	0316-2051***	廊坊市及县区	
……	……	……	……	

（2）传统批发企业发展的电子商务自营物流服务内容

在浙江义乌，小商品批发企业众多，随着电子商务的发展，这些批发企业也逐渐转型，建立各自的网上批发平台，为在义乌创业的中小卖家提供丰富的货源，例如义乌市汇奇思百货贸易有限公司（www.ywhqs.com）、义乌市百发文化用品有限公司（www.109.com）等。这些批发企业为中小卖家提供商品拍照、图片设计、货物采购、储存和配送等全方位服务，承担货物滞销的风险。本地零售企业和商家可以使用批发企业提供的淘宝数据包、商品图片等材料，直接在网上开店销售批发企业提供的商品，根据销售情况即时订货、取货。这样，中小零售商家不仅可以销售品类丰富、数量众多的商品，还可以避开囤货风险。因此，在义乌，依托批发企业起步的中小商家众多。相应的，批发企业需要拥有县级市范围的即时配送能力，才能保证货物每天及时送达订货商家的手中。

以下是义乌市汇奇思百货贸易有限公司的自营物流体系送货规则：

1）要求送货服务的本地客户，请下午 13:00 之前下完订单且完成付款后及时通知客服，当天下午 6 点之前送货上门。每天上午付款的订单将优先送货。

2）要求送货服务的本地客户请保持下午有人收货，货物仅送至一楼，住在楼上的客户请到一楼取货。货送到以后,家里或仓库没有人收货时,货物将由司机带回我公司仓库,该订单转为上门自提。

3)要求送货上门的本地客户请在下单时选择运输方式为:本地客户送货上门。请下订单时完整准确地填写送货地址及电话,以便及时准确送到。

4)所有送货上门的订单一律款到送货,暂不提供送货收款服务。

5)后宅中心区域周边的客户,如上洪、杜元等区域,180元起送,同时欢迎周边客户上门自提。

6)义乌市国际商贸学校——城北路——国际商贸城(金福源,兴中,诚信小区,福田小区等)——下骆宅(仅限振兴路附近及紫金小区)——青口(青口工业区,青口新村,东新屋,候儿小区等)——环城南路(东洲、下王、端头、宗塘、工商学院、樊村、青岩刘等)——经发大道——西城路——雪峰路——机场路——宗泽路(凌云小区等),以上路线及周边的客户180元起送,以上区域不排除少数客户因所处位置较偏,不顺路,送货成本增加导致公司需要提高起送金额的可能性。以上区域公司每天上午10:30分左右开始第一次发车送货,下午1点、3点、5点左右再次发车,以确保该区域内的客户及时收到货物。

7)关于义乌市工商学院:每天下午1点30分之前的已付款订单,公司每天分一批或两批将所有订单送至青岩刘B区12栋2单元一楼提货点,学生可在放学以后去拿(提货时间为:17:00-18:30分),单个订单50元起,低于50元的订单不予受理,不足50元的订单建议多个学生集中下单,使订单金额超过50元即可。

8)上面所述区域以外的义乌客户,包括义乌各乡镇、郊区、农村,每次进货300元以上免费发快递送货上门。进货低于300元时每单加收5元快递费。

9)非公司正常送货范围的区域,如客户进货量较大,公司也可考虑当天送到,请咨询公司业务主管。

10)如遇当天送货量过大或堵车等情况时,有可能造成送货时间延迟,如需询问可直接联系客服代表。

11)为保证驾驶员安全开车,禁止一切客户给驾驶员打电话,如有事情可联系客服代表或客服主管,感谢配合。

12)本地新客户合作洽谈及咨询请与QQ客服系统中的业务经理联系,也可直接联系电话400-0579-008。

13)公司在义乌有三个提货点,拿货数量较少时也可网站上下单,到提货点自提。

义乌其他批发企业的送货规则也与这个相类似。通过这个送货规则我们可以看出,义乌的批发企业根据自己的需求建立自营物流体系,虽然规模小,仅能覆盖义乌市,但贵在服务好、时效好,货物可以当天送到。中小零售商家当天订货当天收货,可以及时分发给自己店铺的客户,即使自己没有商品库存,也能及时发出订单。另外,批发企业保证自营物流体系服务质量的同时,再配合全国性的第三方物流企业,就可以兼顾本地商家和全国各地商家。

(3)大型零售电子商务企业发展的电子商务自营物流服务内容

京东商城是中国首家明确展开仓储物流自营的B2C电子商务公司,一方面,与京东电商业务的快速发展相关;另一方面,也与京东选取亚马逊作为标杆企业加以比对相关。

京东商城创立之初,以3C产品销售为主,销售区域主要集中于北京、上海、广州、成都这四大城市。从 2007 年开始，京东将大量资金投入到物流建设，增强其销售能力。京东商城的销售品类逐渐由 5400 个增长到 128000 个，销售业务也从 3C 产品扩展到了日用百货、图书影音、团购活动等。2009 年京东在上海投资 2000 万元，宣布成立自己的快递公司，打造覆盖全国的配送网络。2010 年 4 月，京东正式推出"211 限时达"服务，率先使沿海发达城市享受高速网购的服务。经过几年的努力，在实现服务承诺基础上，"211 限时达"的服务城市逐渐增多。随后，京东开放了第三方商家入驻京东平台，第三方商家可以自行选择入驻模式，比如，SOP 模式下，第三方商家自行负责产品的销售和配送，而 SOPL 模式下，第三方商家负责产品的销售，京东会完成商品的最终配送。

从京东发展的历程我们可以看出，京东商城销售的发展和京东快递业务的增长是相辅相成的关系。京东商城销售规模从四大城市到全国铺开，销售模式由独立自营到平台销售促成了京东快递服务网络迅速向全国发展，向全品类商品发展。另一方面，京东快递优质的服务质量使京东商城的商品配送、售后服务等一直处于电商行业的前沿，是京东商城与众多电商平台和公司竞争市场的重要筹码之一，促进了京东商城品牌的发展。

京东快递目前在全国拥有 5600+辆自营车辆、6000+名司机实时监控、6780 个配送点与自提点，致力于打造中国 B2C 电商领域订单履约专业物流服务商。一直以来京东快递都以送货时效见长。

现在的京东快递在原有"211 限时达"的基础上推出了当日达、次日达、隔日达三类快递服务产品。同城"当日达"服务面向所有外部商家开放，目前覆盖城市包括：北京、上海、广州、成都、武汉、沈阳、西安、哈尔滨、长春、深圳、重庆、杭州、南京、苏州，截单时间为当日上午 11:00，当日完成妥投。次日达指在一定时间点之前提交的现货订单，将于次日送达，先货后款订单以提交时间点开始计算，先款后货订单以支付完成时间点计算。由于各个城市每日订单数量、服务站点数量等存在较大差异，次日达截单时间也因此相差很大，例如在浙江金华，晚上 23 点前下单，次日送达，但是在山东威海乳山，当天上午 11 点前下单，次日送达。隔日达是京东快递配送的最晚时效，在当日截止下单时间前提交的现货订单，隔日配送完成，先货后款订单以提交时间点开始计算，先款后货订单以支付完成时间点计算。也就是说，由京东自营配送且是京东库房出库的商品，除了个别偏远地区无法保证时效，全部大部分地区都可以在两天内收到商品。京东快递全年无休，不分节假日全天候服务，严格控制门对门服务。就我个人的体验，有两点是京东快递留给我印象最深的。京东快递派件员给我送件，可以在校门口等我十几分钟，很有耐心。除周年庆或双十一等特殊情况，派件员接到货品后，当天必定会送来，不会因为一趟送不完而改天派送。另外，京东快递在全国 42 个城市提供面向商家的上门接货服务，在全国所有网点提供退货上门取件服务的逆向快递服务。最早京东商城的自营商品订单满 39 元免运费（10kg 内），退货取件一律免费，后由于物流成本增加，调整为 59 元和 79 元，如今是满 99 元免运费，未达到免运费金额会收取 6 元运费，退货上门取件服务也要收取一定费用（不同等级会员有所不同）。

伴随物流网络布局的完善和物流业务能力的增长，京东物流（www.jdwl.com）从京东商城销售业务的附属跃升为独立的服务品牌，在原有京东快递的基础上为其他第三方生产经营企业提供更多服务产品，独立承接更多物流相关的业务。

京东物流以京东快递的自营网络为基础，目前在北京、上海、成都、广州等 7 大城市建有大型仓储物流中心，拥有560万平米仓储面积，发展6906个配送站和自提点，覆盖全国2658个区县，提供供应链物流、京东快递等多项服务产品。京东的供应链物流服务可细分为仓配一体、冷链物流、大件物流、供应链金融等，为其他物流服务需求方提供从资金到场地的全方位服务。京东物流的仓配一体可以实现线上线下库存共享。生产企业或经销企业将货物就近存入京东的仓库，既可以通过京东物流将货物运送给B2B渠道的线下门店，也可以通过京东物流将商品直接送到B2C渠道的消费者。京东冷链物流在全国七地都建有一级冷链仓储中心，在众多二三线城市建有终端冷链库。在提供第三方服务的同时也提升了京东快递对生鲜产品的配送能力，扩展了京东商城的销售品类。

4．电子商务企业自营物流的优劣势

（1）自营物流的优势

1）掌握控制权。

不管是格力集团、小型批发网、京东商城创建的不同规模企业自营物流，都可以运用自身掌握的资料有效协调物流活动的各个环节，能以较快的速度解决物流活动管理过程中出现的问题，获得客户反馈的第一手信息，以便随时调整自己的经营战略。

2）盘活企业原有资产。

电子商务企业选择自营物流，可以盘活原有物流资源，带动资金流转，为企业创造利润空间，比如格力集团，一直都在布局线下经销渠道，网络商城借由线下经销渠道发货，一方面，快捷的物流网络有助于格力竞争网络销售市场，另一方面，网络销售利用原先经销渠道，降低物流成本，提升服务品质。

3）提高企业品牌价值。

电子商务企业通过自营物流系统配送，能够自主控制营销活动，一方面，可以亲自为顾客服务到家，使顾客近距离了解企业、熟悉产品，另一方面，电子商务企业可以掌握最新的顾客信息和市场信息，并根据顾客需求和市场发展动向对战略方案作出调整。尤其是京东快递，一直是京东商城品牌的重要组成部分。

4）可以保护电子商务企业商业机密。

电子商务自营物流可以控制和协调物流活动的各个环节。如果交由第三方物流企业，势必会触及电商企业的销售策略、客户信息等商业机密，电商企业自营物流可以更有效地保护客户的隐私。

（2）自营物流的劣势

1）增加了企业投资负担。

电子商务企业为了建立自营物流网络，就必须投入大量的资金用于仓存设备、运输设备，以及相关的人力资本，这必然会减少电子商务企业对其他重要环节的投入。而且投入的资金短时间内收不回来，甚至看不到效果，大大削弱了企业抵御市场风险的能力。

2）管理难于控制。

对于绝大多数电子商务企业而言，物流部门只是企业的一个后勤部门。在这种情况下，企业自营物流就等于迫使企业花费更多的时间、精力和资源去从事辅助性的工作，这样容易导致辅助性的工作没有抓起来，关键性业务反而受到影响。

3）成本较高。

对于规模不大的电子商务企业，其销量有限，采用自营物流的方式，如果不能形成一定的规模效应，容易导致物流成本过高，即使是京东商城这样的大公司，也会因为物流成本过高，导致年度利润下降。

4）效益评估难。

许多自营物流的电子商务企业没有将物流剥离出来独立进行核算，所以企业很难准确计算每个产品的物流成本，难以对每个商品的利润进行准确计算。

想一想

由 B2B 和 B2C 发展而来的电子商务企业自营物流有什么区别？

2.1.2 第三方物流服务

1. 第三方物流的涵义

项目 1 中我们已经介绍了第三方物流，英文表达为 Third-Party Logistics，简称 3PL，也简称 TPL，是相对"第一方"发货人和"第二方"收货人而言的。这种模式下，既不是商品提供方负责配送，也不是商品需求方负责提货，而是通过第三方物流公司与第一方或第二方的合作来提供其专业化的物流服务。第三方物流公司既不拥有商品，也不参与商品的买卖，仅仅为客户提供以合同为约束、以结盟为基础的、系列化、个性化、信息化的物流代理服务。

2. 第三方物流的分类

在电子商务企业经营过程中，我们通常会提到发平邮、发邮政小包、发某某快递、发物流自提等，丰富的第三方物流方式，为电子商务企业的发展起了重大作用。不同电子商务企业可以根据经营内容、经营规模的不同，选择适合自己产品的第三方物流服务。根据物流公司发展的来源不同，我们可以粗略将第三方物流分为以下两类。

（1）国营运输体系发展而来的物流公司

邮政是最早的第三方物流服务。自 1896 年大清邮政官局的设立开始，近代邮政在中国已经有 120 多年的历史。传统邮政业务包含收寄包裹、函件快件、集邮报刊等。随着经济发展，电子商务业务开展，从原有的邮政业务中衍生出邮政小包、电子商务小包、EMS（邮政特快专递服务）、EMS 经济快递等多种业务项目。所有的邮政体系物流服务都依托于原有的邮政网点，全国覆盖。

中铁快运股份有限公司（China Railway Express Co.Ltd. 简称中铁快运，CRE）是中国铁路总公司直属企业，国家 AAAAA 级物流企业。中铁快运依托遍布全国的高铁列车（动车组）、旅客列车行李车、特快及快速货物班列、电商班列等铁路运输资源，综合运用铁路、公路、航空各类运输方式以及经营网络、仓储与配送网络、95572 全国客户服务平台、电子商务平台。中铁快运注册资金 28.92 亿元，设有 18 个分公司、7 个子公司，在全国 722 个城市设有 3200 多个营业机构，"门到门"服务网络覆盖 2449 个市、县。

（2）民营私营企业发展而来的第三方物流公司

目前规模较大的顺丰速递、"三通一达"等第三方快递公司，德邦物流、佳吉物流等第三方物流公司，大部分由民营资本或外来资本创办，最初为地区性物流公司，后随着业务规模的扩大，服务网络以自营和加盟形式在全国铺开。

申通快递初创于1993年，是一家以经营快递为主的国内合资（民营）企业，最初以几个人，几辆自行车开始，专营以上海和杭州之间的报关急件直送业务，后在上海、宁波、金华和东阳布点，开始扩大业务，之后发展到长三角、北京、广州，最后形成现在的全国全覆盖。

顺丰速运于1993年3月26日在广东顺德成立，是一家主要经营国际、国内快递业务的港资快递企业。初期的业务为顺德与香港之间的即日速递业务，随着客户需求的增加，顺丰的服务网络延伸至中山、番禺、江门和佛山等地，现在已布局到全国范围的大部分城市。

德邦物流在广东成立，初期的经营范围集中在珠三角地区，后逐渐开通广东到全国重要城市的货运专线。2009年，德邦将总部搬往上海后，开始了全国性的网点布局，目前德邦物流的服务网点已经覆盖了全国的大部分城市。

由民营私营企业发展而来的众多第三方物流公司，针对不同地域、不同产品的特点，推出了丰富的物流服务产品，为电子商务企业零售批发的不同物流需求提供了各种相对应的物流服务，助推电子商务行业快速发展。

2. 第三方物流的服务内容

（1）国营企业发展而来的第三方物流公司服务内容

1）邮政系物流服务内容。

邮政物流体系及其衍生的第三方物流服务产品有很多，包括平邮、邮政小包、电子商务小包、EMS速递等，涉及众多国内外电子商务企业。

平邮是邮政中一项寄送信与包裹业务的总称，包括普通的寄信（也就是平信）和普通的包裹，寄送时间都比较慢。平邮是所有邮政递送业务中速度最慢的业务。平邮包裹有两类，PA开头的绿色单为普通包裹，KA开头的红色单为普通快包。平邮包裹按照寄递里程分区核订，具体标准详见邮局《国内包裹资费表》，PA开头的普通包裹最便宜，KA开头的普通快包费用稍贵，可去邮局查询寄到具体某个地方的费用。另外，平邮包裹收取每件挂号费3元，不管包裹是普包还是快包，也不管包裹大小轻重，每件包裹挂号费均为3元。平邮包裹一般不送货，只投递包裹领取通知单。客户凭通知单和身份证去投递邮局领取包裹。

邮政国内小包业务，又称电子商务小包，是中国邮政集团公司专门针对国内轻小件寄递市场推出的全新产品，重点关注电子商务行业的各类寄递需求，向协议客户提供个性化服务，实行批量交寄、预约投递、上门签收，投递过程短信通知。邮政电子商务小包要求客户邮寄包裹不超过3公斤，最大长宽高不超过100厘米。国内小包价格是以邮寄地区为起始点，一定距离范围内为一区，之外是二区、三区、四区、五区。例如，以浙江为邮寄点，江、浙、沪、闽、粤、京、津、冀为一区，山东、江西、安徽、湖北、湖南、山西、河南、陕西、重庆、四川为二区，辽宁、吉林、黑龙江分别为第三区，宁夏、甘肃、贵州、广西、云南、内蒙古、海南为四区，新疆、青海、西藏分别为第五区，实际分区会有调整，以国内邮政小包业务员提供的为准。定价方面也有一定差异，通常以首重加续重的形式报价，不足一公斤按一公斤计算，见表2-2，数值仅供参考，以实际定价为准。也有电子商务小包的承包商会提供全国8元的定价，只要求客户邮寄包裹不超过3公斤，最大长宽高不超过 100 厘米。

表 2-2 由浙江寄出的电子商务小包价格

目 的 地	首重一公斤	续重每公斤
一区	5	1
二区	8	1
三区	12	2
四区	13	2
五区	14	3

邮政小包又叫中国邮政航空小包，是中国邮政开展的一项国际邮政小包业务服务，属于邮政航空小包的范畴，是一项经济实惠的国际快件服务项目。可寄达全球 230 多个国家和地区各个邮政网点。国际邮政小包也有重量和商品大小的限制，资费也与国内小包类似，将各个国家分区域定价，另收取每个包裹挂号费 8 元。

EMS 特快专递业务 1980 年开办，由中国邮政集团公司直属全资公司——中国邮政速递物流公司在中国大陆境内提供 EMS 服务，主要经营国际、国内 EMS 特快专递业务，是中国速递服务的最早供应商。随着电子商务行业发展，EMS 业务量逐年增长，业务种类不断丰富，相继推出省内次晨达和次日递、国际承诺服务和限时递等高端服务。EMS 依托于中国邮政网点和中国邮政航空公司开展国内业务，在原有邮政网点覆盖面广的基础上依靠中国邮政航空公司的优势提升包裹的递送速度，这两点优势融合，是其他第三方物流公司望尘莫及的。但是 EMS 定价较高，定价灵活度不够，不能根据路程长短优化定价布局，容易损失客户。尤其要注意，EMS 国内速递的定价重量以 500 克为单位，并不是常见快递普遍采用的 1 千克，因此在比较价格时会有较大差异。EMS 国际业务与全球邮政所拥有的网络终端衔接，是目前覆盖面最广的国际递送服务。

2）铁路系物流服务内容。

中铁快运设有 18 个分公司、7 个子公司，在全国 722 个城市设有 3200 多个营业机构，"门到门"服务网络覆盖 2449 个市县。依托遍布全国的高铁列车（动车组）、旅客列车行李车、特快及快速货物班列、电商班列等铁路运输资源，综合运用铁路、公路、航空各类运输方式以及经营网络、仓储与配送网络、95572 全国客户服务平台、电子商务平台，提供高铁快运、小件快运（时限快运、标准快运）、货运业务（货物快运、电商班列、货运代理）、综合物流、国际业务和行李包裹代办业务等物流产品服务。小件快运是中铁快运的门到门物流服务产品，主要依托于铁路路网，也有公路和航空运输，最后在市内完成配送。小件快运分为时限快运和标准快运两种，时限快运在全国 118 个主要城市可办理，全国 191 个城市可实现限时到达。标准快运可在 700 多个城市办理，发往全国近 2000 个市县，实现门到门快运服务。高铁快运是中铁快运公司根据高铁发展量身定做的物流服务产品，最大特色是高铁沿线城市可实现当日收取当日送达，不论是省内还是省际间，只要符合高铁班次时间，均可实现当日达。高铁快运也根据城市的位置推出了次晨达、次日达、隔日达、经济快递等产品，拓展高铁运输件的派送范围。大规模货物运输一直是铁路运输的优势，货物快运结合当前电子商务行业发展，推出了大批量货物的快运服务，开展门到门、站到门、门到站、站到站的铁路运输服务。尤其是电商班列，为电商企业和电商服务企业（比如快递企业）量身定制铁路高等级货运班列（时速 160 公里/小时），远超公路运输速度。随着

"一带一路"倡议的提出，以及中欧铁路的建成通车，中铁快运可以拓展更多更大范围的电商班列，势必会带动跨境电子商务的发展。

不论是邮政体系还是铁路体系，国营企业发展而来的第三方物流公司提供的物流服务拥有国家资源的先天优势，但也受限于自身的体制。邮政体系能覆盖全国范围的乡镇村，是其他第三方物流企业望尘莫及的，但是，平邮、电子商务小包等配送速度慢，服务差，不符合现有电子商务客户体验中及时准时配送的要求。EMS标准速递可以弥补其他邮政物流服务产品速度慢的缺陷，但是EMS标准速递远高于其他快递的价格，使得更多的电子商务企业更倾向于选择顺丰速递或其他快递。中铁快运虽有高铁快速运输的优势，但受限于铁路网远不及公路网覆盖面广，能开展的业务有限。

（2）民营私营企业发展而来的第三方物流公司服务内容。

民营私营企业发展而来的第三方物流公司非常多，且发展规模差异巨大，有仍在做基础货运专线的小型物流公司，也有德邦物流、佳吉物流这类货运、快运综合型物流公司，也有大家日常生活中接触较多的以快递业务为主的大型快递公司。

1) 以货运专线为主的小型物流公司服务内容。

大部分民营私营物流企业发展之初都是地方性、区域性的小型物流公司，开展具体城市或地区间的快递服务、货运服务。即使现在大型快递企业、综合型物流企业众多，但在各个城市的物资集散中心，依然有非常多的货运专线小型物流公司，为电子商务企业，尤其是B2B电子商务企业提供货运服务。例如，我们通过阿里巴巴采购保温杯产品，找到浙江福满天厨具有限公司，订购了一批保温杯。福满天公司收到货款后，将指定的保温杯装箱，通过永金物流的永康-金华专线，送到金华市金东区李渔东路的国庆建材市场A6区商铺，然后我们前往取货，也可以由永金物流公司安排车辆送货上门，但需要根据相应里程收取送货上门费用。这种规模的小型物流公司上午发车将金华的货送达永康，下午发车将永康的货送达金华，如果是较远两个城市的专线，比如金华-温州，义乌-南昌等等，则会延长往返的周期。小型物流公司货运专线的收费远低于大型物流公司，一般不提供仓储服务，货物到达目的地城市后只能放置一两天，延期取货则需要额外增加费用。

2) 快捷快递等中小型快递公司服务内容。

小型物流公司的货运专线除了为B2B电子商务企业提供货物批量运输服务外，还会为电子商务服务企业，尤其是中小型快递公司，承担货运服务，就像中铁快运的电商班列一样。中小型快递公司相比于大型快递公司，运输能力弱，派送能力弱，业务量小，收件价格低，业务主要来源于中小型电子商务企业。鉴于以上特点，中小型快递公司通常会将某个地区发往另外一个地区的货物集中打包，交由货运专线运输到当地，由当地的同品牌快递公司拆包分拣，派送到每位客户手中。中小快递公司由于资金、人力有限，多采取私人加盟形式布局全国的网点，本身的货运能力较弱，因此利用货运专线中转，可大大节省运营成本，但是委托货运专线运输会增加分拣、集货、拆包、分拣等环节，降低配送效率，影响配送时效，这也是许多中小型快递公司价格低、时效差的原因。从总体上来说，众多小型物流公司的货运专线业务正好与中小型快递公司的区域性门到门服务优势互补。

有一定规模的中小型快递公司也会自己承担部分区域的快递货物运输。比如快捷速递有限公司，创办于广东，目前已经发展成为覆盖全国大部分省市的快递公司，但是，不同地区的物流服务差异较大，时效也不同。快捷速递在经济较发达的广东、江苏、浙江、福建等省,已拓展了二、三级城市甚至下属区、镇的站点服务,在这些地区,快捷速递的业务量较大,自己独立承担快递的货物运输,能保证配送时效,在粤港之间、各省一级城市之间可达到"今收今至"的时效,二级城市基本达到"今收明至"的时效。同时,在粤港大多数地区,根据客户的要求,还提供"代收货款"和免费"代客户签收送货单"的服务。但是,在广东省以外的地市,尤其是东北、西北、西南的省市,虽有网点分布,但网点少,时效差,快递服务相差非常大。

3)"三通一达"等大型快递公司服务内容。

大型快递公司发展过程中也经历过中小型快递公司的阶段,但得益于起步早、资金充足、业务认可度高等因素,发展到了今天的规模。在利用私人承包加盟模式迅速布局全国网点的初期阶段,大型快递公司的派送时效、派送服务也比较差。有一定规模效应后,直营点逐渐取代加盟点,对加盟商的管理也日趋完善,大型快递公司的服务和时效就会有所提升,尤其是申通快递、圆通快递,借壳上市后更强调物流服务产品的品质。

申通快递和圆通快递都以快递标准业务为主,采用汽车、航空、铁路等运输工具,针对不同距离推出了不同时效的物流服务产品。例如圆通快递,同城快递服务可以在 8 小时内送达,部分省内及周边可在第二天上午送达,其他省份根据距离不同在 24 小时、36 小时、48 小时内送达,电子和化妆品类的包裹由于不能用航空运输,只能通过汽车运输,速度较慢,和偏远区域的包裹一样,只能保证 72 小时时效(如图 2-1)。

时效产品

⊙ 8小时同城区域当天件
当天取件当天送达的快递服务。

⊙ 12小时次晨达
当天取件次日上午12:00前送达的快递服务。

⊙ 24小时次日达
当天取件次日送达的快递服务。

⊙ 36小时隔日上午达
当天取件第三天上午12点前送达的快递服务。

⊙ 48小时隔日达
当天取件第三天送达的快递服务。

⊙ 72小时件
电子、化妆品类件,及偏远区域件的快递服务(极偏远区域将增加相应工作日)。

图 2-1 圆通快递的快递服务时效

申通快递和圆通快递在快递标准业务的基础上,还提供仓配一体化服务,为全国电子商务零售企业、生产零售企业提供"网仓+配送"的一体化供应链物流服务。申通快递的仓配一体化服务产品介绍内容如下。

① 采用专业化仓库。统一高标仓+环氧地坪+消防验收+自动喷淋+24小时动态智能监控+千万级财产保险。库内操作全面支持条码管理和 ERP 管理，按统一标准化流程及各类手册操作。

② 提供一站式服务。帮助客户完成商品入库、质检、存储、分拣、打包、配单、指派、出库、退换货等一系列工作。

③ 专业的 IT 系统解决能力。涵盖仓储管理系统、配送管理系统、客服中心管理系统，保证商品出入库管理，库存管理，打印订单管理，分拣货物管理，打包管理，退货管理，分仓管理，供应商管理，全程监控管理等。及时完成订单 Web 端查询、订单快递信息查询、订单 7*12 小时及时处理信息等。

申通快递仓配一体化服务的入库流程和出库流程都有严格的操作规范（图 2-2 和图 2-3）。

申通快递在华东、华北、华南、华中、西南均建有不同数量的主仓库，客户只需将商品就近放入申通快递的主仓库，申通快递即可按照客户销售安排，将实际库存按照销售比例分拨到全国各地的分仓库，并进行动态仓库配比，然后就近为客户配送。因此，申通快递的仓配一体化服务具有以下三点优势。

① 配送订单快速响应。依托申通快递全国网点及中转中心资源，申通仓配一体化大多建立于各中心城市的中转中心，具有直接发货、直接中转、直接配送的优势。另外，申通仓配一体化的出库订单使用申通快递体系内 VIP 面单，具备高效、安全、优先特点。

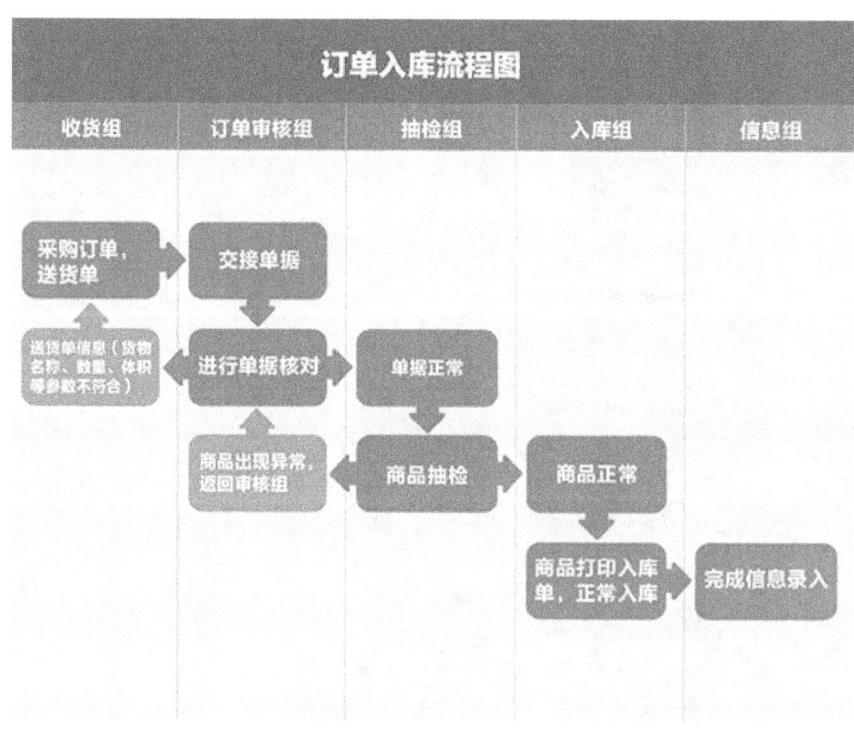

图 2-2　申通快递仓配一体化服务的入库流程

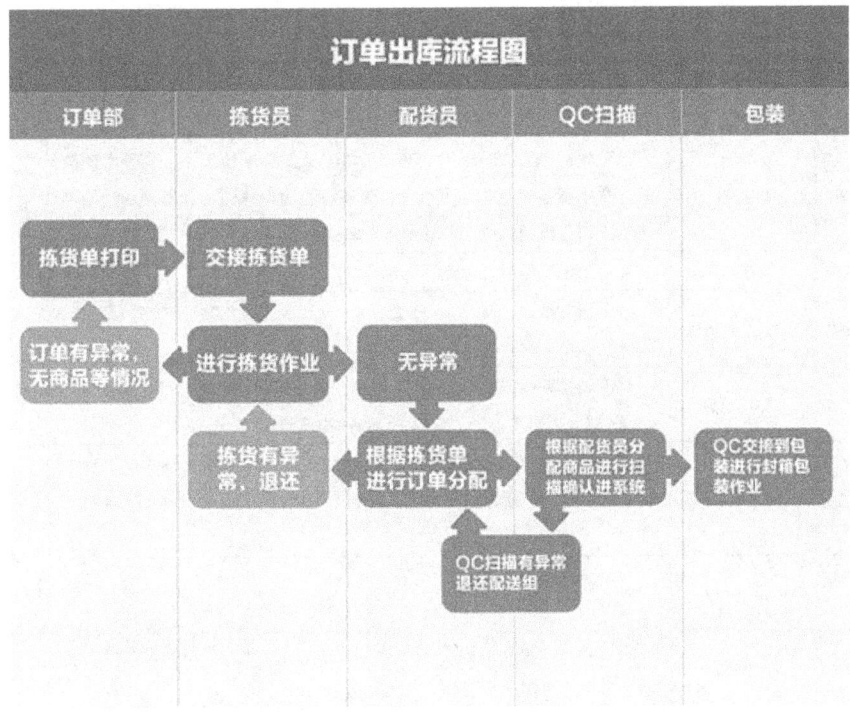

图 2-3　申通快递仓配一体化服务的出库流程

② 配送订单高质量完成。申通仓配一体化的库内管理完全按照统一的标准化流程，保证订单商品在存储、拣选、打包、出库等环节高质量完成。另外，位于中转中心的仓库可以实现直接中转、配送，省去快递收货、集中、再中转环节，避免、减少爆仓及不规范分拣造成的丢件、票件破损等影响。

③ 配送成本高效节省。申通仓配一体化依托申通快递资源，在订单配送环节具有明显优势，有助于客户降低配送成本预算。申通仓配一体化提供个性化增值服务，包括快速、高效地完成订单配送，帮助客户更好、更快地满足消费者需求，增强用户体验。

为保证仓配一体化的服务质量，申通快递还对仓配一体化的运营团队进行严格的 KPI 考核表见表 2-3）。

4）顺丰速运服务内容。

不同于"三通一达"和其他大型快递公司，顺丰速运从一开始就采用自营模式，建立自有航空公司，因此，顺丰速运的全国网点不如"三通一达"等快递公司，收费也比其他快递公司高，但是顺丰速运的时效和服务领先于其他第三方物流公司。在物流服务产品方面，顺丰速运提供快递服务、冷运服务、仓储服务三方面的物流服务产品，远多于其他快递公司。

① 顺丰速运快递服务。

顺丰速运的快递服务不同于申通快递和圆通快递等快递公司，除了大陆地区的快递服务产品，还提供港澳台、国际的快递服务产品。

a. 大陆地区的快递服务。

顺丰速运的大陆地区物流服务产品有同城即刻送、顺丰即日、顺丰次晨、顺丰次日、顺丰隔日、物流普运、重货快运、重货专运。

表 2-3　申通快递仓配一体化 KPI 考核表

KPI	目标值	描述及衡量标准	评估频次
结单时间	16:00	当天出货。每次未达成则积分扣除 1 分	每日
错漏包装率	≤0.3%	包裹内的产品与订单上的产品名称、数量、颜色等不匹配及因此造成客户退货的包裹与当月总发货包裹数的比率；超出此范围的错漏包装乙方需承担因此造成的额外运费和损失。下降 0.1 个百分点则扣 1 分。	每月
盘点破损率（金额）	≤0.2%	视为正常操作损耗，盘亏商品金额可以免责赔偿	每次盘点（月度、年度、抽盘）
盘点破损率（金额）	0.2%、0.26%	对于盘亏商品，破损率≤0.2%部分免责赔偿，0.2＜破损率≤0.26%部分根据甲方库存成本价进行全额赔偿	每次盘点（月度、年度、抽盘）
盘点破损率（金额）	＞0.26%	对于破损率≤0.26%的盘亏商品执行上述赔偿原则赔偿外，破损率＞0.26%部分需向甲方额外支付 10 元/件的违约金	每次盘点（月度、年度、抽盘）
系统稳定性	≥95%	数据传输及时、准确、顺畅；工作时间内（周 1～周 5，8:30～17:30，法定假日除外）系统可获得率大于等于目标值。每下降一个百分点扣 1 分	每年
客服响应时间	9:00~18:00	5 分钟内响应	每月
配送达成率	≥95%	快递公司人员与消费者沟通确认送货时间，并上门送货视为一次成功达成。每下降一个百分点，扣 1 分	每月
报表反馈	次日 12:00	每日发送 4 个基本报表：库存表、发货报表、收货报表、退货报表	每月
收货时间	2 个工作日	入库单和货物都到达后两个工作日内收货，需符合收货标准（收货标准见合同附件）。每次没有达成，扣 1 分	每月

顺丰速运在中国大陆主要一、二级城市均可提供顺丰即刻送服务，为餐饮外卖、商超、生鲜、蛋糕、鲜花及类似行业，提供围绕店铺周边 3 或 5 公里内的同城专人即拿即送服务，满足同城客户高频、即时、个性化小件同城配送需求，配送时效在 2 小时以内。服务定价根据客户时效、距离、重量不同单独约定价格，按单计费。

顺丰即日是当日寄件，当日送达的快递服务。中国大陆主要城市均可提供顺丰即日服务，主要覆盖同城、同省、同经济圈线路，承诺当日 20:00 前送达。在跨省及跨经济圈重点城市之间，也可提供即日服务，承诺当日 22:00 前送达。

顺丰次晨是当日寄件，次日上午送达的快递服务。中国大陆主要城市均可提供顺丰次晨服务，在指定服务范围和寄递时间内收寄，承诺次日 12:00 前送达。顺丰即日只能在同城、同省、同经济圈线路和跨省及跨经济圈重点城市之间寄送，而顺丰次晨只要在大陆主要城市之间都可以寄送。例如，从浙江杭州西湖区寄往上海宝山区就有顺丰即日服务，寄往杭州周边的湖州、嘉兴、绍兴三个地级市也有顺丰即日服务，同时浙江金华婺城区寄往浙江金华义乌、浦江等都有顺丰即日服务，但是从浙江杭州寄往同省的浙江金华婺城区就没有顺丰即日服务，最快也只有顺丰次晨服务。

顺丰次日比顺丰次晨晚 6 小时，最快次日 18:00 前送达，保证在两天内送达，但是服务范围比顺丰次晨大很多，中国大陆超过 300 个城市可提供顺丰次日服务，例如从浙江金华婺城区寄往广东深圳福田区、四川成都武侯区、黑龙江齐齐哈尔龙沙区都仅需要一两天，这个是"三通一达"等大型快递公司目前还无法达到的。

顺丰隔日是顺丰速运的经济型快递服务，价格比较优惠，时效比较稳定，虽然比不上顺丰速运的其他快递服务，但是和"三通一达"等大型快递公司的快递服务差不多。顺丰隔日的服务范围覆盖顺丰速运全国的网点。

物流普运是顺丰速运为满足客户发运大件或较重物品需求而推出的经济型物流服务，价格低于顺丰的快运服务，适用于客户寄递家电等大件物品。

重货快运和重货专运是顺丰在中国大陆地区为客户量身定制的货运服务，通过飞机、汽车送往客户指定目的地，可到县、乡、镇。根据客户需求规划线路，并根据线路运行时长承诺时效，通过点对点、点对多点的方式实现货物完全直达，避免中转环节。

b．港澳台地区的快递服务。

顺丰速运的港澳台地区物流服务产品有标准快递、顺丰特惠、香港即日、香港次晨。

香港即日是顺丰速运提供的大陆寄往香港，当日寄件当日送达的领先服务，香港工商区当日20:00前送达，非工商区当日22:00前送达。目前只在广东深圳、东莞两个城市提供，且必须是从深圳、东莞寄往香港，从香港寄往深圳和东莞目前并没有即日送达的服务。

香港次晨是大陆寄往香港，当日寄件次日上午送达的领先服务，香港工商区次日12:00前送达，非工商区次日18:00前送达。目前提供这项物流服务产品的城市有深圳、广州、东莞、中山、佛山、江门、惠州、河源、珠海、上海、杭州、湖州、嘉兴、宁波、绍兴、台州、金华、舟山、南京、无锡、苏州、南通、镇江、扬州、常州、阳江、肇庆、汕头、潮州，但是，从香港寄往这些城市并不全是次晨达，例如从广州寄往香港和从香港寄往广州都是次晨达，从金华寄往香港是次晨达，从香港寄往金华就没有次晨达。

港澳台标准快递是顺丰速运提供的大陆地区和港澳台地区双向寄收的快递服务。顺丰特惠是大陆地区和港澳地区的双向寄收的快递服务。标准快递价格较贵，速度较快，台湾地区包裹提供清关服务，航空禁运商品不能寄送。特惠件不通过航空运输，商品种类不受航空运输的影响，价格也比较便宜，但是特惠件速度较慢，不能寄往台湾地区。

c．国际快递服务。

顺丰速运的国际快递服务有国际标快、国际特惠、国际小包、国际重货、国际电商专递、海购丰运等。国际快递服务不仅包含普通寄递服务，还包含各国的清关服务。

顺丰国际标快是顺丰速运为满足客户紧急物品寄递需求，各环节均以最快速度进行发运、中转和派送的高品质门到门国际快件服务。收件范围包括中国大陆及港澳台地区、俄罗斯、美国、新加坡、马来西亚、日本、韩国、蒙古、越南、泰国，派件范围包括俄罗斯、新加坡、韩国、马来西亚、日本、美国、澳洲、加拿大等19个国家。

顺丰国际特惠是经济型国际快件服务，满足客户非紧急物品的寄递需求。收件范围包括中国大陆及港澳台地区、新加坡、马来西亚、日本、韩国、美国，派件范围包括新加坡、马来西亚、日本、韩国、美国、巴西、俄罗斯、欧洲28国等共50多个国家及地区。

国际小包是为大陆及香港地区的跨境电商B2C卖家发送2KG以下包裹而推出的一款高品质小包类服务，派送范围覆盖全球200多个国家及地区。收件当天即可查询到上网信息，包裹次日离港，便捷清关，全程挂号跟踪，平邮显示到达目的国。但是，目前通过顺丰速递寄送国际小包需要签订相关合作协议，普通客户无法直接预约寄送。

国际重货是为满足中国大陆客户（目前仅上海、江苏、浙江、广东四个省市）寄递大重量物品至海外国家（目前仅美国、日本、马来西亚、韩国、新加坡五个国家）而推出的时效稳定、具有较高性价比的国际重货服务。

国际电商专递是为大陆及香港地区的跨境电商卖家销售较高价值商品应配套更加优质高效物流服务的需求而量身定制的跨境物流专递类产品,派送范围包括澳大利亚、俄罗斯、乌克兰和欧洲26国共29个国家。国际电商专递也要求客户与顺丰速递签订相关合作协议。相比于国际小包,电商专递价格贵,时效好,服务好。

海购丰运(SFBUY)是顺丰速运集团旗下专业的海淘转运服务平台,致力于为海淘客户提供高效、便捷的全球转运服务。海购丰运为美日韩到中国大陆及港澳台提供进口流向的物流服务,为中国大陆到港澳台、新加坡、马来西亚(西部)提供出口流向的物流服务。

② 顺丰速运冷运服务。

针对生鲜蟹类食品、医药产品等对温度、时效、包装有特殊需求的产品,顺丰速运提供了专业的配送服务,比如生鲜速配、大闸蟹专递、冷运到家、冷运零担等食品配送服务和医药常温、医药温控、医药商配、医药零担等医药配送服务,远远领先于第三方物流的其他快递公司。

a. 食品配送服务。

生鲜速配是为了保障生鲜类快件的配送时效和商品品质,实现同类产品优先配载、优先派送,面向寄递生鲜快件的客户推出的专属快递服务,托寄物为蔬果、水产、肉制及乳制品等生鲜商品(除鲜活蟹类),采用专业包装,独立监控和异常处理。

大闸蟹专递是为寄递大闸蟹、河蟹、海蟹等蟹类快件的客户推出的专属快递服务,实行优先配载、优先中转、优先派送、快速理赔,充分保障蟹类快件的配送时效和商品品质。托寄物为大闸蟹、河蟹、海蟹等鲜活蟹类,采用专业包装,独立监控和异常处理,原则上不允许改派、转寄、退回。

冷运到家是顺丰速运针对易腐食品类、冻品类商品等,通过各种冷藏或冷冻运输设备和工具进行全程温控运输,为客户提供门到门的配送服务。冷运到家服务保证全程冷运,所有配送节点均全程温控,杜绝半冷链和脱温,做到保鲜、保活、保冷、保安全,为客户提供一站式的冷运快速寄递服务。

b. 医药配送服务。

医药常温主要托寄物为常温药品、常温生物样本、医疗器械等,运输过程确保托寄物保持在环境温度。

医药温控是为医药行业客户提供的寄递温度敏感药品或试剂、低温运输生物样本等物品,并通过专业包装和物流设备,确保物品在运输过程中保持在可控的低温范围的快递服务,主要托寄物温度区间有2-8℃和-20℃,48小时内送达。

医药商配是服务于城区及市近郊的配送活动,根据客户的要求,对医药类货物进行集中配载,并按时送达指定地点的点到多点的城市配送服务。托寄物主要为药品、医疗器械、诊断试剂、人体组织液、血液制品、保健品等,运输温度区间为冷藏2-8℃和温控10-25℃,但是不同温区不能混装。

在冷运服务出现之前,配送问题一直是电子商务企业销售生鲜水产等产品的瓶颈,顺丰速运冷运服务为电子商务企业在网上销售生鲜食品、医药品等提供了配送条件。我们去淘宝上搜索相关产品可以发现,几乎所有需要冷运的商家均采用顺丰的配送服务,顺丰冷运服务无法送达的部分地区,商家就不销售了(如图2-4)。

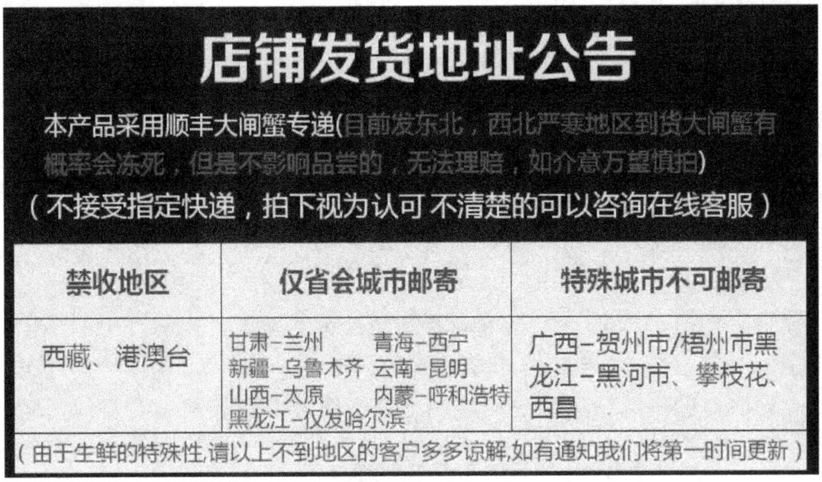

店铺发货地址公告

本产品采用顺丰大闸蟹专递(目前发东北，西北严寒地区到货大闸蟹有概率会冻死，但是不影响品尝的，无法理赔，如介意万望慎拍)

（不接受指定快递，拍下视为认可 不清楚的可以咨询在线客服）

禁收地区	仅省会城市邮寄	特殊城市不可邮寄
西藏、港澳台	甘肃–兰州　青海–西宁 新疆–乌鲁木齐　云南–昆明 山西–太原　内蒙–呼和浩特 黑龙江–仅发哈尔滨	广西–贺州市/梧州市黑龙江–黑河市、攀枝花、西昌

（由于生鲜的特殊性,请以上不到地区的客户多多谅解,如有通知我们将第一时间更新）

图 2-4　天猫某大闸蟹商家的配送地址说明

③ 顺丰速运仓储服务。

和申通快递一样，顺丰速运也提供仓储一体化服务，依托自身的快递服务网络，提供商品入库、质检、存储、分拣、打包、配单、指派、出库、退换货等标准化仓储管理服务。顺丰速运的仓储服务拥有众多优势（如图 2-5）。

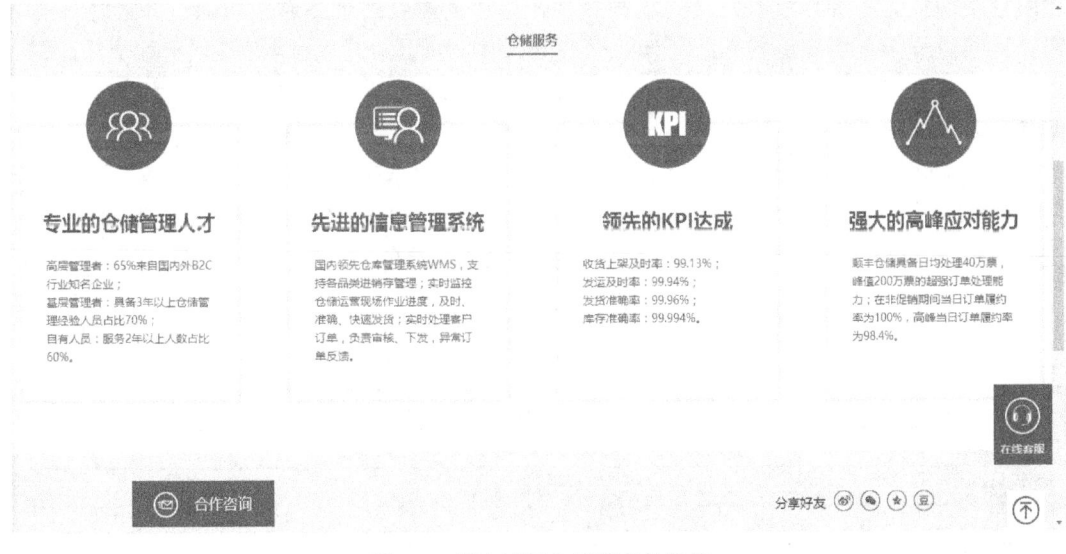

图 2-5　顺丰速运仓储服务的优势

5）综合型物流公司服务内容。

德邦物流在广东成立，初期的经营范围集中在珠三角地区，后逐渐开通广东到全国重要城市的货运专线 2009 年，德邦将总部搬往上海后，开始了全国性的网点布局。2015 年 8 月 18 日，德邦物流推出“德邦事业合伙人计划”，为合伙人提供金融支持、培训支持、装修支持。截止 2016 年 12 月，德邦物流已开设 10000 多家标准化的门店（含合伙人开设的门店），服务网络覆盖全国 34 个省级行政区，全国转运中心总面积超过 130 万平方米，已开通韩国、日本、泰国、新加坡、马来西亚、越南等多条国际线路，全球员工人数超过 11 万名。

德邦物流以货运专线起步,发展到全国的货运体系,并在2013年正式推出快递服务,成为覆盖快递、快运、整车、仓储与供应链等多元业务的综合型物流供应商。德邦物流的物流服务产品大致可分为国内物流服务和跨境物流服务。

① 国内物流服务产品。

国内物流服务产品可分为货运、快递、仓储服务三方面。

货运是德邦物流的优势产品,拥有精准空运、精准卡航、精准城运、精准汽运、整车运输五项细分物流服务产品。

德邦物流拥有南航、国航、深航等多家航空公司代理权,提供精准时效的货物空运服务,即精准空运。截至2017年3月,德邦物流已在30个省市、313个城市开通精准空运业务,根据不同城市的机场覆盖情况设定精准空运的时效(如表2-4)。

表2-4 德邦物流精准空运服务产品与时效表

产 品 名 称	时 效 定 义(含发货当天)
次日达	次日 20:00 前
隔日达	隔日 12:00 前
航空普运	隔日 24:00 前

德邦物流精准卡航吸取了公路零担运输和航空货运的优点,比传统零担运输快,运费比航空货运低。精准卡航能够优先配载货物,以最优的线路迅速通达全国百分之九十的城市。运输过程中采用先进的 GPS 全球定位,可通过短信、电话、网络实现全程货物跟踪。精准卡航提升了普通卡车运输的运输效率和品质,满足时效性和安全性要求高、追求优质服务品质的客户。

精准城运是在 IVECO、卡车等城市之间短距离运输基础上的一项精品服务,提供更优化的配载方式、更加便捷的线路,来满足更高的时效性、安全性。改善了短途运输的不足,提升了短途运输的效率和品质。德邦物流的精准城运实现了珠三角、长三角、京津唐、山东、辽宁、川渝区域城市之间快速送达(如表2-5)。

表2-5 德邦物流精准城运的区域及城市

往 返 区 域	区域内精准城运的城市
珠三角地区	广州、深圳、东莞、佛山、中山、江门、珠海、惠州、清远、肇庆
京津唐地区	北京、天津、廊坊、燕郊、石家庄
辽宁地区	沈阳、大连、鞍山、抚顺
山东地区	青岛、即墨、诸城、济南、威海、潍坊、烟台、胶州、德州、淄博、泰安
长三角地区	上海、苏州、太仓、吴江、昆山、常熟、江阴、张家港、无锡、常州、杭州、嘉兴、湖州、绍兴、义乌、宁波、余姚、慈溪
川渝地区	成都、绵阳、泸州、德阳、乐山、重庆

精准汽运的网络横贯东西、纵穿南北、遍布全中国,天天发车,专线通达全国,并且全程精准把控,作业标准化,服务人性化。精品汽运专线直达城市在华南地区有广州、深圳、东莞、佛山、中山、江门、珠海、惠州、汕头、湛江、清远、肇庆、韶关、河源、潮州、阳江、揭阳、南宁等城市,在华东地区有上海、杭州、宁波、嘉兴、绍兴、余姚、义乌、湖州、慈溪、南京、苏州、张家港、吴江、太仓、无锡、江阴、昆山、常熟、南通、

常州、济南、青岛、诸城、威海、潍坊、淄博、烟台、即墨、合肥、南昌、厦门、福州、泉州、莆田、晋江等城市，在华北东北地区有北京、天津、石家庄、廊坊、燕郊、保定、霸州、唐山、太原、沈阳、鞍山、大连、长春、哈尔滨等城市，在西部地区有成都、绵阳、泸州、德阳、乐山、重庆、昆明、西安、西宁等城市。相比于小型物流企业的几条货运专线，德邦物流的精准汽运网点和线路更加丰富，汽运车辆全程定位跟踪，能够更好地满足B2B电子商务企业的运输需求。

整车运输是德邦物流提供的全国范围内门到门货物运输服务，不经中转直达目的地，可以方便B2B电子商务批发企业将批发货物直接送达全国范围内的客户。

德邦物流的快递服务主要有3.60特惠件和标准快递。标准快递服务与申通快递、圆通快递等大型快递公司的服务内容类似，利用已开设10000多家标准化的门店（含合伙人开设的门店）进行门到门的快递服务。3.60特惠件是德邦物流特有的快递产品，是针对3公斤到60斤（30公斤）重货的经济型快递，3公斤为首重，续重价格低，性价比高。

和其他快递公司的仓配一体化类似，德邦仓管家是德邦物流的仓配一体化物流服务产品，可根据客户需求提供灵活建仓、大促处理、多渠道管理、干线运输及最后一公里等仓配一体化的供应链解决方案。根据客户需求及类目特点，德邦仓管家可完成商品入库、上架、质检、存储、分拣、包装、称重、配单、出库、退换货，及行业解决方案等服务。

② 跨境物流服务产品。

德邦物流的跨境物流服务产品主要有FBA头程运输和国际联运两种。

德邦物流是亚马逊"全球开店"合作商，FBA头程运输主要针对亚马逊进仓卖家，为卖家提供一站式门到门服务，提供快递、空运直邮专线、海运整柜、拼箱等多项解决方案。空运快递为快时效进仓服务，从上海、深圳2大口岸直飞，最快可实现3天签收，帮助亚马逊卖家快速补货到海外仓。空运专线为经济型进仓服务，也是从上海、深圳2大口岸直飞，经济便捷，是淡季提前补货、铺货的首选。海运头程为大量补货、铺货时的海运服务，在宁波、上海、深圳3大拼箱集货口岸和全国八大口岸均可整柜出货，船期稳定，经济便捷。海运补货周期较长，费用最省。

国际联运可根据客户需求，利用海、陆、空全球联运，制定一站式运输解决方案。国际海运包括专业的海运整箱、海运拼箱和海运散杂货服务，精细化的货物装卸和配载，提供订舱、提货、仓储、拖车、报关报检、装箱、制单、境外清关、落地配送等基本服务及刷唛、货物加固、保险等多项增值服务，航线高频，覆盖面广。国际空运包括直航、中转、海空联运、包机等，联通国内外主要空港，可满足门到港、门到门等多种运输需求，更有代理订舱、仓储、关务、地面操作等服务。国际汽运线路通达"一带一路"沿线主要国家和地区，拥有中国-东盟、中国-中亚地区等多条专线，通关便捷，安全可靠。国际铁路整合了国际铁路整箱和拼箱业务资源，精选蓉欧、义新欧、郑新欧等热门线路，可通达欧洲主要城市，时效保证，安全快捷。

4. 第三方物流的优劣势

（1）电子商务企业使用第三方物流的优势

1）物流服务产品丰富。

B2B电子商务企业、B2C电子商务企业、C2C电子商务商家等不同电子商务的参与者对物流服务的需求存在较大差异，主要体现在所售商品、配送成本、配送数量上，自营物流体系很难实现全部匹配，而第三方物流企业众多，发展的模式和服务的内容也不尽相同，恰好可以满足不同电子商务企业的配送需求，这也是众多中小型物流企业能在几大物流公司占据大部分市场的情况下继续生存的原因。

2）业务辐射范围广，物流成本低。

第三方物流公司发展相对较早，其已经建成相对完善的仓储及物流体系，网点已布局到全国范围。由于规模效应，第三方物流公司的物流成本相对较低，尤其是仓储环节更是如此。对于大中型的电子商务公司而言，一般选择两到三家的第三方物流公司作为合作伙伴，就可以扩大业务的辐射范围，提升覆盖人群的面积，远比自营物流划算。

3）物流专业性较强。

第三方物流公司的专业性相对较强，商品入库、上架、质检、存储、分拣、包装、称重、配单、出库、退换货等工作都能较好完成。电子商务企业发展到一定规模，离不开专业的仓配一体化服务，纯粹靠自身的管理会浪费人力和资金，还容易出现许多问题。

（2）电子商务企业使用第三方物流的劣势

1）服务质量难以保证。

电子商务企业与第三方物流企业是合作关系，无法监管第三方物流企业的运输和配送过程，且第三方物流企业可能存在私人加盟的情况，在产品的配送中，配送人员可能无法完全保障服务的质量，造成包裹延迟递送、配送人员态度不佳等问题，增加电商企业的客服成本，而且还可能影响电商企业的品牌形象。

2）部分业务受制于第三方物流企业。

对于生鲜冷链配送和大件商品配送等物流服务问题，受限于第三方物流企业的发展情况，中小型电子商务企业没有太多选择，只能根据第三方物流企业能提供的物流服务来调整销售策略。

想一想

为什么德邦物流要通过合伙人的形式大幅增加服务门店？

2.1.3 电子商务物流平台化

1. 电子商务物流平台化的涵义

电子商务物流平台化的概念由菜鸟率先提出，指的是建设一个数据驱动、社会化协同的物流及供应链平台。菜鸟提供物流企业、电商企业无法实现，但是未来社会化物流体系必定需要的服务，即在现有物流业态的基础上，建立一个开放、共享、社会化的物流基础设施平台，未来可实现中国范围内 24 小时内送货必达、全球范围内 72 小时送货必达。

2. 电子商务物流平台的服务内容

天猫商城的物流服务处于良莠不齐的状态，难以形成统一的形象及口碑。加之京东商城等 B2C 电商通过自营物流体系，在外部竞争上给予天猫巨大的压力，尤其是家电家私为代表的细分市场，天猫商城份额逐渐被京东商城、苏宁易购等蚕食。原来的第三方加盟制快递商（如申通、圆通）无论在效率和服务质量上都离 B2C 的需求相去甚远，而第三方非加盟制快递商（如 EMS、顺丰等）则成本高昂。对此，阿里开始发力物流，推出了"平台化、网络化"思维的物流体系"菜鸟网络"，依托天猫、淘宝交易、物流信息的数据网络（天网），并利用分布全国几大重要区域的巨大仓储中心（地网），利用信息大数据的优势，布置仓储，调配物流，在多个方面提高物流快递转运的效率。

菜鸟不做自建物流，其核心目标是为电子商务企业、物流公司、仓储企业、第三方物流服务商等各类企业提供平台服务，而不是自建物流或者成为物流公司。

菜鸟在多各领域布局，智能物流立体布局逐渐清晰。其一，菜鸟引入银泰和复星作为股东，借力银泰、复星全国拿地，布局物流地产，据网络媒体不完全统计，菜鸟目前已拿下 2 万亩物流用地。其二，阿里巴巴与苏宁"联姻"，互相出资百亿认购对方新发行股份。通过战略合作，苏宁得到阿里导入的线上巨量消费者资源，阿里则将 450 万平米仓储网络和全国线下门店资源纳入麾下。其三，参股专业智能仓配一体化解决方案提供商——心怡科技，让其负责天猫超市开仓的核心管理。此外，阿里还投资全峰、百世汇通、圆通快递、日日顺、卡行天下、高德和新加坡邮政等企业，依靠圆通和全峰进行快递配送环节，依靠百世汇通实现仓配一体化，依靠心怡科技实现智能化仓储，依靠海尔日日顺和线下门店及仓库网络遍布全国的苏宁完成大件配送，依靠新加坡邮政（SinPost）疏通海外清关渠道，依靠卡行天下优化干路运输环节，依靠高德地图提高顾客体验，使配送在地图上可视化，最终完成了在智能物流领域的全方位立体布局。

在成立之后，菜鸟计划根据天猫、淘宝的交易与物流信息搭建起一个数据网络，称之为"天网"，并在分布全国的几大重要物流区域搭建起数个巨大仓储中心，称之为"地网"。最后，"天网"配合"地网"进行"天地联动"，根据其信息大数据的优势，布置仓储，调配物流，在多个方面提高物流快递转运的效率。

目前菜鸟已在全国设立了八个大型仓储物流基地，号称"八大军区"。这些仓储基地，最主要的配送产品便是家用电器产品。考虑到目前天猫相对京东的唯一劣势领域是家电领域，再结合阿里建立菜鸟的根本原因——夺回被抢占的 B2C 市场份额，以及京东和阿里的仓储布局图，可以看出阿里对家电 3C 这一战略领域极高的重视程度与极强的行动力度。

菜鸟的电子商务物流平台化模式将"各司其职"这个词发挥到极致。根据菜鸟的计划，每一个环节都由专业负责该环节的企业操作，通过"流水线"分工将整体效率达到最大化。

（1）仓配网络服务内容

阿里对于业务大类的排序明显是有着先后次序的。作为菜鸟网络最重要的发展方向，同时也是与京东等自建物流电商竞争的最核心武器，仓配物流服务毫无争议的成为了菜鸟网络最主打的项目。

仓配网络服务主要提供给天猫和淘宝上的卖家，并且根据商品种类的不同提供专业的有针对性的仓储配送服务，共分为小电器、生鲜、美妆、快消、服装、大电器、家装这几大种类，并且根据不同的种类替卖家选择合适的物流仓储、干线、终端快递提供商。

当前模式中，商家在与菜鸟签约之后可以有两种选择。一是使用菜鸟的仓库，并在未来由菜鸟直接提供发货服务。二是仍然使用自有仓库，菜鸟仅负责配送。当然，菜鸟更希望推动的是第一种服务，但是在当下的过渡期，两种模式并行仍是必要的选择。

过去的 C2C 或者小型 B2C 卖家都是从自己的仓库发货。而通过菜鸟网络，一方面可以统一运往菜鸟"地网"部署的中心仓,既减少了仓储成本,也节省了运输费用,另一方面也可以使商家在客户下单前就通过菜鸟"天网"的销售大数据库,用算法预测了当地的出货量,并提前在相应的菜鸟"地网"大区仓库铺货,节省了干路运输费,又大大缩短了整体快递时间。此外根据每一单商品具体的价格、时效等方面的需求,菜鸟网络自动匹配最适合的物流服务,从而从整体上提高服务质量。

当商家选择了仓配一体服务时,其只需根据销量定期的将批量货物从商家仓送至干路运输点,之后便由整体负责将货物干路运输至包括位于天津、武汉、上海、成都、广州在内的五大仓库。在买家下单后,会由离买家最近的大仓发货,并由菜鸟联盟专门的配送快递企业负责最终端的配送。当库存到达一定数量,菜鸟大数据系统估算,通知商家提前补货。这便是仓配一体的整套体系。

举例来说,一位杭州的天猫卖家如今可以提前根据菜鸟的"天网"大数据预测到了北京附近的销量并提前将商品铺在了天猫的华北大仓。当其接到来自北京的订单的时候,卖家所以要做的仅仅是将该订单信息直接转发给菜鸟网络系统。如果正好圆通有一辆车要从华北仓发货去买家小区附近的快递点,则菜鸟系统通知华北仓通过智能仓储系统拣货、包装,然后直接将货交给圆通。菜鸟网络的介入使得原有杭州到北京发货、运输、派件的整个过程如今完全可以在 24 小时内完成。

(2)跨境网络服务内容

截至目前,菜鸟网络的跨境物流合作伙伴数量已经有 49 家,包括燕文、递四方、新加坡邮政、英国邮政、中通、圆通、EMS、IC、斑马等,其物流覆盖能力可至全球 224 个国家或地区,跨境仓库数量达到 74 个,搭建起一张真正具有全球配送能力的跨境物流骨干网,订单处理能力达到每天 400 万单。

菜鸟官网提供的跨境物流服务包含出境和入境两方面。入境服务主要提供保税和直邮服务,针对的是淘系进口(天猫国际、全球购)商家。无忧保税是菜鸟为淘系进口(天猫国际、全球购)商家提供的跨境进口电子商务领域的一站式物流服务,服务功能主要包括商家和商品入境前在海关和海检进行备案、保税仓储及订单履行作业、行邮包裹入境清关、国内配送以及物流相关的增值服务。商家将商品入保税区后即可上架销售,产生订单以后出区清关即可及时配送(如图 2-6)。

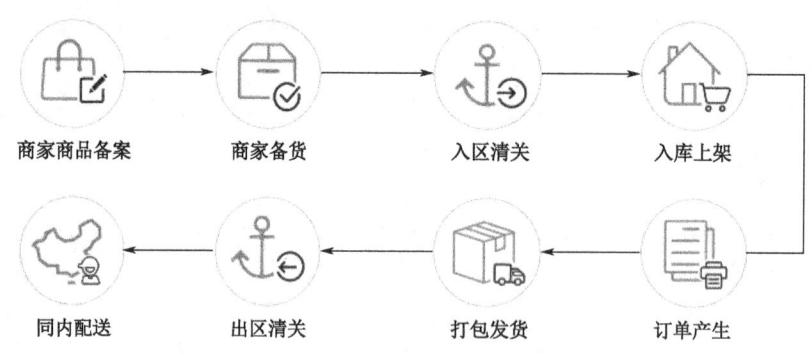

图 2-6 菜鸟保税服务的流程

无忧直邮指商家在国外采购货物,送至菜鸟海外仓后,菜鸟统一打包,以集货方式入境,经海关清单核放,查验放行后配送到消费者手中(如图 2-7)。

项目 2　电子商务物流服务细则制定

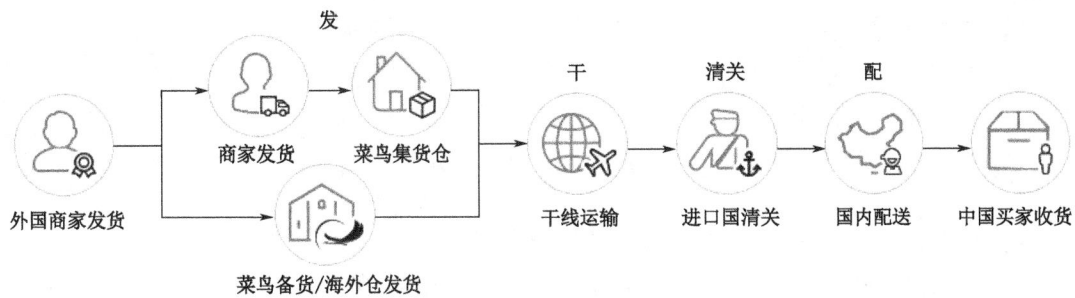

图 2-7　菜鸟直邮服务的流程

菜鸟跨境无忧直邮覆盖美国、英国、德国、澳大利亚、新西兰、日本、韩国、中国台湾、中国香港等国家和地区，适用于零散销售商品，通过集货方式运输，时效快，价格优，一般到达时间为 7-14 天。

出境服务主要针对的是阿里系面向海外的电商"速卖通"（Ali Express）上的卖家。"速卖通"是阿里旗下一款和天猫类似的电商产品，其搭建一个电商平台，向遍布海外（包括欧美、日本、非洲等区域）的消费者提供优质商品。

"AliExpress 无忧物流"出口物流服务是为确保卖家可以放心地在速卖通平台上经营，帮助卖家降低物流不可控因素的影响，阿里巴巴集团旗下全球速卖通及菜鸟网络联合推出的线上发货升级版服务，可以为卖家提供包括揽收、配送、物流详情追踪，物流纠纷处理，售后赔付在内的一站式物流解决方案。卖家只需根据订单情况，将相应包裹送达菜鸟国内的仓库，菜鸟就可以提供无忧物流服务，将商品送达国外客户手中（如图 2-8）。

图 2-8　菜鸟无忧物流服务的流程

对于速卖通平台上的跨境电商卖家，无忧物流具有 5 大优势。

1）渠道稳定时效快。

菜鸟网络与多家优质物流商合作，搭建覆盖全球的物流配送网络，智能分单系统会根据目的国、品类、重量选择最优物流方案。

2）低于市场价。

通过菜鸟无忧物流发往全球的包裹都享受市场价 8 到 9 折，只发 1 件也有折扣，更重要的是卖家可以使用支付宝收款账户中未结汇的美金支付运费。

3）操作简单。

卖家一键选择无忧物流即可完成运费模板设置，出单后卖家发货到国内仓库即可，深圳、广州、义乌等重点城市还提供免费上门揽收。

4）平台承担售后。

物流纠纷无需卖家响应，直接由平台介入，核实物流状态并判责，更重要的是因物流原因导致的纠纷、DSR 低分不计入卖家账号考核。

5)你敢用我敢赔。

物流原因导致的纠纷退款,由平台承担,标准物流赔付上限 800 元人民币,优先物流赔付上限 1200 元人民币。

"线上发货"出口物流服务是由阿里巴巴全球速卖通、菜鸟网络联合多家优质第三方物流商打造的物流服务体系。

卖家使用"线上发货"需要在速卖通后台在线下物流订单,物流商上门揽收后(或卖家自寄至物流商仓库),卖家可在线支付运费并在线发起物流维权。阿里巴巴作为第三方将全程监督物流商服务质量,保障卖家权益。这些功能与淘宝天猫上 C2C 或 B2C 商家进行在线下单发货类似,速卖通卖家可以根据自己的需要,自行选择相应的物流服务(见表 2-6)。

表 2-6 菜鸟线上发货服务的部分物流方案

物流线路	覆盖国家	线路特点	寄送限制
中国邮政挂号小包	全球	中国邮政官方直发,价格为官方报价95折,承诺60天必达(巴西90天),赔付上限300元人民币	重量<2kg,不能走带电
新加坡小包(递四方)	全球	新邮官方代理,承诺60天必达(巴西90天),赔付上限300元人民币	重量<2kg,接受带电货物
航空专线-惠文	22国	拉美使用瑞典邮政,俄罗斯使用中邮包机,承诺60天必达(巴西90天),赔付上限700元人民币	重量<2kg,不能走带电
速优宝芬兰邮政	俄罗斯、白俄罗斯	入库后15-30天到达,承诺35天必达,赔付上限300元人民币	重量<2kg,不能走带电
中俄快递 SPSR	俄罗斯	俄罗斯知名快递,主要城市11-14日内到达。按每100克计费,按不同城市承诺14-32天必达,赔付上限1500元人民币	重量<15kg,不能走带电
中俄航空 Ruston	俄罗斯	哈尔滨包机直飞俄罗斯,80%的包裹在25天内妥投。承诺60天必达,赔付上限700元人民币	重量<2kg,不能走带电
中外运-西邮标准小包	西班牙	采用商业快递从英国清关,到达马德里后通过西班牙邮政挂号服务派送,按不同城市承诺25-30天必达,赔付上限300元人民币	重量<30kg,深圳、广州仓接受带电货物

(3)快递平台服务内容

淘宝 C2C 交易和天猫 B2C 交易过程中,买卖双方都可以在淘宝和天猫上查询和跟踪物流信息,只不过之前是对接第三方的数据,而现在,菜鸟将加入到它平台的物流、仓储等企业的分散资源整合起来,以统一接口面向消费者,使得服务的标准化程度提高。以前消费者、小商家需要面对成千上万个快递公司、仓储企业,现在只需要面对菜鸟即可。

在线下单(智选)是菜鸟网络通过丰富的大数据,领先的算法挖掘为商家发货提供的一项服务产品,它能帮助商家精准计算出结合时效、服务等综合指标最优的快递公司,从而提升商家物流发货体验,让商家一键发货全程无忧。智选物流合作快递还会为商家提供智选权益,包括在线投诉、全程监控等。这也就是说,之前商家需要自行和第三方快递公司洽谈合作,现在可以通过菜鸟平台下单,根据客户收件地址,选择寄送到客户地址表现最佳的快递公司，相应的快递公司会在 30 分钟内上门收件。目前有 15 家主流快递公司与菜鸟合作开展该项业务，如图 2-9 所示。

合作快递公司

我们现在已和主流的快递公司合作，包括(排名不分先后)：

图 2-9　菜鸟在线下单服务的合作快递公司

橙诺达是菜鸟联合"三通一达"、天天快递、百世快递 6 大快递公司，在在线下单基础上，向商家做出时效承诺的快递服务。根据不同的线路，时效服务分为次日达、隔日达、三日达。

物流数据监控帮助商家实时了解掌握包裹的动态。天猫卖家可在菜鸟物流管家后台查看已发货未揽收、已揽收未中转、已派送未签收等包裹的物流情况（如图 2-10）。

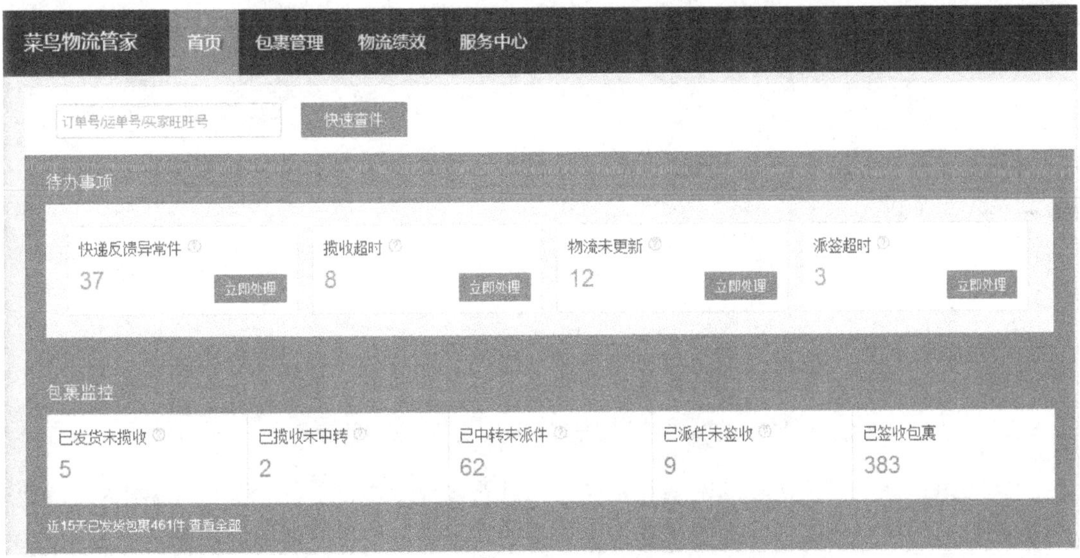

图 2-10　双翼家居专营店的菜鸟物流管家首页

物流绩效服务披露商家合作物流公司的服务质量数据，帮助商家客观判断物流公司的服务能力，如图 2-11 所示。

物流服务排行可以对同一线路不同快递公司的时效和服务进行对比，帮助商家选择服务能力好的快递公司。卖家可以看到自己一定时间内包裹发货线路的排行以及该线路的快递公司服务排行，如图 2-12 所示。

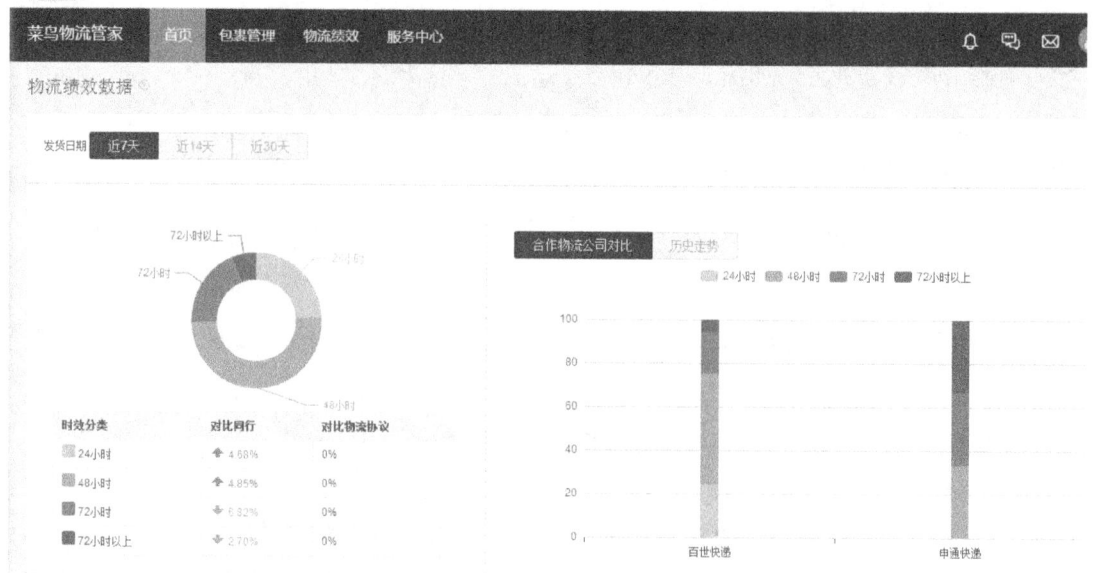

图 2-11 双翼家居专营店的物流绩效数据

图 2-12 双翼家居专营店近一周的物流发货线路

菜鸟电子面单,是由菜鸟网络和快递公司联合向商家提供的一种通过热敏纸打印输出纸质物流面单的物流服务。商家可在淘宝天猫的卖家中心申请开通服务,菜鸟会把服务申请流转给快递公司,快递公司审核通过后会给商家提供电子面单热敏打印纸,商家再通过发货软件与菜鸟网络系统交互并获得菜鸟生成的面单号(快递面单号段由快递公司提供)等打印信息,并通过热敏打印机(打印机由商家自行购买或与网点协商解决)完成电子面单打印并交付快递公司揽收派送。在天猫后台的电子面单平台可以直接查询电子面单合作的服务商及电子面单使用情况,如图 2-13 所示。

(4)物流云服务内容

物流云基础是向各物流企业提供一站式快递物流系统的管理解决方案,优化其运营模式,并与菜鸟网络完美衔接。

图 2-13 双翼家居专营店的菜鸟电子面单后台

　　随着电子商务平台和物流服务信息化飞速发展,物流行业 IT 发展远远无法跟上业务发展要求,许多物流企业没有物流系统管理的标准。导致物流的效率低,物流效果差。总体来说是缺少基础架构设计和信息共享能力的缘故。而利用云计算则可以将物流企业的系统信息进行整合。加强企业对物流信息系统的利用,这样可以一定程度上提高企业的效率。利用云计算来整合资源,可以减少人员的支出,消减人员,也可以降低设备的支出,同时还可以减少对软件的投资,极大地削减了成本。此外,利用云上信息共享和数据分析,可以更高效地将客户的信息进行统计,制定物流运行线路,还能分析当前地区用户的物流喜好和物流需求,物流公司可以设计更加合理的物流配送路线,这样大大提高了物流配送之间的效率,也就是节约了成本。

　　物流活动复杂多样,涵盖包装,装卸,运输,流通加工,配送的等多种活动。不同的业务系统都有特殊的需求,但是也有一些基本的共有特性。例如,硬件要求高,无法满足业务高峰需求,扩展灵活性低,安全性差。而物流云计算平台,相比传统注重于硬件上的高可用和高性能,通过分布式架构已经确保自身服务的高可用,通过动态横向扩展来满足不断增长的业务需求,并且集成了备份、监控、HA、审计等一系列基础运维服务,云平台采用直接就可用的服务方式提供,使用方随时购买随时就可用,无需考虑一系列繁琐的底层运维,使用方可以更加专注于业务上的研发。

　　菜鸟裹裹是菜鸟网络在物流云服务基础上推出的一款提供查快递、寄快递的应用软件,主要适用于全网包裹查询,支持淘宝、天猫、京东、苏宁等网购包裹自动跟踪,同时覆盖国内外 140 多家快递公司。裹裹寄件是菜鸟裹裹团队最近推出的一项新的面向 C 端用户的业务模式,目前也接入了天猫、淘宝、支付宝、闲鱼等平台的寄件需求,用户可以通过在天猫、淘宝、支付宝、闲鱼以及裹裹平台中下单,由与裹裹对接的 CP 运力进行上门揽收服务，大大方便了 C 端用户寄件难的问题。相比于传统的寄件服务，菜鸟裹裹可以帮助 C 端非商家用户免费预约快递员上门取件、寄件。

（5）农村物流服务内容

菜鸟农村物流项目计划三年内与本地化的物流合作伙伴一道，共同建设成为覆盖中国广大农村地区的平台型综合服务网络，同时为城乡消费者、中小企业、电商平台提供商品到村配送、农副产品销售流通及各类商品安装维修提供服务解决方案。

菜鸟农村物流网络具备包括农资、百货、3C、汽摩在内的全品类配送入村的稳定时效的物流产品，满足包裹下行、退件、村际配送等多类型物流需求。

菜鸟农村物流网络连接原产地货源与终端消费者，打通品控、包装、流通环节，形成一体化的上市销售的物流方案。同时可支持农产品批量上行、工业产品电商直销等多对象仓配服务。

菜鸟农村物流网络搭建商品安装、维修等售后服务平台，建立清晰、实惠、面向农村消费者的服务价格体系，为农村消费者、乡镇企业、政府阳光采购等提供便捷、经济、透明的增值服务。

（6）菜鸟驿站服务内容

作为与各大快递物流企业的自提快递柜相对抗的产品，菜鸟把运营多年的菜鸟驿站也搬入了菜鸟网络，试图用另一种方式来解决整体上快递送货上门服务能力不足的问题。菜鸟驿站目前提供代收和代寄服务。

消费者在淘宝、天猫购物，下单时选择菜鸟驿站代收，可享受菜鸟驿站 5 天免费保管、便利自提、丢失必赔、隐私保护等特色服务。目前全国范围内已有近四万家站点为消费者提供该项服务。

消费者可通过支付宝 App、菜鸟裹裹 App 或淘宝天猫退货等多个入口提交寄件订单，将包裹通过驿站站点寄出，同时可享受快递单免手写，在线支付，上门取件等多样化服务。目前全国范围内已有数万家菜鸟驿站提供寄件服务。

同时，菜鸟网络也将菜鸟驿站作为一个加盟品牌进行推广，也使得菜鸟驿站能够在全国各地更广、更深地扎住脚跟。

（7）菜鸟园区服务内容

菜鸟园区分为产业园和物流园两种。

菜鸟·金义电商产业园由阿里巴巴菜鸟网络投资，一期总建筑面积约 10 万平方米，涵盖商务办公、基础服务、物流仓储、生活配套等电商一站式全产业链服务功能。

作为菜鸟网络倾心打造的全国首个电商产业集聚区项目，菜鸟金义电商产业园打通物流和电商两大环链，秉着"让天下没有难做的生意"的使命，全面引入阿里巴巴和菜鸟网络的资源体系，促进商家能力迭代升级，助力中小电商做大做强。

菜鸟物流园布局在物流作业的集中区域，承接电子商务及传统商业对物流的需求。菜鸟物流园通过集合多方合作伙伴、集合多种运输手段、集合多种作业方式、集合各类运行系统，来保证整条物流链路的高效协作及服务水平统一。

在未来，菜鸟物流园将继续深化布局，更开放、更标准、更高效，为新商业的各个参与者提供更优质的物流服务。

项目 2　电子商务物流服务细则制定

为何第三方物流公司会乖乖与菜鸟合作？

✓ 2.1.4　电子商务物流增值服务

1．电子商务物流增值服务的涵义

由于电子商务行业的特殊性，传统的物流服务并不能完全满足电商企业的需求，因此，不管是电子商务企业自营物流还是第三方物流企业，都会针对电商行业发展的情况，在原有的电子商务物流服务产品基础上增加一定的增值服务内容，以满足不同客户的需求。

2．电子商务物流增值服务的内容

不同电子商务物流企业推出的物流服务产品不尽相同，所以在物流服务产品基础上推出的增值服务差异较大，但是保价服务、代收货款、安全包装这三个是较为常见的增值服务。

（1）保价服务

大部分物流公司都提供保价服务。

商家可对托寄物申明价值并缴纳相应费用，当货物在运输过程中发生损毁或遗失时，物流公司将按照托寄物的申明价值和损失比例进行赔偿。违法违规禁寄物品，玻璃类、陶瓷类、石膏类等易碎品，石材类，雕刻类以及珊瑚制品、蜡制品等不易妥善包装的物品，时令水果类，冷冻食品类，生鲜类，大闸蟹，动植物类等商品一般不被列为保价商品范围。

各个物流公司对保价服务的支付费用、赔付上限都有不同标准。一般快递公司都是按照 1%的费用标准收取保价费用，而德邦物流针对自己的物流服务产品详细列明了保价情况，见表 2-7。

表 2-7　德邦物流精准城运的区域及城市

运输方式	货物类型	最低收费	保价费率	最低收费可承保金额
精准城运	小票货/大票货	12 元/24 元	6‰/6‰	最高 2000/最高 4000 元
精准汽运（短）				
精准卡航				
精准汽运（长）				
精准空运	所有	10 元	4‰	最高 2500
标准快递	所有	1 元	4‰	最高 250
3.60 特惠件				

同时，德邦物流也对索赔资料和流程进行了详细说明。

1）索赔金额不超过 1000 元的理赔。

理赔资料：货损照片

① 全景照：拍摄整票货物或整件货物，照片中必须显示货物标签。

② 细目照：拍摄受损货物，放置图标或比例尺对比拍摄。

③ 重点部位照：反映受损部位的状态。

赔付时效：现场赔付。

2）索赔金额不超过 3000 元的理赔。

理赔资料：

① 德邦索赔申请表。

② 货损照片（要求同不超过 1000 元的理赔）、损失清单。

③ 索赔权转让书（非发货人索赔）。

④ 货物价值证明：发票、购销合同或者订购单。

⑤ 索赔人身份证复印件。

赔付时效：3 天内给出处理意见。

3）索赔金额 3000 元以上 10000 元以下的理赔。

理赔资料：

① 运单，发货人为公司的必须盖公章，发货人为个人的必须由发货人本人签名确认。

② 德邦货物索赔申请表。

③ 货物价值证明：发票、购销合同或者订购单。

④ 签收单。

⑤ 货损照片（要求同不超过 1000 元的理赔）。

⑥ 索赔人身份证复印件。

⑦ 索赔权转让书（非发货人索赔）。

赔付时效：5 天内给出处理意见。

4）索赔金额 10000 元以上的理赔。

① 理赔资料：为索赔金额在 3000 元以上 10000 元以下的理赔所需资料，但是必须为原件。

赔付时效：7 天内给出处理意见。

第三方快递公司的理赔过程也与此相似，只需要联系发件公司或派件公司，按理赔流程提供相关资料即可。

（2）代收货款服务

物流公司按照寄件客户（卖方）与收件客户（买方）达成的交易协议，为寄件客户提供快捷的货物（商品）专递，同时向收件客户收取货款并按约定时间转交至寄件客户的服务。一般支持 POS、现金、微信支付、顺手付支付等多种货款支付方式。

以申通快递为例，只要是申通的月结客户，销售的货物是符合国家法律规定、或获得授权销售的产品，有产品合格证明、批号依法经营、合法生产有质量保证的产品，且有良好售后服务，与申通签订《代收货款服务协议》生效后，即可享受代收货款服务。

因此，货到付款并非电子商务企业自营物流独有的服务。淘宝天猫等平台上的商家通过第三方物流公司配送货物也可以开通货到付款服务。

（3）安全包装服务

考虑到电子商务退货寄件的需求，许多电子商务物流公司会提供专业、环保、便捷和高效的包装服务，方便客户寄递商品。

（4）其他增值服务

除了上面三种较为常见的增值服务外，还有签单返回、逆向物流、送货上楼、更改派送地址、更改付款方式等服务。

最近，为满足客户保护隐私的需要，圆通快递和京东快递先后推出了隐私面单的服务。

目前，圆通的隐形面单主要有三大"隐藏功能"，可实现对用户的手机号、姓名和地址等信息的加密处理。例如，对用户的手机号，会通过技术手段隐藏部分的数字。尽管面单上不显示用户的完整手机号码，但圆通快递员可以通过公司自主研发的行者 App，直接拨号至收件人，及时安全高效地联系到收件用户。客户可根据需求自由选择是否使用该项服务。

京东快递的微笑面单也是差不多的原理。京东快递利用技术手段从包裹生成时即部分隐藏用户的姓名和手机号信息，以笑脸（^_^）代替。配送员在站点收货时，扫描包裹上的条形码，用户信息便被录入京东自主研发的"京牛"系统，配送员送货时，根据订单号找到用户包裹，只要点击"拨打电话"便可以与用户取得联系，这样从配送员侧也保护了客户的隐私信息。

想一想

如果你是 B2C 电商企业，你还希望物流公司提供什么增值服务？

任务 2　电子商务物流服务细则

2.2.1　电子商务物流服务细则概述

电子商务企业的物流服务细则就是向客户做出电子商务物流服务的承诺，以及客户在货物送达时的注意事项等。一份策划完整、注重细节的电子商务企业的物流服务细则能够有效提升电子商务客户服务水平、降低退换货比率以及客户的投诉率等。亚马逊商城对不同的商品类型、订单购买金额、收费标准和默认配送方式都进行了详细说明，见表 2-8。

除此之外，亚马逊商城还对免运费活动进行了补充说明。

亚马逊免配送费活动规则：

1）合格商品包括所有亚马逊直接销售和发货的商品和卖家销售，亚马逊配送的商品。合格图书商品包括所有亚马逊直接销售和发货的图书商品和卖家销售，亚马逊配送的图书商品。

2）免运费政策可适用六种配送方式：①快递送货上门；②晚间送货上门；③预约送货上门；④邮政送货上门；⑤工作日送货上门；⑥双休日、假日送货。

3）当订单中合格商品总金额满 99 元或订单中的合格图书商品满 59 元，则订单中的其他所有国内自营商品或入驻卖家（亚马逊配送）的商品即可享受免配送费服务。

4）若因客户原因取消或退回商品导致合格商品总金额低于免运费标准，需要支付 5 元配送费。

表 2-8 亚马逊商城的物流服务细则

订购商品类型	购买金额	收费标准	默认配送方式
亚马逊自营或入驻卖家（亚马逊配送）商品	订单总金额≥99元或订单中图书金额≥59元	整单免运费	1）快递送货上门，2）晚间送货上门，3）预约送货上门，4）邮政送货上门，5）工作日送货上门 6）双休日、假日送货
亚马逊自营商品或入驻卖家（亚马逊配送）图书商品	订单总金额<99元并且订单中图书金额<59元	5元	1）快递送货上门，2）晚间送货上门，3）预约送货上门，4）邮政送货上门，5）工作日送货上门 6）双休日、假日送货
入驻卖家商品（由卖家销售及配送）	无金额限制	点击这里查看入驻卖家配送费收取标准	请以订购时卖家公告的配送方式为准
海外购商品	无金额限制	依据您选择的配送方式，订单包裹的重量或者体积综合计算，您可以在订单结算页面了解费用详情或点击这里了解详情	亚马逊海外购共有三种配送方式，对应不同的配送时间和配送费用，您可以根据需要进行选择。点击这里了解详情
香港/保税仓商品	无金额限制	依据您选择的配送方式，订单包裹的重量或者体积综合计算，您可以在订单结算页面了解费用详情或点击这里了解详情	标准配送时间平均3~7个工作日

5）亚马逊发送的所有邮件及其站外推广内容中提供的促销、优惠、商品价格、配送、退换货政策等信息，以亚马逊网站展示的信息为准。

2.2.2 电子商务物流服务细则构成要素

一份完整的电子商务企业的物流服务细则一般包括配送方式的选择、电子商务物流区域服务细则、电子商务物流配送时限管理细则、电子商务物流配送费用明细设计和商品验货签收注意事项等内容。

1．配送方式的选择

电子商务服务商尽可能多地为客户提供配送方式，一方面，增加了客户的自主选择权，另一方面，也为自身增加了市场覆盖范围和增强了服务能力。提供多种送货方式，包括客户自提、普通快递送货上门、加急快递送货上门、普通邮递和邮政特快专递（EMS）等。

例如佑康的配送服务就给客户提供了三种选择。

（1）公司送货上门

客户在网上订购商品，公司会按照客户的具体信息、按时送货到客户家里。

（2）供方送货上门

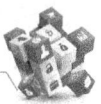

在网上订购预定商品，佑康电子商务公司与供应商联系，供应商会按客户所要求的时间和指定的地址，送货到客户的家里。

（3）客户自提

客户在网上选购商品（限超市商品），然后可以前往就近的佑康便利连锁店自提。

随着电子商务物流平台化的发展，许多大型 B2C 电商企业采用菜鸟网络的高效物流服务，会根据客户所在地址选择最近仓库出库，采用最佳快递服务商配送，因此，B2C 电商企业不确定会用菜鸟联盟中的哪家快递为客户配送，更不能接受客户自主选择快递。但是，这些 B2C 电商企业也必须对配送方式进行必要的说明，以避免纠纷和投诉。

例如天猫商城的蒙牛旗舰店，不接受指定快递，而且县、乡、镇、村等液体牛奶配送不到的地方需要顾客自提，如图 2-14 所示。

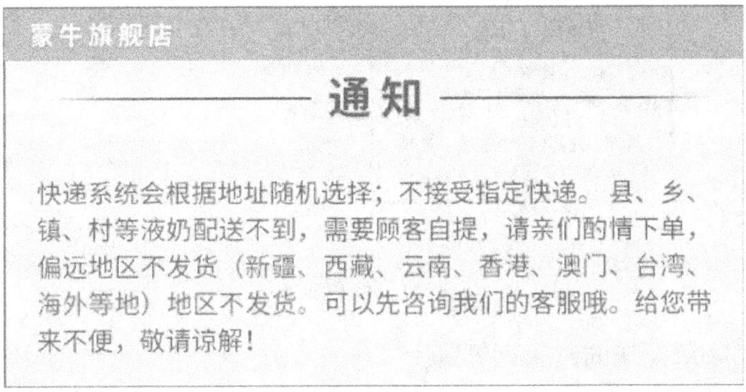

图 2-14　天猫商城蒙牛旗舰店的配送说明

2．电子商务物流区域服务细则

电子商务物流区域服务细则就是依据电子商务企业自身业务覆盖的客户范围，以及相关合作物流配送企业的业务覆盖的客户范围，所界定的物流配送服务的范围。电子商务物流区域服务细则一般包括服务区域、限制服务区域以及相应的服务条款等。

例如天猫商城的澄霸旗舰店，受限于生鲜冷运配送的瓶颈，对客户地址进行了详细说明，如图 2-15 所示。

店铺发货地址公告

本产品采用顺丰大闸蟹专递(目前发东北，西北严寒地区到货大闸蟹有概率会冻死，但是不影响品尝的，无法理赔，如介意万望慎拍)

（不接受指定快递，拍下视为认可 不清楚的可以咨询在线客服）

禁收地区	仅省会城市邮寄	特殊城市不可邮寄
西藏、港澳台	甘肃–兰州 青海–西宁 新疆–乌鲁木齐 云南–昆明 山西–太原 内蒙–呼和浩特 黑龙江–仅发哈尔滨	广西–贺州市/梧州市黑龙江–黑河市、攀枝花、西昌

（由于生鲜的特殊性,请以上不到地区的客户多多谅解,如有通知我们将第一时间更新）

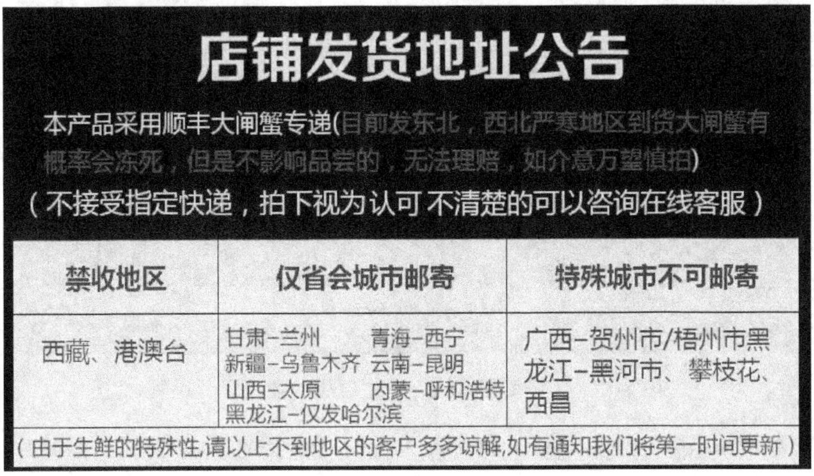

图 2-15　天猫商城澄霸旗舰店大闸蟹产品的配送地址说明

在亚马逊商城上，客户可以根据自己的地址查询为本地区提供的电子商务物流服务，如图 2-16 所示。

图 2-16　亚马逊商城的配送范围查询

3．电子商务物流配送时限管理细则

电子商务物流配送时限管理细则就是依据电子商务企业自身的配送能力，以及相关合作物流配送企业的配送能力，向客户承诺的物流配送送达的时间。配送送达的时间与客户自选的配送方式、客户所处区域以及可接受的配送费用等相关。

天猫商城的阳澄翡翠旗舰店对商品到货时效进行了明确说明，如图 2-17 所示。

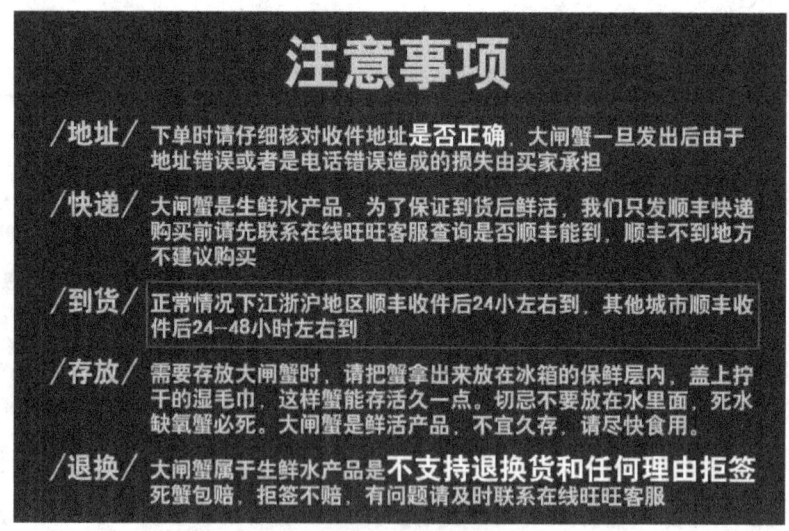

图 2-17　天猫商城阳澄翡翠旗舰店的物流服务说明

京东商城的物流服务产品众多，时效差异大，因此，在京东商城的商品购买界面选择好配送地址，就会呈现相应的送货时效，如图 2-18 所示。

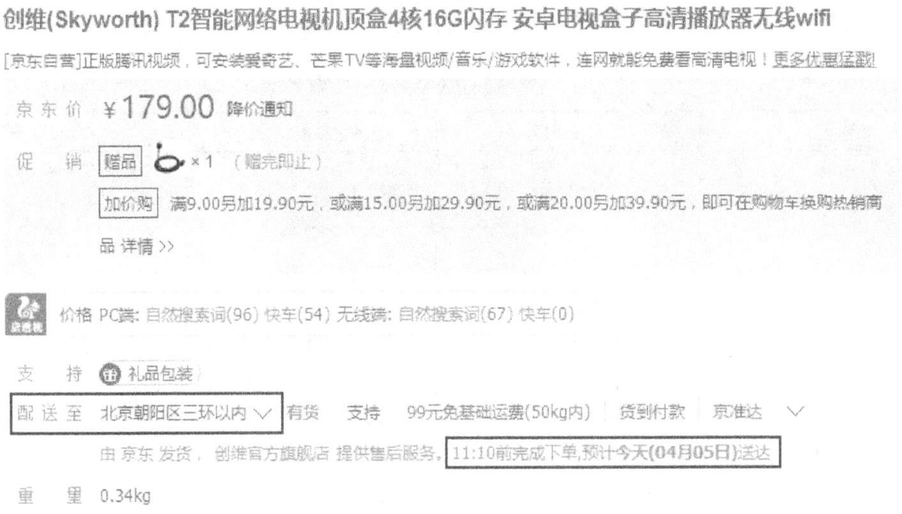

项目 2　电子商务物流服务细则制定

图 2-18　京东商城某商品配送物流时效承诺

如果我们将配送地址换到偏远一点的地方，配送时效就会相应改变，如图 2-19 所示。

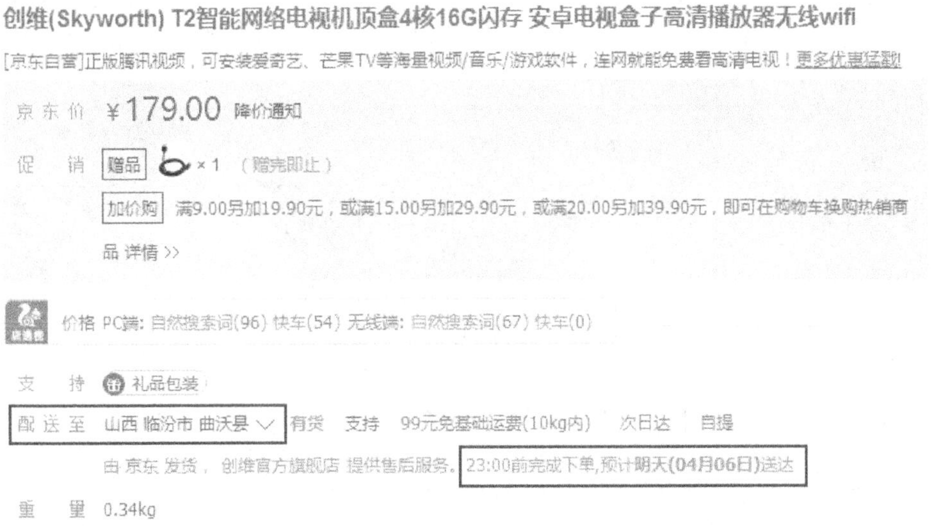

图 2-19　京东商城某商品配送物流时效承诺

4．电子商务物流配送费用明细设计

电子商务物流配送费用明细设计就是依据客户所处区域、配送距离、商品种类、商品重量、商品尺寸等信息设计电子商务企业物流配送费用明细表。物流配送费用明细表可以使客户在购物时一目了然，合理做出选择。

天猫超市对配送费用进行了明确说明，见表 2-9。

5．商品验货签收注意事项

商品验货签收注意事项是对客户的善意提醒，提醒客户签收的基本标准、签收时的商品检验、拒收标准等内容。商品验货签收注意事项可以做出一般原则性提示，也可以按商品大类分类提示。商品验货签收注意事项越仔细，客户签收商品时就越认真处理商品的签收，从而可以有效降低商品的退换货率以及客户的投诉率。

表2-9 天猫超市的物流配送费用表

地区	实付金额	重量和配送费用	续重说明
北京	实付金额<50元	50kg内，运费20元	超出重量按1元/kg计算费用
	50元≤实付金额<88元	50kg内，运费5元	超出重量按1元/kg计算费用
	实付金额≥88元	50kg内，免费	超出重量按1元/kg计算费用
杭州，上海，苏州，南京，深圳，广州，重庆，成都，武汉，天津	实付金额<50元	20kg内，运费20元	超出重量按1元/kg计算费用
	50元≤实付金额<88元	20kg内，运费5元	超出重量按1元/kg计算费用
	实付金额≥88元	20kg内，免费	超出重量按1元/kg计算费用
国内其他地区	实付金额<50元	5kg内，运费20元	超出重量按1元/kg计算费用
	50元≤实付金额<88元	5kg内，运费5元	超出重量按1元/kg计算费用
	实付金额≥88元	10kg内，免费	超出重量按1元/kg计算费用
	实付金额≥200元	20kg内，免费	超出重量按1元/kg计算费用
	实付金额≥300元	30kg内，免费	超出重量按1元/kg计算费用
	实付金额≥400元	40kg内，免费	超出重量按1元/kg计算费用
	实付金额≥500元	50kg内，免费	超出重量按1元/kg计算费用

当当网对订单商品验货和签收进行了非常详细的说明。

（1）快递送货上门的订单

1）快递员会配合您打开当当包装验货（必须用小刀在粘贴胶带处整齐划开，不允许撕坏包装箱）。

2）验货须知：快递送货上门时，若商品包装上有"封签码"，需先签收后再开箱验货。

3）验货内容：包括商品及配件、商品数量、当当发货清单、发票（如有）、三包凭证（如有）等。

4）验货异常：验货后，若发现商品错发、商品少发、商品有表面质量等影响签收因素问题，可当场向送货员说明情况并拒签。

（2）邮局邮寄的订单

1）请您一定要小心开包，以免尖锐物件损伤到包裹内的商品。

2）验货内容：包括商品及配件、商品数量、当当发货清单、发票（如有）、三包凭证

(如有）等。

3）验货异常：若包装破损、商品错误、商品少发、商品存在表面质量问题等，您可以选择整单拒签；或是要求邮局开具相关证明后签收，然后登录当当申请退货或申请换货。

（3）特殊品类验货签收注意事项

1）美妆个护类、母婴用品。

送到时，如发现商品过期或离过期不到3个月，可当面向送货员说明情况，并当场整单不签收。

2）食品保健类商品。

送达时，如发现商品过期或离过期不到45天，可当面向送货员说明情况，并当场整单不签收。

3）大家电类商品。

a．不能自行开箱验货，请您务必在收到货物时检查外包装是否完整、是否被拆封，如外包装破损、被拆封，请您当场整单不签收。

b．联系厂家售后服务中心安排上门开箱安装，货物签收后安装工人未上门前，请勿拆箱。

c．如自行开箱，商品发生问题，当当有权不接受以此为由的退换货。如安装时发现有质量问题，厂家售后人员将现场出具质量检测报告，若不能出具质量检测报告，请顾客直接联系厂家售后部门，厂家售后部门会安排人员上门检测，顾客凭质量检测报告与当当客服中心联系办理退换货事宜。

d．大家电商品安装完毕后请您妥善保管商品包装30天，否则商品在30天内因质量问题退、换货时需要承担相应的包装材料费用。

4）手机数码类商品验货签收标准。

a．当当自营手机产品，均会在发货时随机一同寄送"手机质保章"，请在收到手机时查收当当外包装内的质保章专用贴纸。

b．如核对商品发现商品外包装存在包装破损、原厂塑封破损、原厂封贴破损、商品发错、商品少发等问题，请您先签收商品，并当场联系当当客服说明情况，提供商品实物照片办理退换货，商品不支持当面退货。

c．如商品本身包装完好，您将商品本身包装或商品封口贴打开验货后，商品无法当场退货，如有任何问题请联系当当客服处理。

5）服装鞋帽、运动户外服饰类商品。

a．快递送货上门时，顾客可以当场试穿，如不满意可当场整单不签收。

b．内衣类商品（如内衣裤，袜子，文胸类等）不提供试穿，签收后发现有质量问题，可以网上自助申请退换货。

6）奢侈品箱包皮具/黄金珠宝/瑞士手表。

商品务必本人签收，如商品存在包装破损、商品发错、商品少发、商品表面质量问题等影响使用的情况，请您先签收商品，并当场联系当当客服说明情况，提供商品实物照片办理退换货，商品不支持当面退货。

2.2.3 不同类型电子商务企业的物流服务细则

在上一节介绍电子商务物流服务细则构成要素时，我们主要以国内B2C、C2C电子商务企业为例，进行了配送区域、配送时效等要素的分析讲解，而在实际经营中，还有 B2B、跨境电子商务等不同类型的电子商务企业，他们的物流服务细则有所不同。

1. 大宗电子商务（B2B）物流服务细则

不同于电子商务 B2C 零售，专门展开电子商务 B2B 批发服务的企业会提供不一样的物流配送服务，相应的物流服务区域及规则也不同。考虑到物流成本问题，批发采购的企业会有送货上门、自提、快递、物流等多种选择。

义乌市百发文化用品有限公司（www.109.com）是一家专门从事小商品批发的电子商务 B2B 企业，客户可在 www.109.com（百发百货全球仓）上挑选想要批发的商品，并选择适合自己地域的配送服务。百发的可选择配送服务有本地送货、汽车运输、快递送货、邮政包裹、铁路运输五种。

（1）本地送货

运用自身的送货车辆沿指定线路送货上门，不同地区的客户满 200 元或 500 元即可免费送货，如图 2-2 所示。

黄色标记 满500元起送				
橙色标记 联系客服				
未标记 200元送				
青口				
下王	青口（东南西北）	后张	侯儿村	下骆宅紫金
南下朱	青口工业区	后村	东新屋	尚仁新村
北下朱	东前王	东山路东苑工业区	东房新屋	后潮
长春	福田市场	廿三里方向		
江东				
下付	青岩刘	工商学院	樊村	龚大塘
江南三区	江南新村	端头	宗塘	五爱小区
后成	山口	新众联	赤塘	江东中路沿线
金村	前成	商苑	越阳	南门街
桥东	端头	学院路		
永胜	童店	经发大道：200号以上需要满500		
北苑(东)				
春晗	莲塘	稠山	新后福	清溪
上洪	前洪	凌云	下山头	杜元
振兴路	宗泽路沿线	金城高尔夫	后富小区	下里角塘
城北路沿线	柳三村A、B区	大唐下	柳青路	通泰路
叶塘	宏农路	机场路北豪宾馆	青莲	
后宅	洪华新村	邃安	商城大道	
北苑(西)				
何麻车	景三路	景二路	四季小区	秋实路
拥军小区	北苑工业区	春盛小区	春华路	机场路
夏荷路	丹溪路	丹溪北路	川塘路	春晖路
振汉路	雪峰西路	百盛路	石桥头	丹城路
望道路	星火马村	春盛路		
中行路	季宅	凯吉路	沈村	黄杨梅村
西城路周边	义合	城西街道	畈东	高新路
秀禾	楼下村	杨村路	杨二村	

图 2-20 百发批发网的义乌市送货上门范围及订单金额要求

（2）快递送货

浙江、上海、江苏三省的客户，我公司通过优速快递、中通快递公司发货，正常今发明到，送货上门，快递费需随货款一起先支付给我们。浙江、上海、江苏三省优速快递、中通快递不能到达的城市改为发货运，运费到付。其他省份也可以选择用优速快递、中通快递发货（优速快递收费见表2-10），除已标价地区外，其他地区首重10元/公斤，续重8元/公斤，偏远地区首重13元/公斤，续重12元/公斤，3~4天到达。

表2-10 百发批发网合作的优速快递报价表

区 域	价 格
江浙沪	5元起（8kg内0.7每公斤，9kg~30kg 0.6元每公斤，30kg以上0.7元每公斤）
安徽、舟山、徐州、盐城	首重5元，续重1元每公斤
广东、山东	首重6元，续重2元每公斤
北京、天津	首重6元，续重2.5元每公斤
福建、江西	首重7元，续重3元每公斤
湖南、湖北、河北、河南、四川、重庆、陕西、广西	首重8元，续重4元每公斤
吉林、辽宁、黑龙江	首重9元，续重7元每公斤

（3）汽车运输

如果您定的货物较重，建议使用公路运输，浙江省内及周边城市（10~20元）/30公斤，正常情况1~2天到达。外地省市（20元左右）/30公斤，正常情况5天左右到达；偏远或者需要中转的地区50元左右，正常情况5~10天到达（以上数据仅供参考）。由于公路运输无法跟踪查询，货运公司规定需要发货10天以后才能接受查询。

现将义乌至各地汽车运输运价信息公布如下（见表2-11），供各位客户参考（运价根据市场行情会有适当调整，以运输公司实际运价为准）。详细物流信息请查看义乌物流网。

表2-11 百发批发网汽运专线报价表（部分）

起 点	终 点	重 量	体 积	公 里 数	天 数
浙江义乌	安徽安庆	0.30元/公斤	80.00元/立方	675	3
浙江义乌	北京	0.30元/公斤	80.00元/立方	1606	2
浙江义乌	福建福安	0.40元/公斤	80.00元/立方	560	3
浙江义乌	甘肃天水	0.60元/公斤		2075	5
浙江义乌	广东潮州	0.50元/公斤		0	4
浙江义乌	贵州遵义	0.70元/公斤		2022	4
浙江义乌	河北保定	0.50元/公斤	140.00元/立方	1570	3
浙江义乌	河南安阳	0.30元/公斤	70.00元/立方	1760	3
浙江义乌	黑龙江牡丹	1.00元/公斤	220.00元/立方	3247	6
浙江义乌	湖北襄樊	0.40元/公斤	100.00元/立方	1262	3
浙江义乌	湖南长沙	0.40元/公斤		996	3
浙江义乌	吉林通化	0.70元/公斤	150.00元/立方	2522	6
浙江义乌	吉林延吉	1.00元/公斤		2950	6
浙江义乌	江苏常熟	0.10元/公斤		395	1

续表

起点	终点	重量	体积	公里数	天数
浙江义乌	江西上饶	0.20 元/公斤	60.00 元/立方	270	1
浙江义乌	辽宁营口	0.80 元/公斤	170.00 元/立方	2100	5
浙江义乌	内蒙古包头	0.85 元/公斤		2400	6
浙江义乌	宁夏银川	0.80 元/公斤	170.00 元/立方	2181	5
浙江义乌	山东淄博	0.50 元/公斤	130.00 元/立方	1448	3
浙江义乌	山西长治	0.55 元/公斤	130.00 元/立方	1500	4
浙江义乌	陕西安康	0.60 元/公斤		2010	5
浙江义乌	上海北郊	0.20 元/公斤		295	1
浙江义乌	四川西昌	1.20 元/公斤	240.00 元/立方	2904	7
浙江义乌	新疆乌鲁木齐	0.45 元/公斤		4416	8
浙江义乌	浙江舟山	0.40 元/公斤		0	2
浙江义乌	重庆重庆	0.80 元/公斤		1924	3

通过义乌到客户所在城市的专线运输，一般县级城市都可直接或者中转到达，运费不高。货到后货运公司会打电话告知，需自提。通过专线运输公司发货是运费最低的一种运输方式，也是使用量最大的一种运输方式。

汽运专线以外的地区可以安排货运物流。如客户无指定物流，我公司将用平时常用的物流为您提供优质高效的物流服务，物流服务区域如下（见表 2-12）。

表 2-12 百发批发网货运物流的到达城市（部分省）

北京	丰台 天外天 天意 沙子口 太平庄
陕西	西安 汉中 汉康
黑龙江	哈尔滨 密山 满洲里 东宁 虎林 齐齐哈尔 牡丹江 伊春 牙克石 抚远 鸡西 佳木斯 鹤岗 海拉尔 双鸭山 大庆 绥芬河 黑河
辽宁	沈阳 鞍山 海城 西柳 锦州 葫芦岛 东辛庄 丹东 延吉 珲春 辽源 阜新 铁岭 辽阳 营口 大石桥 本溪 通辽 大连 金州
安徽	合肥 蚌埠 宣州 六安 阜阳 宿州 淮南 安庆 宿州 泗阳 蒙城 淮北 芜湖 界首 临泉 黄山 滁州 溧阳 临平 龙洞 涡阳 天长 灵门 太和
浙江	杭州 南星桥 宁波 舟山 定海 沈家门 慈溪 湖州 织里 路桥 巨州 江山 永嘉 桥头 欧北 黄田 乐清 丽水 松阳 衢州 台州 金华 嘉兴 嘉善 海宁 平湖 桐乡 温州 瑞安 苍南 龙泉 庆元 磐安 绍兴 柯桥 柳市 白象 虹桥 嵊州 新昌 上虞

（4）邮政包裹

邮政包裹有普通包裹、快递包裹、特快专递三种形式，适于少量发货及汽运等方式无法通达你所在城市时所用的一种运输方式。

（5）铁路运输

与义乌市直通火车的站点所在城市都可运到，若你所在城市有火车站但没有与义乌直通火车，也可以通过火车中转的方式运到，是汽车运输的补充，一般不用此方式。

百发批发网也在物流服务细则中说明了签收注意事项。

快递员送货上门时，请您务必当面对照发货单核对商品，如果出现商品数量缺少、商品破损，请您当场办理整单商品的退货。若订单中含有赠品，请一并退回。一旦您确认签字，我们将无法为您办理退换或补发。

如果是邮局邮寄订单，请您在领取包裹时务必检查外包装，如果发现包裹破损，请您不要签收，随后请及时将包裹单原件邮寄给我们，您的包裹单原件将作为我们为您办理补发或退款的唯一证明。收到包裹单后，我们将为您办理相关手续。如您未拆开外包装箱，也可以当场全部退货。平邮订单，在收到包裹时，如发现包裹破损，请您要求邮局出具包裹破损证明。

敬请您在验货签收时仔细核对发票，如果出现发票开错或漏开，请您及时联系我们，注明订单号、邮寄地址和收信人姓名，我们接到您的信息后会尽快为您开具，并邮寄给您。

2. 跨境电子商务物流服务细则

跨境电子商务的物流配送以邮政和国际快递为主，物流服务与国内 B2C、C2C 电子商务企业的物流服务内容有所区别，最明显的区别在于物流时效。

国内的快递服务拥有较为明确的时效，派送送达率一直在较高水平，而国外的包裹递送拥有更多的不可控因素，因此在跨境电子商务企业的物流服务细则中，物流时效的说明形式有所不同。以速卖通的某家店铺为例，在客户订单付款后，商品会在三个工作日内打包发出，通常在 7～25 个工作日内送达，但是不同情况下不同地区的送达时间会有所不同。与此同时，速卖通卖家将通常情况下的达到时间以表格形式罗列出来。从图 2-21 中我们可以看出，到达美国的包裹通常在 11～15 天送达，如果超过 35 天没送到，卖家承诺退款，达到英国、澳大利亚、加拿大、德国等的包裹时效也以同样的形式说明了达到时效。

SHIPPING

All the items will be dispatched within 3 business days after your payment is clear.

Note: China Post Air Mail/Parcel just belongs to worldwide post system which is much slower than Special Delivery.

Items will arrive in 7-25 business days to worldwide usually. And the arrival time also depends on some factors and different areas.

The general arrival time table is shown below for your inference:

Country	Shipping Time						
	Shipping Time will be longer in this period than other months due to the Fight and Holiday						
	Working Days + Saturday + Sunday	5-10	11-15	16-20	21-25	26-30	>35
United States	Rate (item arrived)	4.10%	80.40%	6.10%	5.10%	4.30%	Refund
United Kingdom	Rate (item arrived)	9.90%	68.20%	14.10%	3.40%	4.40%	Refund
Australia	Rate (item arrived)	21.40%	60.10%	9.30%	5.20%	4.00%	Refund
Canada	Rate (item arrived)	2.00%	65.10%	17.60%	11.40%	3.90%	Refund
Germany	Rate (item arrived)	11.10%	22.20%	30.30%	20.90%	15.50%	Refund
Brazil/Russia/Ukraine	Rate (item arrived)	0.50%	13.10%	43.30%	28.10%	15.00%	Refund(>45)
NOTE: Brazil/Russia/Ukraine will take longer than other countries, so the refund time is up to 45 days							

图 2-21　某速卖通卖家的物流服务时效说明

在说明配送时效之外，速卖通卖家还对配送方式、物流问题、包裹内容等进行了详细说明，如图 2-22 所示，例如，如果买家想要更快拿到商品，可以联系客服修改运费，改发更快的物流配送方式。还有，如果买家想要避免或减少报关税费，卖家可以根据买家的要求适当修改，但是卖家不承担相应的责任。

Shipping

1. we will send the items within 3-5 days.We offer shipping by China Post Air Mail, average delivery time is from 15~30 days, for Russia/Brazil will be 25~45 days. In case of rush hour or national delay, will be longer than 60 days, please be kindly understand.

2. We highly recommend you to choose International Express EMS/DHL/FEDEX if you want a faster delivery, we can get discount price from them, but the shipping fee will be changed.

3. If you didn't received the goods in 50 days (90%Russia & Brazil), PLEASE, contact us,for a time extending, DO NOT open dispute for this reason because the delivery is totally out of seller's control, it should be Post office's duty, neitherDispute is not going to help you to get the goods faster.

4. The shipping is a big headache for both buyer & seller, a mutual understanding is highly needed.

Customs Problems

1. We always declare goods as gifts to avoid or minimize customs duties and ease custom proceeding.

2. If you know ways to avoid or minimize the taxes (Like labeling, packing, declarations, invoices, etc), please let us know. We will follow your instruction.

However, we will not cover import custom duty if it is needed.

图 2-22　某速卖通卖家的物流服务细则补充说明

 电子商务物流

 想一想

如何设计电子商务物流的服务细则才能让客户一目了然？

 同步阅读

菜鸟开园！阿里"新零售"的试验田？

曾几何时，阿里掌门人马云表示，从今年起阿里巴巴将不再提"电子商务"概念，因为纯电商和纯线下零售将被"新零售"所取代。

今年2月20日，阿里和上海百联集团达成战略合作，开启"新零售"理念的落地。两大商业巨头将整合自身优势，在全业态融合创新、新零售技术研发、高效供应链整合、会员系统互通、支付金融互联、物流体系协同等六个领域携手合作，推动线上线下业务和物流的紧密结合。

一个月之后，阿里又在"新零售"版块上加速推进。3月29日，阿里系首个电商产业园在浙江金华金义都市新区开园，这也是全国首个线下实体电商园区。

阿里此举不仅是自身战略的实践，也戳中了当地电商格局"多散小"的痛点，因而也备受当地政府的支持。

1. 改变格局，培育电商上市企业

公开资料显示，金华地区云集了180多万种商品和20万以上的中小企业。在整个大金华地区，有超过27万卖家活跃在淘系平台上。金华的电商数量有4.62万，而且还在以每年60%的速度增长。

2016年，金华实现了电商国内网络零售额1800多亿元人民币，占全省比重的18%，实现了跨境网络零售出口额187亿元人民币，占全省比重的58%。金华所辖的所有县市区都入围了2016中国电商百佳县的榜单，同时有四个县市入围了2016年中国跨境电商产业的25佳的排行榜，成为全国上榜县市最多的县市。

然而，大金华地区的电商也呈现数量多、规模小、汰换率高的特点，缺少叫得出的品牌。

去年4月，天猫平台已经有逾50家企业在内部启动IPO计划，多家券商也争相启动对这一批电商上市的承销争夺战。天猫还为此成立了"协助商家上市办公室"，帮助平台上的商家与券商、交易所以及与其他已经上市或即将上市的品牌电商企业之间沟通对接。

但这其中没有一家来自金华地区。菜鸟方面表示，"许多商家认识到，自己正陷入仅仅靠单量拼生存的低利润时期。"

而菜鸟要做的，就是帮助商家升级换代。菜鸟电商产业园的目的就是为金华的商家提供仓配、金融、培训、基础设施等，在义乌多散小的电商格局中培育出一批上市企业。

2. 菜鸟投资"快仓"，看中其人工智能算法

菜鸟·金华电商产业园是阿里巴巴经济体中第一个自己直接建设和运营的产业园。菜鸟新任CEO万霖表示，将会动员阿里巴巴集团各部门力量共同打造。

据介绍，菜鸟方面将通过五大服务体系（供应链服务、金融服务、人才文化服务、创新创业服务中心、基础服务）为入驻园区的电商提供支持，推动电商商家和个人的共同成长。

例如，在供应链服务方面，园区将依托菜鸟自主研发的物流及仓储服务体系，针对商家特点开发揽件、仓配等供应链产品。

而就在同一天，上海快仓智能科技有限公司正式宣布已完成近2亿元B轮融资，而此轮的投资方正是菜鸟网络和软银中国。菜鸟网络副总裁史苗才开园仪式后的记者会上也表示，投资快仓正是看中其仓库分拣方面的人工智能算法。

在人才服务方面，菜鸟园区总经理沈世聪介绍，将基我们阿里巴巴体系内对于人才的选、育、用、留四个维度提供服务。"无论是现场的招聘会，和政府联合举办的专场招聘会，还是和院校之间的定制培养，甚至在阿里巴巴两周以前办的百年学堂的活动都是围绕我们处于这个阶段的商家们在这个时期需要有的一些支持。"

此外，菜鸟在开园仪式上也成立了"菜鸟商学院"，并建立了淘宝系、天猫系、1688系和跨境系4大人才服务体系，同时结合淘宝大学、数据学院、第三方培训，将从人才文化和创新创业方面提供服务。

可以说，这个产业园类似于一个孵化园，帮助当地的中小电商做优做大。

"产业园用阿里巴巴集团的资源，用淘宝、天猫的平台，用支付宝、阿里云计算和菜鸟的大数据物流平台，来帮助商家升级"，史苗说，未来这里既有中小卖家，也有围绕卖家服务的服务商，还有中大品牌的商家，形成真正的电商产业生态圈。

3. 打造菜鸟电商小镇

金华目前拥有47个电商园区和22个电商产业基地，分别位居全国第一和全省第一。不过，金华市政府相当重视菜鸟电商产业园的落成和发展。

金华副市长邵国强介绍，菜鸟园区是第三代电商产业园，相比于之前两代，第三代园区应该提供更多专业化的服务。服务包括电商园区、电商企业的产品的采购、物流、仓储以及人才招聘、培训，还有金融。

金华市政府希望园区能提供一个非常好的产业的发展和完善的生态链，将此打造为菜鸟电商小镇。

菜鸟园区开放的名额在200家左右，据《电商参考》报道，目前通过招商接触的商家已经达到4位数。通过严格筛选，最后留下的商家才能入驻园区。

电商入驻园区更多的是看中菜鸟所提供的服务，以及园区的学习交流环境。因为园区所在的位置相对偏远，如果仅从成本考虑，未必会比市区更划算。

而菜鸟方面也强调，一开始不会以收入和利润作为考核标准。"我们更多考虑的是商家的质量，它对客户服务的质量，它的产品的结构。"史苗表示。

"园区具有电商和物流双重属性，我们把基础设施做好，让入园的电商企业可以专心做生意，比如阿里前台板块的窗口会设置到园区里，用来服务商家，我们也会开展培训，探讨电商发展好的方式和方向，最终让商家们形成交流和互帮互助的氛围。"

可以说，这不仅仅是菜鸟电商线上线下结合的试验田，也是阿里推进"新零售"的试验田。

（资料来源：观察者网《菜鸟开园！阿里"新零售"的试验田？》，2017-3-30）

电子商务物流

同步实训

实训2　XXX店铺电子商务物流服务细则策划

 实训目的

（1）了解电子商务企业的物流服务细则的具体内容；

（2）了解XXX店铺商品的特点及销售策略，分析店铺的物流需求；

（3）根据XXX店铺情况选取电子商务物流服务产品，策划XXX店铺的电子商务物流服务细则。

 实训内容与步骤

（1）选取一家电子商务店铺，不限制店铺所在的销售平台，推荐淘宝网（www.taobao.com）、天猫商城（www.tmall.com）、京东商城（www.jd.com）等主流电商平台，最好是学生自己的店铺或本地有教学合作的店铺。

（2）通过即时通信工具、实地走访实践等途径对店铺商品特点及销售策略进行调查研究。整理分析该店铺的物流需求和物流现状。

（3）根据电子商务物流公司的服务情况，为该店铺策划电子商务物流服务细则，撰写文字说明，制作成图文形式。

 **实训提示**

此次实训的难点是根据商品特点和销售策略，选取电子商务物流公司提供的物流服务产品，需要实训参与者充分了解不同行业的商品特点，发掘销售中较为突出的问题，并以此为依据寻找合适的电子商务物流服务。

 思考与练习

（1）电子商务B2C零售企业同时销售多类目的商品时，物流需求相同吗？该如何协调？

（2）请为该店铺策划"XXX店铺电子商务物流服务细则"，制作成图文形式。

 **项目小结**

围绕电子商务物流，有三大参与方，分别是电商自建物流、菜鸟平台、第三方快递（三通一达为代表）。电商自建物流和菜鸟物流平台的最初出发点，都是希望通过用最优质的快递服务来提高客户体验，最终增加B2C业务的销售量。然而由于居高不下的仓储物流建设成本，两类物流模式都不约而同地将未来的发展方向，定位在对于全社会开放

的、独立的物流公司。而另一方面，原本就为社会化经营的第三方快递企业也开始反向渗透电商领域。

菜鸟的愿景一旦实现，第三方快递公司的网络价值会被削弱，货物的流动会变成依靠菜鸟的大数据系统来支配。因此，如果快递企业有自己主导网络的战略意图，可能会与菜鸟有冲突。目前阶段，菜鸟也无法百分百靠大数据完全垄断货物流，因此快递企业一方面应该更加开放地与菜鸟积极合作，适应菜鸟的共享经济模式，另一方面快递公司应该要增加非电商件，把网络做得更深，更大，深入城市配送，农村配送，国际配送，提升自身服务水平。这样才不会在与菜鸟的合作中处于被动。

电子商务企业在经营过程中，依据自身商品的特点及销售策略选择物流公司提供的物流服务产品，制定电子商务物流服务细则，向客户做出电子商务物流服务的承诺，以及客户在货物送达时的注意事项等。物流服务细则能够有效提升电子商务客户服务水平、降低退换货比率以及客户的投诉率等。

1. 单项选择题

（1）会增加电子商务企业资金风险的物流模式是（　　）。
  A．电子商务企业自营物流 B．电子商务第三方物流
  C．电子商务物流平台 D．仓配一体化

（2）覆盖面最广的物流服务是（　　）。
  A．京东快递 B．EMS 速递
  C．申通快递 D．德邦物流

（3）以下哪家快递企业推出的物流服务产品时效最好（　　）。
  A．顺丰 B．圆通
  C．百世 D．申通

（4）关于电子商务物流平台，下列叙述错误的是（　　）。
  A．电子商务物流平台为电子商务企业寻找优质的物流服务供应商
  B．电子商务物流平台可以为电子商务企业提供仓配服务
  C．电子商务物流平台可以帮助物流企业提升服务品质，降低物流成本
  D．电子商务物流平台会抢夺第三方物流的生意

（5）以下哪个物流公司可提供便捷的亚马逊海外仓入仓服务（　　）。
  A．申通快递 B．顺丰快递
  C．德邦物流 D．京东物流

2. 多项选择题

（1）目前电子商务物流主要有（　　）。
  A．电子商务企业自营物流 B．电子商务第三方物流
  C．电子商务物流平台 D．电子商务第二方物流

（2）自营物流的电子商务企业有（　　）。
  A．京东 B．申通 C．格力 D．天猫

（3）目前参与菜鸟橙诺达的第三方快递有（　　　）。

　　A．顺丰　　　　B．韵达　　　　C．天天　　　　D．百世

（4）以下（　　）属于菜鸟网络的服务内容。

　　A．跨境网络服务　　　　　　B．仓配网络服务

　　C．快递服务平台　　　　　　D．微笑面单服务

（5）以下哪些属于电子商务物流服务细则的内容（　　　）。

　　A．订单支付方式　　　　　　B．订单配送方式

　　C．物流配送区域　　　　　　D．包裹签收须知

3．分析题

（1）请详细分析电子商务企业采用自营物流和第三方物流的优劣势。

（2）试分析菜鸟在电子商务企业和电子商务物流服务企业中间发挥的作用。

（3）请分析电子商务物流服务未来的发展趋势。

项目 3
电子商务物流供应商选择

本项目重点难点

理解电子商务物流供应商选择的特点;理解电子商务物流供应商分析方法;掌握电子商务物流供应商的选择过程;掌握电子商务物流供应商调查的步骤;会设计电子商务物流供应商招标的方案。

项目导图

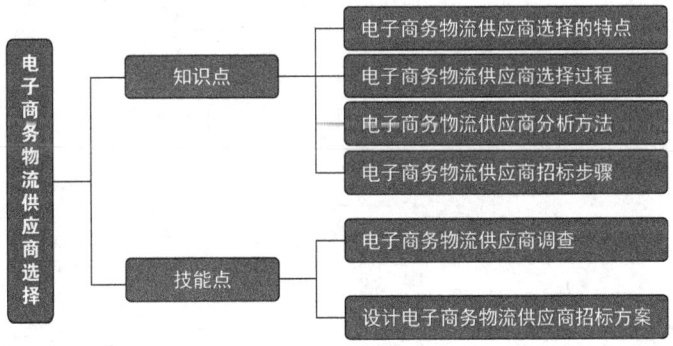

引例

京东和申通"决裂"

一个是民营快递大佬,一个是争议不断的电子商务大亨,外界眼中"唇亡齿寒"的两大公司——申通、京东,竟然"决裂"。一位资深业内人士昨日指出,申通、京东的矛盾冲突实则和外界揣测所指——京东今年获快递牌照冲击等并无必然关联,这场积怨真正的关键所在,或源起京东的全国"备件库"物流外包项目招标。据记者了解,一改此前各区域的各自为政,京东今年首次启动全国性的备件库物流招标,而中标的主要承运商为韵达,这给包括申通在内的多家快递公司都带来很大冲击。

申通、京东的"不和"消息在业内实则传闻已久。尽管京东昨日对《每日经济新闻》记者回复称,具体原因尚在了解之中,但申通市场总监夏祖彬却在其微博中公开解释称,申通送至京东仓库时等待签收时间太长,且单票货物太大,并不适合快递公司来运作,"我们(申通)不是货运公司,所以暂不承接此类大货运输。"

(资料来源:中国质量万里行 www.315online.com/news/ITtongxun/225828.html)

引例分析

从案例中可以看出,电子商务企业应将物流供应商作为本企业的资源计划中的一部分,应着眼于企业发展战略和提高企业的核心竞争力来进行物流供应商的选择,并且物流供应商的选择过程决定着合作的成果与否。

任务 1　电子商务物流供应商选择概述

作为物流服务的使用方,选择适当的物流供应商,就是一个对第三方物流服务的采购过程。电子商务运营主体与第三方物流合作是一个长期过程,合作中不可避免地存在物流服务双方未曾重视或克服的不足:或是物流服务购买方没有明确物流服务要求;或是组织成员对合作存在抵触情绪;或是第三方物流提供者不能履行服务承诺;或是合作协议中缺乏应对变动环境的灵活性处理条款以及合作终止条款等。这些情况在出现之初往往得不到合作双方的足够重视,当事态发展到严重影响合作关系时才采取措施时为时已晚,最终常常导致合作关系破裂。

3.1.1　物流供应商选择的特点

物流供应商的选择,是服务采购。服务的采购过程与实物的采购是有区别的,企业在选择第三方物流服务供应商中必须认识到这一点。第三方物流服务的采购与实物采购的不同之处主要有以下几点。

1. **不确定性**

服务最重要的特性是不确定性,在购买之前用户无法看到结果,这与实物的采购显然不同。所以在购买之前,用户只能对服务的提供者进行评估。对采购对象做出评价较难。企业采购第三方物流服务时,无法事先了解其服务的水平和质量,只能通过第三方物流服务的提供者进行考察以评估其服务的能力。这就要求企业在选择第三方物流时必须通过完善的评估体系对其进行考察。

2. **无法存储性**

服务的另一个特征就是无法存储性。因为服务只是一种过程,用户不能存储服务以防不时之需,供应商也不能存储服务以随时满足客户要求。这意味着供应商必须在需要的时项目 3　电子商务物流供应商选择

候恰到好处地提供服务。同时,服务的提供者必须具有足够的能力来满足用户各式各样的要求。企业在选择第三方物流时,也应该重点从自身的物流需求方面来考察第三方物流在该方面的能力,在评价指标的权重方面有所侧重。

3．理解的差异性

对同一服务项目,采购方与提供方可能在其中的某些环节上或者服务完成的程度方面有不同的理解。在物流服务的采购过程中,对服务项目理解的差异是造成第三方物流外包合作失败的重要原因之一。因此,作为服务购买方的电子商务企业必须清楚明确地表达初期物流需求。

4．非标准性

用户采购有形商品时,要求的是商品的标准化和一致性,而在服务的提供方面,完全的一致性几乎是不可能的。

第三方物流服务采购与一般实物采购的区别可以归纳成表 3-1。

表 3-1　第三方物流服务采购与实物采购的区别

区　　别	第三方物流服务	实 物 采 购
产品质量	不确定性,事先无法得知	直接可见
产品可得性	无法储存	可以储存备用
产品要求	理解差异性,双方对产品的要求容易出现差异	描述直接简单
产品标准化	不完全一致,非标准	标准化

3.1.2　物流供应商选择和管理的一般过程

1．需求的表达

这一步包括物流服务使用方完全意识到对第三方物流服务的需求,并把这些需求明确表达出来。物流服务需求的完整明确表述对第三方物流选择决策关系重大,决策的过程比较复杂,开始时需要花较长时间把需求理清楚并表达出来。

2．候选公司的确定

该步骤的一半时间用来确定第三方物流供应商的选择标准,应使候选公司的数量在可管理范围内。很明显,物流服务使用方的物流经理参与第三方物流服务商选择的决策,其他部门的经理也需要参与其中,包括财务、制造、信息系统、人力资源部等的经理。另外,公司总经理参与第三方物流的选择决策也是常见的。确定选择对象的过程包括要求感兴趣的第三方物流企业提供建议书。

3．选择第三方物流供应商

这一步是物流采购过程中关键的一步。第三方物流供应商的选择只有对可能的候选公司的信誉做非常详细的考虑后才能做出。必须对最终的候选公司进行专业性的接触与了解。如第二步讨论的,在公司里,有好几个相关的经理在决定第三方物流购买过程中起着至关重要的作用。在最终选择的决策中,应鼓励在他们之间进行一定程度的协调。由于使用第三方物流供应商的战略重要性,必须保证经理们对做出的决策有一致的解释,并了解对被选的第三方物流公司的期望。

4. 第三方物流服务关系实施

在做出选择第三方物流供应商的决策后,需要认识到与该第三方物流公司的相互理解是非常重要的。合作的开始阶段,运作配合难度较大,需要一定的磨合期。根据第三方物流服务关系的复杂程度,整个实施过程可以是相对较短的,也可以延续一段时间。例如,如果需要对顾客物流系统网络进行较大的改变或重构,则实施花费的时间较长;当第三方物流的作用较为直接与简单时,则实施过程可以较快。

5. 实施中的持续改进

传统的购买过程从实施阶段开始就已经结束。而在第三方物流服务购买中,双方要知道可以持续改进的类型与可以突破的改进。第三方物流供应商应对这种类型的改进负责。同时突破性的改进也是必需的,它可以增加公司的竞争优势。

任务 2 电子商务物流供应商评估与选择

3.2.1 电子商务物流服务需求的表述

物流服务需求表述或称业务范围确定,就是电商企业完全意识到对第三方物流服务的需求,并把这些需求明确表达出来,使物流供应商能够完全了解电商的需求。

企业与物流供应商的合作不成功的原因之一就是物流服务的业务范围表达不明确。企业在寻找第三方物流企业时,要将期望传达给对方,就应该明确定义业务的范围,深入分析将要与第三方物流供应商合作的领域。

需求表述的形式可以按照物流服务的路径,例如表 3-2 所示。

表 3-2 物流需求的表述形式 1

线路编号	发货城市	收货城市	项目类型	车辆接货时间	发货时间	每日发货体积(方)	路 由	备 注
01	北京次渠	广州	订单、调拨运输	15:00	19:00	30	北京马驹桥库房→北京次渠库房→广州库房	需要同时安排人员在北京次渠及马驹桥库房接货,同时提取订单及调拨货物,干线车辆停靠在次渠库房,安排额外车辆将马驹桥库房货物运至次渠干线车辆上.
01	北京马驹桥	广州	订单、调拨运输	14:00	17:00	40		
01	广州	北京	订单、调拨运输	13:00	17:00	87.9	广州→北京次渠库房→北京马驹桥库房	干线车辆到达次渠库房后,需要额外一辆车将广州至马驹桥库房货物运至马驹桥库房

续表

线路编号	发货城市	收货城市	项目类型	车辆接货时间	发货时间	每日发货体积（方）	路由	备注
02	天津	广州	订单、调拨运输	13:00	17:00	200	天津库房→广州库房	
02	广州	天津	订单、调拨运输	13:00	17:00	47.5	广州库房→天津库房	
03	北京	厦门	调拨运输	15:00	19:00	9	北京马驹桥库房→北京次渠库房→天津库房→厦门库房	干线车辆停靠在天津库房，额外需要一辆车先到马驹桥库房提货，再到次渠库房提货后统一送至天津干线车辆上
03	天津	厦门	调拨运输	12:00	16:00	51	天津库房→厦门库房	

（资料来源：百度文库）

物流需求的表述也可以按照物流服务的各个环节，如表3-3所示。

表3-3 物流需求的表述形式2

	打码贴码	到货无码，打印粘贴商品条码
收货	更改包装	裸露商品或套装商品分拆，需要重新包装
	品质检验	根据品牌商质检标准进行逐一检验或者抽样检验
	数量验收	根据采购单进行数量核对
	上架	商品根据系统指示放置相应货位
	拣货	根据汇总单进行订单处理
仓储	质检	根据订单信息进行核对
	包装	对每个包裹进行妥善的包装
	DM夹带	赠品或促销海报需要放置在包裹内
	熨烫整形	对每个包裹中卖相不好的商品进行整形
	制单	拣选优化，批处理订单
	打印运单	打印运单的详细信息
	黏贴运单	将运单与包裹对应
	出库扫描	出库给各个快递公司
发送	运单跟踪	已发出包裹状态更新反馈
	异常处理	异常包裹跟进处理
	运单号上传	运单号上传至电子商务平台
	销退检验	退换货商品质检
	销退上架或返厂	上架销售或返回厂商
	快递结算	账单核对，异常订单的剔除

（资料来源：百度文库）

在确定业务范围的内容与要求时,一般需要从当前的相关业务人员中抽调人员组成一个工作小组。该小组应该有一个熟悉第三方物流的外部人员,这样可以清楚地表述物流需求,衡量目前业务的优势和劣势,估算物流成本,合理地进行物流供应商的选择。

3.2.2 电子商务物流供应商调查

如果进行物流供应商的调查,需要全面地了解物流供应商的企业概况、信誉、物流能力、财务状况以及合作意愿等。

物流供应商调查可以分为三个不同的阶段:第一步是物流供应商初步调查,第二步是物流供应商分析,第三步是物流供应商深入调查。物流供应商调查在不同的阶段有不同的要求。

1. 物流供应商初步调查

所谓物流供应商初步调查是对供应商的基本情况的调查。主要是了解供应商名称、地址、服务能力,提供配送服务的种类、价格、质量、市场份额及"最后一公里"解决方案等内容。

物流供应商初步调查是为了了解供应商的一般情况,因此物流供应商初步调查的特点,一是调查内容浅,只要了解一些简单的基本情况;二是调查面广,最好能够对资源市场中所有供应商都进行初步调查,从而掌握资源市场的基本情况。

物流供应商初步一般采用访问调查法和在线观察法。访问调查法就是通过访问相关人员而获得信息,并建立起物流供应商卡片,如表 3-4 所示。

表 3-4 物流供应商卡片

公司基本情况	名称				
	地址				
	营业执照号		注册资本		
	联系人		部门、职务		
	电话		传真		
	E-mail		信用度		
服务情况	服务种类	价格	质量	市场份额	好评率	……
配送方式		配送时间		费用	
备注					

在线观察法主要通过在线购物平台、物流服务平台了解物流供应商的好评率、服务品质得分等。

在物流供应商初步调查的基础上,要利用供应商初步调查的资料进行供应商分析。供应商分析的主要目的是比较各个供应商的优势和劣势,选择适合企业需要的供应商。

2. 物流供应商分析

物流供应商的分析主要围绕物流供应商的服务基本情况、供应商企业的一般情况、服务及其市场的性质、供应商的运输条件等内容展开。

(1) 分析供应商的服务基本情况

分析供应商的服务品种、质量水平及价格水平,只有服务的品种、质量水平及价格水平都适合于电子商务业务发展的需要,才有可能成为电子商务企业的物流供应商,才有必要继续分析下去。

(2) 分析企业的一般情况

企业的一般情况包括分析企业的实力、规模,服务能力、技术水平,企业的管理水平,企业的信用度等。

企业的信用度,是指企业对客户、银行等的诚信程度。表现为供应商对自己的承诺和义务认真履行的程度,特别是像服务质量保证、按时交货、往来账目处理等方面能够以诚相待、一丝不苟地履行自己的责任和义务。

对信用度的调查,在初步调查阶段,可以通过访问法了解该企业的信用度,在详细调查阶段,可以通过大量的业务往来分析供应商的信用程度。

(3) 供应商的运输配送条件分析

对供应商运输配送条件的分析主要包括供应商相对于本企业的地理交通情况分析、运输配送方式分析、运输配送时间分析及运输配送成本分析。

在进行以上分析的基础上,完成物流供应商初步筛选,然后对通过筛选的物流供应商进行深入调查。

3. 物流供应商深入调查

对于通过初步调查分析合格、被选定的物流供应商,要采取深入调查。深入调查分三个阶段。

第一阶段,试运营检验。通知物流供应商试运营一段时间,随机抽样检验物流配送业务水平。检验合格进入第二阶段;检验不合格,淘汰物流供应商。

第二阶段,考察物流配送体系、质量保障体系和管理体系等条件是否合格。合格者为备选供应商,不合格者进入第三阶段。

第三阶段,物流配送条件改进考察。在第二阶段考核不合格的供应商,若愿意改进并在规定时间内达到了改进效果,即可成为备选供应商;若不愿意改进或愿意改进但在规定时间内没有达到改进效果,则该供应商落选。

深入供应商调查阶段结束。

3.2.3 电子商务物流供应商评估与选择

深入供应商调查完成后,就要客观、科学地评估物流供应商,才能选择到合适的物流供应商。物流供应商评估的对象主要有两类:第一类是现有物流供应商;第二类是新的潜在物流供应商。对于现有物流供应商,可根据企业制定的物流供应商考核指标来进行考核,通过考核结果来决定是否维持与该物流供应商的供需关系。对于物流供应商的考核将在本项目的任务 3 中进行详细描述。

对新的潜在物流供应商的评估过程要复杂一些,通常是在完成深入物流供应商调查后,成立物流供应商评估小组,对物流供应商的产品、价格、供货能力、服务水平、资信、质量体系的建立以及执行的有效性等内容做充分的考察,以便确定是否与物流供应商进行合作。

1. 物流供应商评估与选择的程序

（1）成立物流供应商评估小组

由于物流供应商的选择涉及企业的生产、技术、计划、财务、物流及市场等部门，物流供应商评估小组应由包括研究与开发部、技术支持部、采购部、市场部、计划部与物流管理部等部门的相关人员组成。对于技术要求高的关键采购项目需要设立跨职能部门的物流供应商选择小组。

（2）决定评估的项目

由于物流供应商之间的条件存在差异，因此，选拔合格的物流供应商必须有客观的评估项目，通常包括下列内容。

① 一般经营状况：公司成立的历史；负责人的资历；注册资本金数额；员工人数；生产记录及实绩；主要客户；财务状况。

② 技术能力：技术是自行研发还是依赖外界；现有产品或试制样品的技术评估。

③ 供应履行能力：物流供应商的历史背景和发展前景；审计物流供应商并购、被收购的可能；了解物流供应商的经营状况、信用状况；分析价格是否合理；能否获得优先权。

（3）确定评审项目的权重

确定代表物流供应商服务水平的相关因素，确定评估指标，并确定各指标的权重或项目评估小组各成员的不同权重。因为不同行业的不同产品的物流供应商评估指标和权重是不尽相同的。

（4）选择适合的评估方法，逐项评估每个物流供应商的供应履行能力

在深度调研的基础上，根据已选定的评估项目指标和评估指标的权重选择适当的评估方法，逐项评估每个物流供应商的供应履行能力。

（5）综合评估并确定物流供应商

在逐项评估的基础上，为每个物流供应商进行综合评估，从而选出合格的物流供应商。

2. 物流供应商评估与选择的方法

评估与选择物流供应商时，要根据具体情况选择合适的评估方法。常用的评估方法有直观判断法、加权综合评分法、招标选择法及协商选择法。

（1）直观判断法

直观判断法是指通过简单的调查、征询意见、比较分析和判断来选择物流供应商的一种方法。这种方法在应用过程中，主要是根据采购人员的工作经验做出主观性的判断。这种方法的运作方式简单、快速、方便，但是缺乏客观的判断依据，并受主观影响较大，容易滋生采购人员的腐败行为。这种方法常用于选择企业非主要原材料的物流供应商，比较适合常用易耗品的采购。

【相关案例阅读 3-1】

直观判断法选择供应商导致某外资超市"采购腐败"

某外资超市（简称 A 超市）中的某些采购经理侵蚀企业利润似乎已不是秘密。在众多供货商提供的证据中，单店采购黑幕可谓触目惊心，已经变成 A 超市管理体制中最头疼的问题。

在零售业内有这样一句话:"A 超市是最本地化的外资超市"。为了快于其竞争对手在中国完成战略布局,A 超市打破了常规集中采购的管理体制,采取了"各自分散作战"的方式,赋予门店很大的权力,使每家店面都拥有独立的采购和销售体系,允许采购经理根据经验决定供应商。

然而,这虽为 A 超市赢得了发展的时间和消费者的青睐,却给采购腐败造成了可乘之机。掌握供应商生杀大权的某些采购经理,一般做不到两年,就可以全额付款购买住房和汽车了,这些超常购买能力都是通过其他渠道获得的。更为关键的是,零售采购中暴露的腐败问题已经开始极大影响了 A 超市的利润。

A 超市某分店店长张某曾对该卖场采购队伍的管理痛下狠招,使利润额明显上升。但是没有系统保证,管理者无法从根本上治理采购腐败现象。

(资料来源:http://info.10000link.com/newsdetail.aspx?doc=2009080700022)

(2)加权综合评分法

加权综合评分法是按照供应商评价的各项指标,按照各指标的评分标准分别对各项指标进行评分,并根据各项指标的权重,采用加权平均法求得各供应商的最终得分,选得分最高者为最佳供应商。

【相关案例阅读 3-2】

某单位采用加权综合评分法选择供应商

某采购单位的供应商评估小组列出了对甲、乙、丙、丁四个供应商评选的 8 个项目指标:产品质量、服务能力、交货速度、市场信誉、产品价格、付款期限、人员才干和产品说明。各项目指标被赋予的权重如表 3-5 所示。每个项目指标均被分成五档分别赋予不同的分值,即极差(1 分)、差(2 分)、一般(3 分)、良好(4 分)、优秀(5 分),总分 40 分。由供应商评估小组集体对四个供应商进行打分,其中甲供应商评分情况如表 3-6 所示。

表 3-5 项目指标权重分配表

项目指标	服务质量	服务能力	交货速度	市场信誉	产品价格	付款期限	人员才干	产品说明
权重	0.2	0.1	0.2	0.1	0.05	0.2	0.1	0.05

表 3-6 甲 供应商评分表

序号	项目指标	极差 1分	差 2分	一般 3分	良好 4分	优秀 5分
1	服务质量					√
2	服务能力					√
3	交货速度				√	
4	市场信誉				√	
5	产品价格				√	
6	付款期限			√		
7	人员才干					√
8	服务说明			√		

表中的甲供应商综合得分为：

5×0.2+5×0.1+4×0.2+4×0.1+4×0.05+3×0.2+5×0.1+3×0.05=4.15（分）

其他三个供应商的得分情况如下：乙供应商综合得分为 4.20 分，丙供应商综合得分为 4.35 分，丁供应商综合得分为 4.40 分。通过得分情况比较得出：最合适的供应商是丁。

（3）招标选择法

当采购物资数量较大、涉及资金较多、供应市场竞争激烈或者按要求必须进行招标采购时，可以采用招标选择法选择供应商。

① 公开招标。

公开招标又叫竞争性招标，是指招标人以招标公告的方式邀请不特定的法人或者其他组织投标，即由招标人在报刊、电子网络或其他媒体上报刊招标公告，吸引众多投标人参加投标竞争，招标人从中择优选择中标人的招标方式。按照地理范围，公开招标可分为国际竞争性和国内竞争性招标。

国际竞争性招标：在世界范围内进行招标，国内外合格的投标商均可以投标。采用国际竞争性招标应采用完整的英文标书，在国际上通过各种宣传媒介刊登招标公告。

国内竞争性招标：在国内范围内进行招标，在国内的各种媒体上刊登招标公告，可用本国语言编写标书，公开出售标书，公开开标。在国内竞争性招标中应允许外国公司按照国内竞争性招标标准参加投标，不应人为设置障碍，妨碍其公平参加竞争。

② 邀请招标。

邀请招标也称有限竞争性招标或选择性招标，是指招标人以投标邀请书的方式邀请特定的法人或者其他组织投标，即由投标单位选择一定数目的第三方物流服务提供者，向其发出投标邀请书，邀请它们参加招标竞争。一般以选择 3～10 个投标人参加较为适宜，当然要视具体的招标项目的规模大小而定。虽然邀请招标的组织工作比公开招标简单一些，但采用这种形式的前提是对投标人有充分的了解，而且，由于邀请招标限制了充分的竞争，因此招标投标法规一般都规定，招标人应尽量采用公开招标。

邀请招标的特点是：招标不使用公开的公告形式、接受邀请的单位才是合格招标人、投标人的数量有限。

与公开招标相比，邀请招标具有的优点是：缩短了招标有效期；由于不用在媒体上刊登公告，招标文件只送几家，减少了工作量；节约了招标费用；例如减少了刊登公告，招标文件的制作费用、投入的人力等；提高了投标人的中标机会。

其缺点是：由于接受邀请的单位才是合格的投标人，所以有可能排除了许多更有竞争力的单位。中标价格可能高于公开招标的价格。

③ 物流供应商招标的一般程序。

物流项目招标的一般程序包括：发布招标公告、招标文件的编制和发放、投标、开标、评标、定标、签订合同。

A．发布招标公告

公开招标应当发布招标公告。招标公告应当通过报刊或者其他媒介发布。招标公告应当载明下列事项：招标人的名称和地址；招标项目的性质、数量；招标项目的地点和时间要求；获取招标文件的办法、地点和时间；对招标文件收取的费用；需要公告的其他事项。对于公开的竞争性招标，一般要在投标开始前至少 45 天发布招标公告，即在国内外有影响的报刊上刊登招标广告或发布招标公告，邀请第三方物流服务提供者参加招标竞争。

B．资格预审

招标人或招标投标中介机构可以对有兴趣投标的法人或者其组织进行资格审查，此时应当通过报刊或者其他媒介发布资格预审通告。资格预审通告应当载明下列事件：招标人的名称和地址；招标项目的性质、数量；招标项目的地点和时间要求；获取资格预审文化的办法、地点和时间；对资格预审文件的费用；提交资格预审申请书的地点和截止时间；资格预审的日程安排；需要通告的其他事项。

资格预审的主要内容有：投标人的基本情况、项目经验及业绩、财务状况、人员及设备能力、企业的信誉、招标人提供的其他方面的资料。

C．编制和发放招标文件

招标人或者招标投标中介机构根据招标项目的要求编制招标文件。招标文件一般应当包括下列内容：投标人须知，招标项目的性质、数量、技术规格，投标价格的要求及其计算方式，评标的标准和方法，提供服务的时间，投标人应当提供的有关资格和资信证明文件，投标保证金的数额或其他形式的担保，投标文件的编制要求，提供投标文件的方式，地点和截止日期，开标、评标、定标的日程安排，合格式及主要合同条款，需要载明的其他事项。

D．接受招标文件

招标文件要明确规定投标文件的递送点和期限，如从招标公告或投标邀请书发布之日到提交投标文件截止之日，一般不得少于 30 天。投标人送达投标文件的，招标单位应检验文件是否密封和送达时是否符合要求，合格者发给回执，否则拒绝或作为废标。投标书递交后，在投标截止期限前，仍允许投标者通过正式函件调整报价及做补充说明。

E．开标

开标应当按照招标文件规定的时间、地点和程序以公开方式进行。开标由招标人或者招标投标中介机构主持，邀请评标委员会成员、投标人代表和有关单位代表参加。

投标人检查投标文件的密封情况，确认无误后，由有关工作人员当众拆封、验证投标资格，并宣读投标人名称、投标价格以及其他主要内容。

投标人可以对唱标做必要的解释，但所做的解释不得超过投标文件所记载的范围或改变投标文件的实质性内容。开标应做记录，存档备查。

F．评标与定标

评标应当按照招标文件的规定进行。

招标人或者招标投标中介机构负责组建评标委员会。评标委员会由招标人的代表及其聘请的技术、经济、法律等方面的专家组成，总人数一般为 5 人以上的单数，其中受聘的专家不得少于 2/3，与投标人有利害关系的人员不得进入评标委员会。评标委员会负责评标。评标委员会对所有投标文件进行审查，对与投标文件规定有实质性不符的投标文件，应当决定其无效。

评标委员会可以要求投标人对投标文件中含义不明确的地方进行必要的澄清，但澄清部分不得超过投标文件记载的范围或改变投标文件的实质性内容。

评标委员会应当按照招标文件的规定对投标文件进行评审和比较,并向招标人推荐1～3 个中标候选人。

招标人应当从评标委员会推荐的中标候选人中确定中标人。中选的投标者应当符合下列条件之一：能够最大限度地满足招标文件中规定的各项综合评价标准；能够最大限度地满足招标文件的实质要求，并且经评审的投标价格最低（但是投标价格低于成本的除外）。

对投标的评估，需要根据投标项目的情况与要求制定，其评价标准一般包括：投标公司的财务实力和稳定性、管理深度、业务经验、运作质量、发展与合作潜力、运输配送与仓储硬件及系统。表3-7是一个第三方物流项目评标的具体例子。

表3-7 物流招标项目评价标准

评价项目	权重	内容
财务实力和稳定性	10	注册资金、近3年来平均营业额、近年是否盈利
管理深度	15	质量保证体系、改进体系、管理制度、人员资质
业务经验	5	服务范围（配送、仓储）
	5	业务深度（物流管理）
运作质量	7.5	目前项目的运作质量、物流服务在线评价
发展与合作潜力	7.5	是否符合发展要求
运输配送车辆	10	数量
	10	适用性
仓库	10	安全性
	10	适用性
物流信息系统	2.5	硬件
	2.5	软件
	5	人员

G. 签订合同

招标人或者投标中介机构应当将中标结果书面通知所有投标人。招标人与中标人应当按照招标文件的规定和中标结果经谈判后签订书面合同。

以上是物流项目招标的一般程序。正规的招标方法，一般采用二阶段法。所谓二阶段法是把技术标与商务标分开，先对技术标（物流项目的解决方案）进行评估，合格后，才考虑商务报价。这样可避免报价低但服务质量达不到要求的第三方物流供应商加入。

【相关案例阅读3-3】

亚马逊干线运输物流招标公告

一、公司简介

亚马逊中国是全球最大的电子商务公司亚马逊在中国的网站。秉承"以客户为中心"的理念，亚马逊中国承诺"天天低价，正品行货"，致力于从低价、选品、便利三个方面为消费者打造一个百分百可信赖的网上购物环境。

作为中国电子商务领袖，亚马逊中国为消费者提供图书、音乐、影视、手机数码、家电、家居、玩具、健康、美容化妆、钟表首饰、服饰箱包、鞋靴、运动、食品、母婴、户外和休闲等28大类、超过五百万种的产品，通过"货到付款"等多种支付方式，为中国消费者提供便利、快捷的网购体验。

亚马逊中国目前有11个运营中心，主要负责厂商收货、仓储、库存管理、订单发货、调拨发货、客户退货、返厂、商品质量安全等。同时，亚马逊中国还拥有自己的配送队伍和客服中心，为消费者提供便捷的配送及售后服务。

通过亚马逊中国的不懈努力和消费者的大力支持，亚马逊中国每年都保持了高速增长，用户数量也大幅增加。在未来的发展中，亚马逊中国将进一步丰富产品种类，加强用户体验，力争以最丰富的选品、最具竞争力的价格和最优质的客户体验成为中国消费者的首选网上商城。

二、招标内容

1. 招标项目

全国部分线路的干线运输服务，包含亚马逊库房之间调拨运输业务、亚马逊库房到外埠配送站订单运输业务、配送站到亚马逊库房的退货运输业务，均为公路运输方式。

2. 招标线路、时限及要求

2.1 招标线路：运输线路、路由、时限及货物运输量，见表3-8。

表3-8 亚马逊招标线路图

发货城市	收货城市	车辆接货时间	发货时间	运输时间	每日发货体积（方）	路由
西安	兰州	17:00	19:00	2D18	10	直达
西安	银川	17:00	19:00	2D18	10	直达
西安	西宁	17:00	19:00	3D10	10	直达

注：运输时间2D18，是指发货后的第2天18:00前到货。

2.2 提送货地址：见表3-9。

表3-9 提送货地址

发货城市	收货城市	收货地址
西安	兰州	兰州市城关区北面滩新村雁北路188号
西安	银川	宁夏银川市兴庆区南薰西街66号
西安	西宁	西宁市城东区共和南路99号

2.3 服务要求

（1）货运商要确保全年无休给亚马逊提供服务，包括但不仅限于装卸、验收、分拣、清点、门到门运输、部分业务会涉及打包、仓储等服务。

（2）车辆要求如下。

a. 所有车辆必须为全封闭厢式货车（特殊要求除外），杜绝任何传染源、尘埃和泥土进入的情况。

b. 车辆外观及使用状况良好，符合整个关联地方公路运输相关法规。

c. 包车及特殊要求的零担运输的车辆，须安装车辆跟踪系统，并将车辆GPS共享给亚马逊工作人员。

（3）货运商人员及运输车辆必须按照亚马逊各运输线路指定的时间、地点提送货物，如因不可抗力情况造成延迟需要遵循相关操作流程。

（4）货运商在装卸运输过程中需要遵循以下要求。

a. 严禁抛、扔、摔、踢货物，必须做到轻拿轻放；

b. 使用登高梯或垫板，禁止直接踩踏在货物上面，禁止从货物中间抽取货物，导致货物摔落或者挤压。

c. 货物的码放需要遵守上轻下重、上小下大的原则，体积小、高价货物和易碎品货物摆在上层。

d. 货品在车厢内应摆放整齐，使整车货品重心相对于车厢，尽量居中、靠下、靠前，防止出现车厢的左右侧承载失衡。

e. 按照包装箱标识正方向进行放置（特别是瓶装液体、易破易碎等货品），严禁倾斜、倒置。

f. 托盘、地牛、笼车等物流设备合理摆放，保证货物流转通道畅通。

g. 货物、托盘堆码高度适当（不超过1.6m），码放方式稳固，保证货物及人员安全。

h. 车底板与月台高度差较大，需要使用垫板缓冲，工作人员周边保护，防止惯性导致货物倾倒损坏。

i. 装载人员在进行货品装卸前，安全员须确保车辆已经停靠稳妥，严禁在车辆启动状态下装卸货物。

（5）订单运输过程中需要严格按照亚马逊的要求做好验收交接操作，若商品在运输中致残需要按照亚马逊的规定进行赔付。

（6）货运商应按照亚马逊要求的格式定期提供业务报告，并包含每日的信息、费用、延迟报告等反馈，并积极配合亚马逊在运营方面做改善等相关要求。

（7）货运商在收到亚马逊工作人员查询、投诉等相关邮件或电话，在规定时间内调查并给予回复。

（8）货运商在亚马逊全国所有库房接送货时都必须遵循亚马逊的安全规定，对于违反安全规定的行为，将根据亚马逊的规定进行处罚。

（9）货运商配合亚马逊根据实际运营情况不定期优化线路路由、调整运输相关时间。

三、合同年限

合作期限为三年。合同到期后，亚马逊在同等条件下优先选择合作良好的货运商。

四、投标人资格要求

1. 本次招标不接受两家及以上单位联合投标。
2. 注册资金在人民币100万元（含）以上且资信良好的独立法人经营单位，具备仓储、配送、公路货运营运资格。
3. 投标单位管理体系完善，有固定办公场所，具有一定的自有车辆，同时具有大量长期合作的可控社会合作车辆，运营车辆车型为全封闭厢式货车。
4. 投标人参加本次投标的车辆必须保证其行车证初次领证时间在2009年1月1日以后，且车辆车容车貌、车辆机械状况良好，并按规定进行了车辆年度审验。
5. 招标单位具有三年以上物流行业运作经验和管理团队。
6. 投标单位须具备抗运输风险能力和运输质量保障能力，承担在运输过程中造成的损失，并负责保险。
7. 能够开具运输专用发票。
8. 具有较强合同履约能力，能提供安全、高质量的运输服务。

五、报名办法及要求

1. 报名截止时间：2012年9月24日18:00点。

2. 报名须提供的资料：

（1）按要求填写的附件 3《报名表》及附件 4《投标人信息调查表》；

（2）《营业执照》《组织机构代码证》《道路运输许可证》《税务登记证》《一般纳税人资格证书》《保险购买证明》、法人身份证正反面复印件等有效证件。上述复印件均需加盖投标方公章，注明"与原件一致"字样；

（3）如果参加本项目投标的负责人不是企业的法定代表人，需提供法人授权委托书；

（4）对于自有车辆，需提供车辆照片、行驶证复印件、车辆年度审验证明复印件；

（5）投标人在同行业中的地位和评价及相关业绩证明；

（6）能证明投标人单位资信良好、具有承担本招标项目的能力、具备相应运输能力和必要的信息沟通能力、质量保证能力的其他文件资料。

六、报名资料邮寄信息（报名资料必须在 9 月 24 日 18 点前邮寄到亚马逊招标工作组并确认签收，如未收到视为未报名，将不享有投标资格。）

单位：北京世纪卓越信息技术有限公司

邮寄地址：北京市朝阳区东四环中路 56 号远洋国际中心 A 座 26 层

邮编：100025

联系人：旷女士

E-mail: kuangti@amazon.com

电　话：010-85568***

七、招标文件获取

1. 报名截止后，我公司招标小组将根据报名规定条件对各报名单位提交的资料进行审核。通过审核的报名单位，我公司将于 2012 年 9 月 28 日前通知其参与后续投标工作。

2. 投标方需购买招标文件，本招标文件每套售价人民币 300 元，不论中标与否，投标方购买招标文件款项恕不退回。

八、特别说明

关于此招标项目，具体相关业务咨询，请联系亚马逊招标工作组。

联系人：秦女士

E-mail: xpqin@amazon.com

电　话：010-85568***

（资料来源：中国物流招标网）

任务 3　电子商务物流供应商管理

3.3.1　物流服务合同的签订

物流供应商选择完成后，接下来就是签订书面合同。物流服务合同对于维护合作伙伴关系，预防物流合作风险有重要作用。一般物流服务需求企业，根据物流过程中的风险特征，通过制定有约束力的物流合同来明确责任主体，明确主体权益，进一步保证物流活动风险可控，把经济行为通过法律条文进行规范，将经济活动法律规范化。所以，合同的内容尤为重要。

下文是一家电子商务企业与物流供应商的合同范文。

【相关案例阅读3-4】

电子商务物流服务合作合同

鉴于：

_____有限公司（甲方）是一家位于中国_____的内资企业，是一家专门提供网上交易平台的电子商务公司。

_____快运股份有限公司（乙方）经营地在中国，从事中国国内包裹和小件货物快递业务和综合物流服务。甲方已经同意由乙方为其网上交易提供物流配送服务来满足其客户的需求。为了满足上述物流需求，双方同意签订一份物流战略合作协议。

因此，甲乙双方本着平等互利、优势互补的原则，就结成长期、全面的电子商务物流战略伙伴关系，实现资源共享、共同发展，并为以后在其他项目上的合作建立一个坚实的基础，经友好协商双方达成如下协议条款：

1. 定义

产品：指在甲方交易系统_____上进行交易的各种产品。

货物：同本协议产品的定义。

供应商：指在_____上进行交易的供货方，包括自然人、法人和其他组织。

客户：系指通过_____交易系统购买商品的自然人和法人以及其他组织机构。

价格：系指_____快运股份有限公司提供给_____客户的价格。

乙方：系指_____快运股份有限公司的所有分支机构。

物流：系指由乙方将产品送达客户手中的过程。

法院：中华人民共和国境内的法院。

法律：中华人民共和国的法律。

2. 合作方式与内容

（1）乙方为通过甲方的_____系统购买商品的客户提供物流服务（物流终点由客户指定）。

（2）甲方为乙方实现物流服务在_____上提供相应的物流支持频道，以便乙方将公司资料、服务价格和标准以及联系方式提供给_____的客户进行选择。

（3）客户在选择了乙方的物流服务后，乙方按照供应商提供的发货要求进行物流配送。

（4）对配送中出现的退货等问题，乙方实行有偿服务。

（5）甲乙双方的合作方式没有排他性，双方在合作的同时，都可以和其他相应的合作伙伴进行合作。

（6）双方还可就其他深度合作方式进行进一步探讨。

3. 甲方的权利与义务

（1）甲方有权选择物流服务商作为自己开展电子商务业务的合作伙伴。

（2）甲方有权对乙方在合作范围内的物流运作进行考核。

（3）甲方有权更换不合格的物流合作者。

（4）甲方有权利和义务对在_____商务平台上进行交易的供应商进行管理。

（5）甲方有义务按照电子商务交易规则将客户的订单及时通知供应商。

（6）甲方负责交易产品的保险。

（7）乙方提供的价格和服务标准是国家公布的标准。甲方应该将乙方提供的相应资料以适当的形式向客户进行提示。

（8）甲方保证乙方物流服务应得的利益，不能因为_____交易技术和客户与供应商的交易纠纷而影响乙方及时得到该得的利益。

（9）甲方有义务向乙方提供结算身份和密码并恪守保密规则。

（10）甲方对交易的合法性和产品的合法性负责。

4．乙方的权利与义务

乙方作为甲方的合作伙伴，作为电子商务交易中的独立第三方物流服务提供商，在合作中应具有下列权利和义务。

（1）乙方有权要求在_____进行交易的供应商将货物免费送到乙方指定的地点。如果需要乙方提供取货服务，其价格由乙方操作机构与供应商进行协商。

（2）乙方必须按照公布在_____上的价格和服务标准提供物流服务。

（3）乙方不能无理拒绝和擅自停止、更改物流服务内容，也不能更改产品的所有权性质。

（4）乙方提供的价格是从发货地到客户门上的价格。但不包括到供应商处取货的价格。

（5）乙方只对供应商提供产品的外包装负责，即在外包装完好的情况下，已经证明乙方实现了物流服务的标准。

（6）乙方有权拒绝供应商提供的外包装已经破损的产品或者经检查发现其他数量和质量有问题的产品。

（7）乙方只按照供应商的要求进行发货。而不对供应商要求的发货地点的对错负责。

（8）乙方对货物送达过程中由于自身原因造成的损坏和送错货、灭失负责，而不对产品质量和型号的对错负责。

（9）客户的退货由甲方和供应商负责。需要乙方暂时保管和提供反向物流服务的，其费用由供应商承担。甲方要保证将费用及时划入乙方的账户。

（10）乙方在不知情的情况下，对产品的合法性和交易的合法性不负责。

5．特殊约定

（1）付款：甲方向乙方提供网上身份和密码。甲方保证从电子商务技术的角度对于乙方应得物流收益实行一笔交易一划转。客户与供应商或甲方的纠纷，不能影响此付款的约定。

（2）双方经协商同意，当乙方在此项合作中，每月的物流收益超过_____元人民币时，对于超过的部分，乙方给予甲方_____%的感谢费。

6．产品风险管理

鉴于双方认可交易以及物流运输过程中风险的存在，甲方应该负责交易产品的风险管理。对于送达客户过程中的货物保险，甲方可自行办理。也可委托乙方进行，但保险费用应该由甲方全额支付。如果甲方不办理货物保险，在产品送达客户过程中发生的非乙方责任原因造成的产品丢失、损坏本应由保险公司赔付的，乙方不负责任。

7．货损的赔付

因为乙方原因，造成货损和丢失的，乙方要负责赔偿。赔偿方式是甲方先向客户或者供应商赔偿。然后双方再协商赔偿事宜。

8．有效期

（1）报价的有效期：乙方提供的物流服务价格的有效期至_____年_____月_____日。

（2）协议有效期：本协议自签字之日起生效，协议的有效期至_____年_____月_____日。

（3）本协议的任何修改须书面做出方可有效。

9．声明和保证

甲、乙方相互声明和保证：

（1）甲、乙方以前和现在开展的经营及服务符合中华人民共和国及相关国家的适用法律法规，没有法庭、政府机构或管理机构的命令、法令或判令对其有未解决的或预期的调查。

（2）甲、乙方遵从适用于其业务及服务的所有法令及要求，并获得开展业务及提供服务所需的任何许可及批准，并且不存在任何违反行为及对等要求、许可及批准的故意或预期的违反或撤回。

10．保密/不泄密

本协议中包含的信息是机密的。

在本协议有效期内及终止后，甲方和乙方都不得将本协议中的任何商务信息泄露给任何第三方。任何材料及信息严格保密。

甲方应该严格保守乙方在_____上 id 和密码的秘密，否则甲方应赔偿由此给乙方造成的经济损失。

乙方及其指定人应保证其员工在贸易交往中保守本协议中，甲方的销售、业务、客户、市场、技术等相关所有信息的机密。

在双方合同中及合同期满后，乙方应把甲方所交付的相关资料以及操作系统中的各类数据和信息。如出现乙方雇员有使用、披露上述保密信息的情况，乙方应就此向甲方承担相应违约赔偿金（赔偿金额可通过双方协商确认），若造成甲方重大损失的，甲方保留通过法律途径解决权利。

11．不可抗力

由于不可抗力而无法履行服务时，乙方应立即通知甲方并采取有效措施将损失减小到最低限度。

提供服务期间出现了不可抗力并导致产品缺损，乙方应立即将不可抗力情况通知给甲方，并在_____日内提供详细报告，以便甲方进行保险索赔。

签约双方在此同意和理解，操作中不可抗力事件包括国内战争、国外战争、革命、暴乱、水路受阻、项目损失、封锁、航行受阻等一切可能造成配送风险的，法律规定和认可的事件。

不可抗力的发生不意味着签约各方可以不履行协议中规定的义务，除非由于操作受阻而无法履行。

12. 免除责任条款

任何时候，因乙方在履行其职责时的任何行为或失职或对其所做任何保证的违反，造成第三方针对甲方采取行动（包括与任何人身死亡或伤害或财产损失有关的任何责任、损失赔偿、索赔、损害、政府行为和所有花费）时，乙方都要免除、保护和维护甲方，及其现任和后续主管、员工、雇员、股东、代理商或勤杂人员和分支机构，使其对有关的任何责任、损失、索赔、损害赔偿、政府行为和所有花费（包括基于全部免责基础的法律费用）不负有任何责任。

任何时候，因甲方在履行其职责时发生的任何错误行为或疏漏或对其所做任何保证的违反，造成第三方针对乙方采取行动（包括与任何人身死亡或伤害或财产损失有关的任何责任、损失赔偿、索赔、损害、政府行为和所有花费）时，甲方都要免除、保护和维护乙方，及其现任和后续主管、员工、雇员、股东、代理商或勤杂人员和分支机构，使其对有关的任何责任、损失、索赔、损害赔偿、政府行为和所有花费（包括基于全部免责基础的法律费用）不负有任何责任。

13. 协议的终止

如果甲方对乙方的绩效、安全行为不满意，或乙方不完全符合所有相关法律法规或违反了本协议的条款，甲方拥有暂停或终止本协议的权利，视违约行为或不作为情况采取惩罚或赔偿。

14. 争议解决

本协议受中华人民共和国相关法律法规的约束，当对本合同的解释、执行或终止产生任何异议时，由双方协商解决。如果通过协商双方不能达成一致意见，双方任何一方有权向北京具有管辖权的人民法院提请诉讼（注：可能会出现仲裁解决）。本协议在双方代表签字盖章后生效。双方各持二份协议原件。

甲方（公章）：＿＿＿＿＿＿＿＿　　乙方（公章）：＿＿＿＿＿＿＿＿
授权代表人（签字）：＿＿＿＿＿＿　　授权代表人（签字）：＿＿＿＿＿＿
＿＿＿＿＿年＿＿月＿＿日　　　　　＿＿＿＿＿年＿＿月＿＿日
签订地点：＿＿＿＿＿＿　　　　　　签订地点：＿＿＿＿＿＿

电子商务物流服务合同，已不是简单意义的代理、运输、仓储、保管、报关合同的签订。它需要达到简化程序、降低成本、提高管理水平、提高企业经济效益和市场竞争能力的效果，合同涉及的环节多、时间长、要求复杂。所以企业在签订合同时对以下的一些问题需引起足够的重视。

（1）合同的合理性。合同中要考虑双方的利益，达到共赢的目的。如果只考虑一方赚钱，而使另一方无利可图，这样的合同即使签下来，履约中也会出现各种问题。实践证明，如双方的理念一致，所签合同的目标相同，履约中一般就不会产生什么问题，即使有问题也较容易解决。

（2）合同的完善性。与物流商签订合同是一个复杂的过程，任何一方如在签约前考虑不周或者准备不充分，都有可能在以后执行合同的过程中遇到问题。此外，合同的执行标准及衡量标准，是签约时首先应协商解决的问题，但在实践中，大量的合同根本未对此做出规定，导致双方在执行合同时对所提供的服务产生争议。

（3）服务范围的明确性。初次合作签订合同时，一定要对"服务范围"给予一个明确的界定，包括物流服务的具体内容、服务到何种程度及服务的期限，总之要对服务到何种程度有一些具体的规定。否则，物流商对要干什么都不清楚。"服务范围"应详细描述有关货物的物理特征，所有装卸、搬运和运输的需要，运输方式，信息流和物流过程中的每一个细节。

（4）合同的可行性。对于专业性较强的企业，签约前应向有关专家咨询，甚至请他们参与谈判，分析企业生产、管理的特殊性、特殊要求及特别需要注意的问题，避免留下难以弥补的后患。

（5）合同条款的可塑性。在签订协议时，要掌握好一定的尺度，即达到何种水平。比较好的尺度是，将合同定为中间性的、可改进的方案，而非最终方案，以便为今后几年留出调整、改进的余地。合同条款要订好，要有保护措施，轻易不要订立那种没有除外责任和没有责任限额的条款。

3.3.2 物流供应商合作关系的管理

选择物流供应商，电子商务企业的目的是降低成本，集中核心竞争力。但物流外包隐藏着潜在的风险。所以，加强外包关系管理，可以控制外包风险。物流供应商对企业和企业的客户的服务能力是依靠企业自身的工作表现的好坏，外包意味着双方利益是捆绑在一起的，而非独立的，良好的合作伙伴关系将使双方受益，任何一方的优良表现都将使双方受益，任何一方的不良表现都将使双方受损。在选择物流供应商时，要改变现有的观点，即仅着眼于企业内部核心竞争能力的提升，而置物流供应商的利益于不顾，企业应以长远的战略思想来对待物流外包，通过外包既实现企业自身利益最大化，又有利于物流供应商持续稳定的发展，达到供需双赢的局面。因此，供需双方相互信任和忠诚以及履行承诺是建立良好的外包合作关系的关键因素。

1. 供应商伙伴关系的含义

供应商伙伴关系是企业与供应商之间达成的最高层次的合作关系，它是指在相互信任的基础上，由双方为着共同的、明确的目标而建立的一种长期合作的关系。具体来说，供应商伙伴关系包含下列含义：

1）发展长期的、相互依赖的合作关系；

2）这种关系由明确的或口头的合约约定，双方共同确认，并且在各个层次都有相应的沟通；

3）双方有着共同的目标，并且为着共同的目标制定有挑战性的改进计划；

4）双方相互信任，共担风险，共享信息；

5）共同开发、创造；

6）以最好的经验和尺度来衡量合作表现，不断提高。

2. 建立供应商伙伴关系的制约与收益

发展同供应商伙伴关系至少可以为采购方带来以下几个方面的收益：

1）缩短供应商的供应周期，提高供应的灵活性；

2）减少原材料、零部件的库存，降低行政费用，加快资金周转；
3）加强与供应商的沟通，改善订单处理过程，提高材料需求的准确度；
4）共享供应商的技术与革新成果，加快产品开发的速度；
5）与供应商共享管理经验，推动企业整体管理水平的提高。

合作伙伴关系的建立也会受到以下条件的制约：
1）合作框架有时会限制市场机会的开发；
2）向供应商采购多种商品时，可能会存在不平等现象；
3）供应商认为采购方会利用这种关系压低价格；
4）联合开发产品可能会引起知识产权的冲突；
5）当采购数量不大时，与供应商建立合作关系很困难。

3. 如何建立供应商合作伙伴关系

建立供应商合作伙伴关系的先决条件是要得到公司高层领导的重视与支持。公司高层管理者要注意到供应商管理是整个公司业务管理中最重要的组成部分，要大力支持采购等部门与供应商发展合作伙伴关系，然后才能开展具体工作。

供应商伙伴关系具体实施时，主要包括以下几个步骤。

（1）确定伙伴型供应商的范围

采购部门要在市场调研的基础上对供应商进行评价，并根据"80/20"原则确定伙伴型供应商的大致范围。

（2）制定供应商伙伴关系的行动计划

根据对供应商伙伴关系的要求，明确具体的目标及考核指标，制定出达成目标的行动计划，这些行动计划须在公司内部相关部门进行充分交流并取得一致意见，同时要完全取得供应商的支持与认可，并经双方代表签字。

（3）对供应商伙伴关系的行动计划实施改进

行动计划确认后，通过供应商会议、供应商访问等形式，要求供应商针对计划实施改进。

（4）对供应商进行考核与跟踪

改进后，采购方针对质量、交货、降低成本、新产品、新技术开发等方面进行跟踪考核，定期检查进度，及时调整行动。在公司内部还要通过供应商月度考评、体系审核等机制跟踪供应商的综合表现，及时反馈并提出改进要求。

（5）与供应商建立战略联盟的关系

根据长期的观察，采购方开始对供应商的数目和类型进行合理化的安排，如逐渐减少供应商的数量、增加供应商的收益等，更重要的是，要将伙伴型供应商的能力利用纳入到公司的中长期战略计划中去，同他们建立战略联盟的关系。

对采购方而言，建立供应商伙伴关系，往往需要数年的实践与努力，供应商伙伴关系的管理最终必须程序化、规范化，要将供应商分析、供应商选择、供应商考核、目标与计划的制定、供应商改进项目的实施与监测、供应商关系的评估以及有关人员在供应商伙伴关系管理中的职责等用程序性文件的方式固定下来，作为供应商管理的一部分。

表 3-10 概括了不同供应商关系的特征及具体发展要求。

表3-10 供应商关系的特征及具体发展要求

供应商类型	商业型供应商	优先型供应商	伙伴型供应商	
			供应关系	设计关系
关系特征	运作联系	运作联系	战术考虑	战略考虑
时间跨度	1年以下	1年左右	1~3年	1~5年
质量	按顾客要求并选择，当采购数量不大时，与供应商建立合作关系很困难	*顾客要求 *顾客与供应商共同控制质量	*供应商保证 *顾客审核	*供应商保证 *供应商早期介入设计 *顾客审核
供应	定单订货	年度协议+交货订单	顾客定期向供应商提供物料需求计划	电子数据交换
合约	按订单变化	年度协议	*年度协议（大于1年） *质量协议	*设计合同 *质量协议等
成本/价格	市场价格	价格+折扣	价格+降低目标	*公开价格与成本构成 *不断改进，降低成本

强化供应商管理

兖州煤业股份有限公司是国有特大型企业集团兖矿集团有限公司的控股上市公司，主要从事煤炭生产、洗选和加工、煤炭销售以及铁路运输业务，年煤炭生产能力在4000万吨左右，销售收入达180亿元左右。在生产经营活动中，每年消耗的材料、设备和备品备件达15亿元，常年使用的物资品种达4万多个，有上千家供应商为公司供应物资。因此，如何管理好供应商，对企业成本和效益、安全与发展有着重要的影响。

1. 对供应商的评价和认证

对供应商的评价和认证是采购流程中最具战略意义的采购活动之一，对提高采购绩效意义重大。兖州煤业历来重视供应商管理工作，一直实行动态管理、过程优化、优胜劣汰的管理方法，每年进行一次供应商的认证和评价工作，对符合条件的供应商作为合格供方，否则进行淘汰，取消供应资格。对符合条件要求加入的新供应商实行准入制度，根据需要按程序审批。

兖州煤业在对供应商的评价过程中，主要参考六项指标：供应商资质、产品质量、交付能力、服务水平、管理水平和成本。供应商资质是一个基本和前提，包括营业执照、税务登记、机构代码、银行资质等情况，这是供应商开展经营活动的必备条件。产品质量是评价供应商产品满足企业功能性需要的能力。它一直是对供应商管理的一个关键问题。评价产品质量主要用具体指标来考核，如供应商产品满足公司规格要求的程度、合格率、各种证件资料、退货率、废品率及质量认证体系等。

兖州煤业作为煤炭企业，对产品的安全性能要求较高，凡井下生产所需的产品必须具备"三证一标"，(《防爆合格证》《生产许可证》《产品合格证》和MA标志）才能作为合格产品，凡具有安全隐患的产品禁止进入矿区。

交付能力是指供应商满足需要的程度。供应商交付的及时性和准确性是评价其能力的一个比较权威的标准，它主要包括准时制供货、缩短提前期、提供长期供应保证等，同时还考虑订货批量要求、地理位置、产品生命周期、物流能力、库存能力、生产能力等。煤炭生产使用的设备配件等机电产品都具有较高的技术含量，需要供应商较高的服务。因此，获得什么样的潜在服务是采购活动重点要考虑的问题，也是反映供应商服务水平的重要指标。供应商的服务水平主要体现在响应速度、技术支持与培训、维护和维修水平等方面，主要看供应商 24 小时电话服务、问题的反馈速度、是否提供产品的使用方法培训、售后技术支持和维修人员的到位时间及维修成本等因素。同时，还要考虑供应商的管理能力，因为管理决定了经营活动并影响供应商未来的竞争力，供应商管理应重点考虑企业规模、信誉、经营策略、管理团队、企业文化、信息化水平及员工素质等。

产品质量、交付能力、服务水平和管理是评价供应商的最基本因素，还有一个关键的因素是成本。供应商能否使公司获得一个理想的采购成本是衡量的关键，尤其是价格竞争十分激烈时，成本就显得特别重要。评价供应商成本主要看交付价格和所有权总成本。交付价格是指产品在质量有保障、其他条件满足的情况下价格最有优势。所有权总成本包括所有与采购活动相关的成本，包括采购价格、订单跟踪、催货、运输、检测、返工、存储、废物处置、保修、服务、停工损失、产品退回等造成的费用。对于煤炭企业使用的成套设备等，有后续成本的采购项目比较适合所有权总成本评估。

2. 与供应商的合作技巧

按照供应商评价的六项指标，兖州煤业股份有限公司在每年进行一次评估的基础上，合理优化，明确分类，便于在采购活动中，因人制宜，区别对待，实现效率和效益的最大化。目前，兖州煤业股份有限公司将所有供应商分为战略性供应商、竞争性供应商（普通供应商）、技术性供应商、待选供应商及淘汰供应商五大类。

战略性供应商有很大一部分是资源型、紧缺型和市场变化较大的企业，其产品质量可靠、信誉好，甚至供不应求，其产品对公司生产经营的制约性很大，采购方没有主动权。因此，和他们建立长期合作伙伴关系是企业生产发展的保障。竞争性和普通供应商数量较大，他们经常是交叉的，其产品多数是社会长线物资，属于买方市场，竞争比较激烈，采购方有比较大的主动权。技术性供应商是指其产品技术含量较高、通用性较差、市场竞争不很充分的供应商。待选供应商是根据生产形势对物料需求的变化，或者新产品、新技术的推广，或者产业政策变化推出的替代或更新产品，或者在现有供应商无法满足供应的情况下，为了保证生产需要，按照一定程序增加的那些符合条件的供应商。淘汰供应商主要是因为其产品质量、服务或其他原因未能满足公司要求，有的甚至为企业造成损失或影响的。

2003 年，煤业公司供应体制改革，实行"三集中、五统一"的物流一体化管理体系，结合 ERP 系统上线，对供应商进行了首次评估认证和系统优化，大力淘汰经营性供应商，一次性淘汰 70%，使原有的 3276 家供应商数量优化为 972 家。这样便于企业合理确定供应商类别及地位，使供应商结构得到优化，为开展供应商动态管理提供基础。

在市场采购活动中，兖州煤业股份有限公司结合不同供应商的特点，坚持因人制宜，区别对待，采取不同的工作措施，开展比价采购"阳光工程"，规范采购行为，对采购计划、渠道、价格、合同、考核等全过程规范程序，落实责任，互相监督，努力降低采购成本，提高经济效益。

一是对战略性供应商建立战略联盟，形成供应链关系，实行供应互保，达成保证供应和享受优惠价格的共识，并定期交流沟通，经常走访客户，了解信息，把握市场动态，对需求物资及时做出反应。这样不但做到了货找源头，直达供货，减少了中间环节，而且保证了物料质量。2007年，公司采购额为23.3亿元，其中战略性供应商采购8亿多元，占总额的30%。这类供应商主要集中在钢材、木材、水泥、胶带等大宗材料和主要设备上，如济钢石横钢厂采购7940万元，全年78%的物资实现了从生产厂家直接采购。

二是对竞争性供应商采取招标议标，比价采购。对于小批量、多频率使用的物资，利用批量和买方市场的优势，集中批量进行比价和招议标。并严格规范比价和议标程序，按照公开、公平、公正的原则，组织尽可能多的供应商参与竞标，避免暗箱操作，使发布公告、投标、开标、评标和授标的工作程序规范、完整。与此同时，改变了设备、配件分别招标的办法，实行关联搭配，捆绑议标，让相关业务科室合作采购，从而减少招标次数，提高单次订货金额，获得更大的价格空间。近年来，每年通过比价采购节约资金都在3000万元左右。

三是对普通供应商实行超市采购，二次比价。兖州煤业股份有限公司借鉴商业超市经营模式，在矿井生产一线建设了"物资井口超市"，将阀门、开关、工具等零星使用、多频率使用的小型物资及二三类物资、工矿配件等物资置于其中，让使用单位在超市内自主选择，形成第二次比价。为保证超市规范运作，制定了科学合理的运作流程，细致规定了供应商选择、进货验收、补货、退货等环节的操作规范。目前兖州煤业股份有限公司已开办了6处井口物资超市，品种多达22529个，年经营额达20505万元。

四是对技术性供应商实行供需见面，公开竞标。因国家专控、技术专利、单一来源等原因不具备比价条件的，在确保产品质量前提下，实行一批一议、专家评定、现场报价、面对面谈判、当场确定供货商的全过程公开议标方式，增加议标透明度。

（资料来源：www.chinawuliu.com.cn/cflp/newss/content1/201005/771_32417.html）

实训3　电子商务物流——快递公司服务比较

实训目的

通过实训，了解目前电子商务的主要物流服务商，并比较电子商务物流服务商——几大快递公司的服务情况。

实训内容与步骤

1. 查看或体验几大物流快递公司，从以下方面进行比较，如表3-11所示。

表 3-11 快递公司比较

企业名称	快递公司 1	快递公司 2	快递公司 3	快递公司 4	……
企业网站					
主要业务					
服务范围					
业务优势					
业务劣势					
配送方式					
价格情况					

2．撰写调查报告。

 实训提示

此次实训的难点是全面收集几大物流快递公司的一手资料，需要实训参与者登录几大物流快递公司的网站和物流第三方服务评价站点等。

 思考与练习

请以"电子商务物流服务商调查报告"为题，撰写一份调研报告，字数不少于 800 字。

实训 4　XXX 天猫旗舰店物流供应商选择方案

 实训目的

通过实训，掌握电子商务物流供应商的选择过程、物流供应商的选择依据。

 实训内容与步骤

1．小组成员选择一家天猫旗舰店，分析店铺的物流配送需求，进行本企业物流需求表述、制定物流供应商的选择方法和选择标准等；

2．分角色进行电子商务物流供应商的考察与选择工作，选择方法可参考：直观判断法、招标法、协商选择法、定量分析法；

3．小组得出选择结论，整理过程资料。

 **实训提示**

此次实训的难点是全面收集几大物流快递公司的一手资料，需要实训参与者登录几大物流快递公司的网站和物流第三方服务评价站点等。

请采用加权综合评分法,设计评分表,如表3-12、表3-13所示对各家供应商评分,选择供应商。

表3-12 项目指标权重分配表

项目指标	服务质量	服务能力	交货速度	市场信誉	产品价格	……		
权重								

表3-13 ___供应商评分表

序号	档次 分数 项目指标	极差 1分	差 2分	一般 3分	良好 4分	优秀 5分
1	服务质量					√
2	服务能力					√
3	交货速度				√	
4	市场信誉				√	
5	……				√	

作为物流服务的使用方,选择适当的物流供应商,就是一个对第三方物流服务的采购过程。电子商务运营主体与第三方物流合作是一个长期过程,合作中不可避免地存在物流服务双方未曾重视或克服的不足。因此选择适当的物流供应商尤其关键。

电子商务运营主体需要明确对第三方物流服务的需求,并把这些需求明确表达出来。物流服务需求的完整明确表述对第三方物流选择决策关系重大,决策的过程比较复杂,开始时需要花较长时间把需求理清楚并表达出来。

如果进行物流供应商的调查,需要全面地了解物流供应商的企业概况、信誉、物流能力、财务状况以及合作意愿等。

深入供应商调查完成后,就要客观、科学地评估物流供应商,才能选择到合适的物流供应商。对于现有物流供应商,可根据企业制定的物流供应商考核指标来进行考核,通过考核结果来决定是否维持与该物流供应商的供需关系。

物流供应商选择完成后,接下来就是签订书面合同。物流服务合同对于维护合作伙伴关系,预防物流合作风险有重要作用。

1. 单项选择题

(1) 物流供应商分析不包括( )。

A．供应商的服务基本情况　　　　B．分析企业的一般情况
　　C．供应商的运输配送条件分析　　D．供应商的客户群
（2）通过简单的调查、征询意见、比较分析和判断来选择物流供应商的一种方法是（　　）。
　　A．直观判断法　　　　　　　　　B．加权综合评分法
　　C．招标选择法　　　　　　　　　D．协商选择法
（3）按照供应商评价的各项指标，按照各指标的评分标准分别对各项指标进行评分，并根据各项指标的权重，采用加权平均法求得各供应商的最终得分，选得分最高者为最佳供应商的一种方法是（　　）。
　　A．直观判断法　　　　　　　　　B．加权综合评分法
　　C．招标选择法　　　　　　　　　D．协商选择法
（4）当采购物资数量较大、涉及资金较多、供应市场竞争激烈或者按要求必须进行招标采购时，可以采用（　　）选择供应商。
　　A．直观判断法　　　　　　　　　B．加权综合评分法
　　C．招标选择法　　　　　　　　　D．协商选择法
（5）物流供应商选择和管理的一般过程有：1 候选公司的确定；2 选择第三方物流供应商；3 实施中的持续改进；4 需求的表达；5 第三方物流服务关系实施。正确的顺序是（　　）
　　A．4—1—2—5—3　　　　　　　B．4—3—2—1—5
　　C．1—2—3—4—5　　　　　　　D．4—2—3—1—5

2．多项选择题

（1）第三方物流服务的采购与实物采购的不同之处主要有（　　）。
　　A．不确定性　　　　　　　　　　B．无法存储性
　　C．理解的差异性　　　　　　　　D．非标准性
（2）建立供应商合作伙伴关系的类型主要有（　　）。
　　A．商业型供应商　B．优先型供应商　C．物流联盟　　D．伙伴型供应商
（3）公开招标可分为（　　）。
　　A．国际竞争性招标　　　　　　　B．国内竞争性招标
　　C．部分公开招标　　　　　　　　D．全部公开招标
（4）电子商务物流服务合同，已不是简单意义的代理、运输、仓储、保管、报关合同的签订。所以企业在签订合同时对以下（　　）一些问题需引起足够的重视。
　　A．合同的合理性和可行性　　　　B．合同的完善性
　　C．服务范围的明确性　　　　　　D．合同条款的可塑性
（5）物流项目招标的一般程序包括（　　）。
　　A．发布招标公告　　　　　　　　B．编制和发放招标文件
　　C．资格预审　　　　　　　　　　D．签订合同

3．分析题

（1）简述电子商务物流供应商的调查方法和内容。
（2）简述电子商务物流供应商的招投标的步骤。
（3）某天猫店根据原来的4家供应商的供应统计资料（见表3-14），采用加权综合评分

法进行考核。考核项目和分值分配为：服务质量 5 分，价格 2 分，合同完成率 3 分。假如你是该企业考核小组的成员，请问，哪家供应商最适合继续合作？说明理由。

表 3-14　物流供应商的服务统计资料

供应商	发货数量（件）	客户正常签收数量（件）	单价（元/件）	合同完成率（100%）
甲	10000	9960	5.00	99.8
乙	10000	9990	4.50	100
丙	10000	9940	4.00	96.8
丁	10000	9200	3.00	95

项目 4

电子商务库存控制与发货管理

本项目重点介绍库存控制的方法，如 VMI 管理系统、联合库存等，拣货的方法与路径，发货管理。

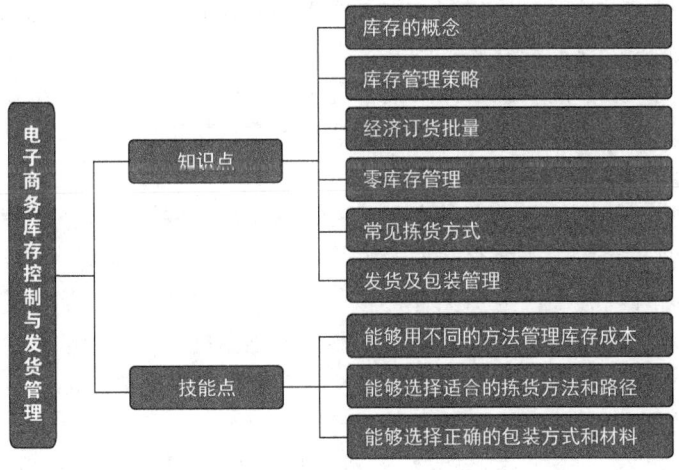

引例

小徐是永康人，家里是做五金园林工具的，2014 年大学毕业后通过家人的扶持开办了一家电子商务企业，并且用自家的品牌在天猫商城注册了一家品牌专营店，2015 年双十一期间，运营团队成功地将一款自己设计开发的园林剪刀产品打造成了平台的爆款，将店铺的日销量从二三十单一下子增加到了两三百单！整个团队都为之振奋。

可是各种问题随之而来，销量增加后退换货率、客户投诉都大大增加，一个月内由于发货员拣货时产品型号错误 11 单，出库时没有检查商品造成的质量问题退换货 17 单，多

电子商务物流

产品订单漏发 8 单，造成退款 2 单；由于客服没有做好客户留言备注造成的售后纠纷 7 单，客服对新产品不熟悉造成的产品材质、性能偏差的售后投诉 5 单，由于包装不牢固造成配件断裂 2 单。更头疼的是某几款产品的的销量突然增加后造成补货不足，卖得好却无货可发。小徐作为店长和运营骨干每天无暇本职工作，花了大量时间在产品的售后纠纷处理上。请问如果你是小徐，现在应该怎么办？

引例分析

一个优秀的电子商务企业一定离不开强大的物流管理系统，当企业的订单规模逐步扩大后，就需要更加专业的物流管理团队、仓储管理系统、出入库的质检标准、库存补货的时机和标准、科学快速的仓库拣货配货管理都显得尤为重要。

任务 1　电子商务库存控制

✓ 4.1.1　库存概述

库存管理是物流管理的核心内容。库存水平和库存周转速度的高低会直接影响到物流成本的高低和企业经济效益的好坏。因此，在物流管理中，必须采用科学的方法管理和控制库存，在满足生产经营活动正常需要的情况下，将库存数量控制在最低的水平上，以达到降低物流成本，提高企业经济效益的目的。对于电子商务企业来说同样如此。

1．库存的概念

库存又称存货，是指处于储存状态的货物或商品。与保管在概念上存在一定的差别，保管强调物流作业的效率化，库存强调物流管理的合理化和收益化，在涉及内容方面超过保管，因此库存管理内容不仅包括保管内容，而且还体现维持物流活动的畅通、维护生产和提供货物等内容。库存成本不仅包括保管费用，还包括库存占用的资金成本。在商品流通企业，库存品一般包括用于销售的商品以及用于管理的低值易耗品。

2．库存的必要性

库存的经济意义在于支持生产、提供货物和满足客户需求，其存在的必要性具体表现在以下五个方面。

（1）平衡供求关系

长时期的市场供求关系表现可能比较平衡，但由于原材料的数量变化，或者货物价格的变化，或者市场政策的变化都会导致供求关系由平衡转向不平衡，这要求企业能够保持适当库存数量避免市场震荡。在某一时期内，如季节、节假日，市场供求关系也可能会失去平衡，这主要是由于市场需求量骤然上升，生产供给能力一时跟不上，因而需要库存数量缓冲或减少市场需求对生产的压力，同样要求企业有充足的货源迅速满足市场需要。

（2）实现企业规模经济

一个理想的企业如果要实现大规模生产和经营活动，必须具备采购、生产制造、销售等系统，同时使得这一系列有效运作，拥有适当的库存是十分必要的，这是因为规模经济会带来降低采购价格、运输价格、制造价格，最终降低供给价格，这样进一步提高市场竞争能力和树立企业信誉和品牌。

（3）帮助物流系统合理化

企业在建立库存时，为了考虑到货物在物流系统中的各项费用，尽力合理选择有利地址，减少原材料至仓库、产成品从仓库至客户的运输费用，这样不仅节约费用，还可以大大节省时间。

（4）预防订货制度的被迫改变

由于市场需求瞬息万变和原材料供给不足在不同程度上影响订货制度的执行，为了保证有效生产和满足客户需求，订货制度不得不被迫改变。如果在尚未改变前夕，可能会造成缺货损失，这时库存就显得十分重要。

（5）优化供应链管理

从传统的观念来看库存管理仅仅是企业的个别行为，库存数量的高低所体现的库存成本也由企业所承担，如果运用供应链理论，变企业个别行为为供应链整体行为，那么库存管理随之成为系统库存管理，这样在共同分享信息的前提下，共同协调库存管理，使得库存数量总体出现下降，大大降低库存成本。

4.1.2 电子商务库存控制策略

1. 供应商管理用户库存（VMI 管理）

（1）VMI 管理的概念

所谓供应商管理用户库存—VMI（Vendor Managed Inventory）是一种以用户和供应商双方都获得最低成本为目的，在一个共同的协议下由供应商管理库存，并不断监督协议执行情况和修正协议内容，使库存管理得到持续地改进的合作性策略。这种库存管理策略打破了传统的各自为政的库存管理模式。体现了供应链的集成化管理思想，适应市场变化的要求，是一种新的、有代表性的库存管理思想。目前 VMI 在分销链中的作用十分重要，因此便被越来越多的人重视。

对于供应商管理的库存（Vendor Managed Inventory，VMI），因为有最低与最高库存点，按时交货可通过相对库存水平来衡量。例如库存为零，风险很高；库存低于最低点，风险相当高；库存高于最高点，断货风险很小但过期库存风险升高。这样，统计上述各种情况可以衡量供应商的交货表现。根据未来物料需求和供应商的供货计划，还可以预测库存点在未来的走势。

（2）VMI 管理的发展

VMI 管理模式是从 QR（Quick Response，快速响应）和 ECR（Efficient Customer Response，有效客户响应）基础上发展而来的，其核心思想是供应商通过共享用户企业的当前库存和实际耗用数据，按照实际的消耗模型、消耗趋势和补货策略进行有实际根据的补货。由此，交易双方都变革了传统的独立预测模式，尽最大可能地减少由于独立预测的不确定性导致的商流、物流和信息流的浪费，降低了供应链的总成本。

长期以来，流通中的库存是各自为政的。流通环节中的每一个部门都是各自管理自己的库存，零售商、批发商、供应商都有各自的库存，各个供应链环节都有自己的库存控制策略。不可避免地产生需求的扭曲现象，即所谓的需求放大现象，无法使供应商快速地响应用户的需求。

在供应链管理环境下，供应链的各个环节的活动都应该是同步进行的。近年来，在国外，出现了一种新的供应链库存管理方法——供应商管理用户库存（Vendor Managed Inventory，VMI），这种库存管理策略打破了传统的各自为政的库存管理模式，体现了供应链的集成化管理思想，适应市场变化的要求，是一种新的有代表性的库存管理思想。

VMI是一种很好的供应链库存管理策略。关于VMI的定义，国外有学者认为："VMI是一种在用户和供应商之间的合作性策略，对双方来说都是以最低的成本优化产品的可获得性，在一个相互同意的目标框架下由供应商管理库存，这样的目标框架被经常性监督和修正，以产生一种连续改进的环境"。

（3）VMI管理的主要原则

① 合作性原则。

实施该策略时，相互信任与信息透明是很重要的，供应商和用户（零售商）都要有较好的合作精神，才能够相互保持较好的合作。

② 互惠原则。

VMI不是关于成本如何分配或谁来支付的问题，而是关于减少成本的问题。通过该策略使双方的成本都获寻减少。

③ 目标一致性原则。

双方都明白各自的责任，观念上达成一致的目标。如库存放在哪里，什么时候支付，是否要管理费，要花费多少等问题都要回答，并且体现在框架协议中。

④ 连续改进原则。

使供需双方能共享利益和消除浪费。VMI的主要思想是供应商在用户的允许下设立库存，确定库存水平和补给策略，拥有库存控伟权。

精心设计与开发的VMI系统，可以降低供应链的库存水平，降低成本。而且，用户外还可获得高水平的服务，改善资金流，与供应商共享需求变化的透明性和获得更高的用户信任度。

（4）VMI管理举例

戴尔零库存的精髓是以低库存为原则。像戴尔这样的组装企业降低库存量应是其不懈的追求目标。戴尔的库存时间比联想少18天，效率却比联想高90%。当客户把订单送到戴尔信息中心，由控制中心将订单分解为子任务，并通过Internet和企业间信息网分派给上游配件制造商（一级供应商），各制造商按电子订单进行配件生产组装，并按控制中心的时间表供货。这样就使戴尔的库存量只相当于一个星期的出货量，而别的公司库存量则相当于四个星期出货量。这意味着戴尔拥有3%的物料成本优势，反映到产品低价就是2%～3%的优势。

戴尔零库存的实施是以与供应商建立"零距离"为前提在厦门设厂的戴尔，自身并没有零部件仓库和成品仓库，其零部件是实行供应商管理库存VMI，并且要以戴尔订单情况的变化而变化。每天的订单量不一样，要求供应商的送货量也就不一样。因此戴尔的供应商需要经常采取小批量送货，有时送3000个，有时送4000个，有时天天送，有时一天送几次，一切根据需要走。为了方便给戴尔送货，供应商在戴尔工厂附近租赁或兴建仓库，来存储配件，以保障及时完成送货。这样戴尔通过对供应商库存的充分利用而降低了自己的库存，正是戴尔采取的这种订单制度，在库存管理方面才可能实现完全的零库存。

戴尔零库存的关键是以信息技术手段为保障戴尔能够做到业界最低的库存，最关键是源于真实的客户信息。为了获得第一手需求信息，戴尔打造信息沟通的基本工具是免费800电话，全球性强大的网络交易、订货、接单体系。利用互联网，可以面对个性化的客户，并提供符合其需要的个性化服务，从而使戴尔成功地凝聚了特殊需要的客户群体。利用互联网，实现"以信息代替库存"，这正是戴尔增加利润，规避因IT行业零部件和产成品更新加快而带来贬值风险的一种重要手段。

戴尔零库存的核心是以合理的利润分配为机制对唇齿相依的供应商，戴尔为了保持与其战略伙伴的关系，在许多方面十分照顾供应商的利益，支持供应商的发展。首先在利润上，戴尔除了要补偿供应商的全部物流成本（包括运输、仓储、包装等费用）外，还要让其享受供货总额 3%~5%的利润，这样供应商才有发展机会。其次，在业务运作上，要避免因零库存导致采购成本上升，戴尔向供应商承诺长期合作，即一年内保证预定的采购额。一旦采购预测失误，戴尔就把消化不了的采购额转移到全球别的工厂，以尽可能减轻供应商的压力，保证其利益。再次，戴尔在调动供应链上各企业的积极性，变供应的被动"挨宰"地位为主动参与时，让各地区的供应商同时作为该地区销售代理商之一，使供应商又可以从中得到另外的一部分利润。这种由单纯的供应商身份向供货及销售代理商双重身份的转变，使物料采购供应——生产制造——产品销售各环节更加紧密结合，真正实现了企业由商务合作向战略合作伙伴关系的转变，真正实现了风险共担、利润共享的双赢目标。

 想一想

电子商务企业如何实现供应商管理用户库存 VMI？需要和供应商达成何种共识？

2．联合库存管理
（1）联合库存的概念

长期以来，供应链中的库存是各自为政的。供应链中的每个环节都有自己的库存控制策略，都是各自管理自己的库存。由于各自的库存控制策略不同，因此不可避免地产生需求的扭曲现象，即所谓的需求放大现象，形成了供应链中的"牛鞭效应"，加重了供应商的供应和库存风险。当前出现了一种新的供应链库存管理方法——联合库存管理，这种库存管理策略打破了传统的各自为政的库存管理模式，有效地控制了供应链中库存风险，体现了供应链的集成化管理思想，适应市场变化的要求，是一种新的有代表性库存管理思想。

联合库存管理（Jointly Managed Inventory，JMI）的思想可以从分销中心的联合库存功能谈起。地区分销中心体现了一种简单的联合库存管理思想。传统的分销模式是分销商根据市场需求直接向工厂订货，比如汽车分销商（或批发商），根据用户对车型、款式、颜色、价格等的不同需求，向汽车制造厂订的货，需要经过一段较长时间才能达到，因为顾客不想等待这么久的时间，因此各个推销商不得不进行库存备货，这样大量的库存使推销商难以承受,以至于破产。据估计,在美国,通用汽车公司销售 500 万辆轿车和卡车,平均价格是 18500 美元,推销商维持 60 天的库存,库存费是车价值的 22%,一年总的库存费用达到 3.4 亿美元。而采用地区分销中心,就大大减缓了库存浪费的现象。采用分销中心后的销售方式,各个销售商只需要少量的库存,大量的库存由地区分销中心储备,也就是各个销售商把其库存的一部分交给地区分销中心负责,从而减轻了各个销售商的库存压力。分销中心就起到了联合库存管理的功能,分销中心既是一个商品的联合库存中心,同时也是需求信息的交流与传递枢纽。

从分销中心的功能我们得到启发,对现有的供应链库存管理模式进行了新的拓展和重构,提出了联合库存管理新模式——基于协调中心的联合库存管理系统,如图 4-1 所示。

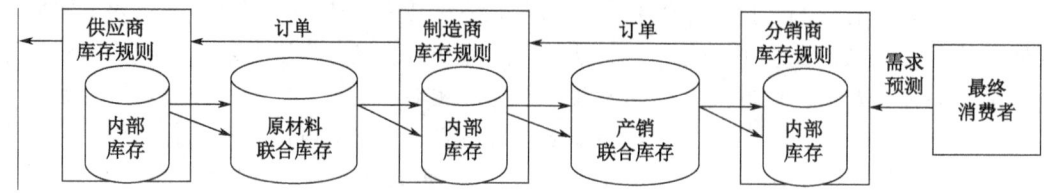

图 4-1 联合库存管理的供应链系统模型

(2) 联合库存的管理模式

① 集中库存模式。

各个供应商的零部件都直接存入核心企业的原材料库中,就是变各个供应商的分散库存为核心企业的集中库存。集中库存要求供应商的运作方式是:按核心企业的订单或订货看板组织生产,产品完成时,立即实行小批量多频次的配送方式直接送到核心企业的仓库中补充库存。在这种模式下,库存管理的重点在 F 核心企业根据生产的需要,保持合理的库存量,既能满足需要,又要使库存总成本最小。

② 无库存模式。

供应商和核心企业都不设立库存,核心企业实行无库存的生产方式。此时供应商直接向核心企业的生产线上进行连续小批量多频次的补充货物,并与之实行同步生产、同步供货,从而实现"在需要的时候把所需品种和数量的原材料送到需要的地点"的操作模式。这种准时化供货模式,由于完全取消了库存,所以效率最高、成本最低。但是对供应商和核心企业的运作标准化、配合程度、协作精神要求也高,操作过程要求也严格,而且二者的空间距离不能太远。

(3) 联合库存的作用

联合库存管理是解决供应链系统中独立库存模式导致的需求放大现象,大大改善供应链的供应水平和运作效率,提高供应链同步化程度的一种有效方法。实行联合库存管理,建立适应新形势的物资供应运行机制,应是供应链库存管理今后几年的发展方向。当然,联合库存管理中企业间的系统集成还比较困难,亟须进一步的改进完善。

① 信息共享。

信息是企业的一项重要资源,而缺乏信息沟通也是上述库存管理中出现问题的主要原因。JMI 通过在上下游企业之间建立起一种战略性的合三伙伴关系,实现了企业间库存管理上的信息共享。这样既保证供应链上游企业可以通过下游企业及时准确地获得市场需求信息,又可以使各个企业的一切活动都围绕着顾客需求的变化而开展。

② 成本减低。

JMI 实现了从分销商到制造官到供应商之间在库存管理方的一体化，可以让三方者能够实现准时采购（即：在恰当的时间、恰当的地点，以恰当的数量和质量采购恰当的物品）。准时采购不仅可以减少库存，还可以加快库存周转，缩短定货和交货提前期，从而降低企业的采购成本。

③ 物流优化。

在传统的库存管理中存在着各自为政的弊端，上下游企业之间者是各自管理自己的库存，这就不可避免地会出现需求预测扭曲现象，产生的"牛鞭效应"极大的降低了企业的运作效率并增加了企业的成本。JMI 则打破了传统的各自为政的库存管理局面，体现了供应链的一体化管理思想。JMI 强调各方的同时参与，共同制定库存计划，共同分担风险，能够有效的消除库存过高以及"牛鞭效应"。

④ 战略联盟。

（4）联合库存的优点

① 优化整个供应链，简化库存管理程序。

由于联合库存管理将传统的多及别、多库存点的库存管理模式转化成对核心制造企业的库存管理，核心企业通过对各种原材料和产成品实施有效控制。

② 降低物流成本的同时，提高供应链的整体工作效率。

联合库存可使供应链库存层次简化和运输路线得到优化。在传统的库存管理模式下，供应链上各企业都设立自己的库存，随着核心企业的分厂数目的增加，库存物资的运输路线将呈几何级数增加，而且重复交错，这显然会使物资的运输距离和在途车辆数增加，其运输成本也会大大增加。

③ 部分消除了由于供应链环节需求信息扭曲现象导致的库存波动。

通过协调管理中心，供需双方共享需求信息，因而提高了供应链的稳定性。从供应链整体来看，联合库存管理减少了库存点和相应的库存设立费及仓储作业费，从而降低了供应链系统总的库存费用。供应商的库存直接存放在核心企业的仓库中，不住保障核心企业原材料、零部件供应、取用方便，而且核心企业可以统一周度、统一管理、统一进行库存控别，为核心企业快速高效地生产运作提供了强有力的保障条件。

④ 为连续补充货物、快速反应、准时化供货等创造了条件。

（5）联合库存举例

襄汉公司成立于 1993 年，是一家大型设备制造企业，主要生产举重机械设备和混凝土设备，如汽车举重机、混凝土运输车等，是武汉市重点扶植企业，实力雄厚。公司产品品种多，结构复杂，所需要的零部件和所用的材料种类多，库存物料品种多，库存管理难度大。

① 襄汉公司库存管理存在的问题。

a．库存管理多极化

襄汉公司没有统一的物流中心，没有大型立体化仓库，没法统一管理物料的采购、运输、仓储和配送。销售、制造、计划、采购、运输和仓储等的控制系统和业务过程各自独立，相互之间快乏业务合作，从而导致多级库存。

b．库存质量控制成本高

襄汉所需物料种类和规格型号多，企业供应商数量多，分布范围广，质量标准不一，因此就增加了襄汉公司产品质量控制的工作量，增加了检测人员及检测设备。从而导致库存质量控制成本高。

c．库存持有成本高

襄汉的各个事业部或分公司单独进行库存管理。仓库、货场、设施和设备没有进行统一规划和管理，利用率低，增加了库存的空间成本；仓库未统一管理，物料信息不共享，难以调节不同部门库存物料的余缺，导致库存的资金成本增加；由于仓库多，管理人员也就多，整体工作效率低，人员工资和办公费用多，提高了库存的管理成本。

② 公司库存管理存在问题的原因分析

a．外部供应链库存问题分析

①是又与供应溶联系不紧密，无法充分共享供需双方库存、采购、供货等信息。供应商只是获得粗略的月需求预测、临时加急订货和月消耗与库存盘点的信息，导致"牛鞭效应"显著。②分销商需求的不稳定，从而促使公司的库存不稳定

b．内部供应链库存问题分析

企业内部的供应连库存问题主要是指生产系统中的不确定因素。因为企业无法准确地预测下一生产周期的需求，为保证供给的可得性，不得不设置一定数量的安全库存，增加企业的库存成本及生产的风险程度。

③ 襄汉公司联合库存管理新模式。

建立全新的库存管理模式，成立联合库存协调管理中心，负责供应链各节点企业信息的传递。公司总部设立一个总库作为产品和原材料储备中心，由总部统一调配。具体策略：总库和分库建立基于标准的托付订单处理模式。

其次，建立网络使分销商能够定期跟踪和查询到计算机的库存状态，从而快速地响应市场的需求变化，对企业的生产（供应）状态做出相应的调整。

再次，为实现与供应商的联合库存，总部应提供 ID 代码、条形码、Internet 等支持技术。襄汉公司的联合库存控制管理模式下，供应商取消自身产成品库存，而将库存直接设置到核心企业的原材料仓库中，分销商不建立自己的库存，并由核心企业从成品库存直接送到用户手中。这样做降低原材料采购成本，各个供应商的分散库存为公司的集中库存，减少了供应商的库存保管费用；降低分销商销售成本。分销商取消了自己建立仓库费用对所售商品的分摊，把所有的精力放到了销售上，从而提高了分销商的主动性、积极性，促进了公司销售量的增加，提高了公司的产销量。

3．电子商务环境下的零库存管理

（1）电子商务环境下的库存管理的新特点

① 管理信息化。

当今市场在急剧变化，企业要想在激烈竞争的环境中取得持续发展，最主要的是要掌握用户需求的变化和在竞争中知己知彼。信息技术的应用是推进供应链系统中信息共享的关键，改进整个供应链的信息精度、及时性和流动速度，被认为是提高供应链绩效的必要措施。企业管理战略的一个重要内容就是制定供应链运作的信息支持平台，构建企业的供应链信息集成系统。

② 横向一体化与网络化。

从上世纪 80 年代后期开始,"横向一体化"的供应链思想开始兴起,即利用企业外部资源快速响应市场需求,本企业只抓最核心的东西:产品方向的和市场。"横向一体化"形成了一条从供应商到制造商再到分销商贯穿的所有企业的"链";利用现代信息技术改造和集成业务流程、与供应商和客户建立协同的业务伙伴联盟。

③ 生产经营的敏捷柔性化。

全球性市场竞争的加剧,单个企业已经难以依靠自身的资源进行自我调整,在上个世纪末,美国提出了以虚拟企业或动态联盟为基础的敏捷制造模式。敏捷制造面对的是全球化激烈竞争的买方市场,采用可以快速重构的生产单元构成的扁平组织结构,以充分自治的、分布式的协同工作代替金字塔式的多层管理结构,注重发挥人的创造性,变企业之间的生产竞争关系为"共赢"关系,强调信息的开放和共享、集成虚拟企业,电子商务的兴起为实现敏捷制造提供了可能。

④ 物流系统化、专业化。

在此前的企业经营管理中,物流作为商务活动的辅助职能而存在,其本身并不构成企业管理的重要领域,其业务管理也往往是分散进行的,没有总体统一的协调和控制。在电子商务时代,物流上升为企业经营中重要的一环,其经营的绩效直接决定整体交易的完成和服务的水准,尤其是物流信息对于企业及时掌握市场需求和商品的流动具有举足轻重的作用,物流活动必须综合起来,进行系统化管理。在这种要求下,人们利用系统科学的思想和方法建立物流系统,包括社会物流系统和企业物流系统,使得物流活动能够从全方位、全过程、纵深化地得到管理和协调。

(2) 电子商务下企业实现"零库存"管理的几种方法

① 配送方式。

配送方式是根据电子商务的特点,对整个物流配送体系实行统一的信息管理和调度,按照采购方订货要求,在物流基地进行理货工作,并将配好的货物送交采购方的一种物流方式。这一先进的、优化的流通方式可以有效地降低企业物流成本、优化库存配置,保证及时供应,从而使企业实现"零库存"。

配送方式作为现代物流的一种有效的组织方式,代表了现代市场营销的主方向,是网络经济时代最有发展潜力和经济效益的物资供应体系。因此根据生产的需要,我们对有些物资实行了配送制,按照生产单位的实际需要,将物资直接送到第一生产现场,实行采购、发料一体化,大大节约了物资的储存、运送成本,并且使生产急需物资进一步靠近现场,保证了稳定、高效的生产。

② 委托保管方式。

通过一定的程序,将企业所属物资交由专门的公司保管,而由企业向受托方支付一定的代管费用,从而使企业不再保有库存,从而实现"零库存"。这种"零库存"形式优势在于:受托方利用其专业的优势,可以实现较高水平和较低费用的库存管理,企业不再设库,同时减去了仓库及库存管理的大量事务,集中力量于生产经营。但是,这种"零库存"方式主要是靠库存转移实现的,并不能使库存总量降低。这主要适用于需要专业保管的物资。

③ 即时供应体系。

在即时供应体系下,企业可以随时提出购入要求,采取需要多少就购入多少的方式,供应者以自己的库存和有效供应系统承担即时供应的责任,从而使采购方实现"零库存"。

适于这种供应形式实现"零库存"的物资主要是工具及标准件。这种供应体系对信息环境的要求较高,要求供求双方的业务系统是完全自动化、端到端的集成,如此才能最大限度地体现这种库存方式的优越性。

想一想

不同的库存成本控制法适合于何种电子商务企业呢?

任务 2　电子商务发货管理

4.2.1　拣货

电子商务物流中心(指非自动化的电商物流中心)经常会用到几种不同的拣货作业模式。应当讲,每种模式都有其自身的优点和缺点,有其特定的应用场景。具体到每一家电商,要根据自身的场地布局、产品特性、订单结构选择一种或者多种作业模式,通过 WMS 系统对各种作业模式进行动态的调度,以期达到最高的拣货作业效率。

以下 5 种电商物流中心的订单拣选作业模式值得大家学习,分别是:订单摘果模式;订单边拣边分模式;单品作业模式;播种作业模式;二次摘果模式。

1. 摘果式拣货

订单摘果模式是最原始的订单作业模式,一张订单由一个作业人员独立完成,在拣货过程中可以使用拣货单据,也可以借助手持终端 RF 以提高拣货的准确率。订单摘果模式在传统行业应用较多,由于电商行业的日均订单规模远远大于传统行业,除非仓库的面积很小,产品种类很少,一般不建议用这种作业模式,但可用于紧急订单、异型商品订单的拣货作业。

2. 播种式拣货

播种作业是一种先对订单进行合并拣货,然后再按订单进行二次分拣的作业模式。其优点是通过合并拣货提高了拣货的效率,将订单的二次分拣缩小到一个很小的空间内进行,比较常见的播种量有 10 单、20 单、40 单,也有个别企业到 200 单的。

为了提高播种的效率,一般会借助电子标签(DPS)技术,当扫描产品条码后,对应货格(订单)的灯点亮,显示需要播种的数量,这样作业人员可以直接而高效地完成货物的播种作业。但也正是由于它的这个作业特点,产品的"重合率"将是评估播种作业效率的一个关键指标。如果每扫描一个产品能够被点亮的电子标签非常有限,播种的意义将大幅度降低。所以电子标签播种一般适用于 SKU 种类不多,或者热销品种(重合率、命中率高)的订单。

在播种作业模式下，借助 WMS 系统对订单进行优化组合非常关键，通过优化将产品重合率高的订单合并在一起，一方面可以减少拣货的次数，提高拣货的效率；另一方面可以提高播种的命中率。

3．其他作业方式

（1）订单边拣边分模式

有统计表明，在完全的订单摘果作业模式下，电商仓库的拣货作业人员有超过 70%的时间是用于反复的行走的。我们统计过一个电商行业的先驱企业的拣货人员行走时间，发现平均每个拣货人员一天大致要行走 20～25 公里的路程，这是导致拣货效率低下的一个非常直接的原因。

边拣边分的作业模式有效地解决了这一问题，在这种作业模式下，首先将一定数量的订单进行合并。具体合并的数量取决于产品的物理属性和拣货车辆的容积，可以是一车 4 单，一车 20 单，多的甚至可以到一车 64 单。

即使不进行任何订单的组合优化，这种作业模式已经能够有效减少拣货人员的无效行走距离，大幅度提高拣货作业效率。假设借助 WMS 系统对订单进行组合优化，效率将得到更大的提升。组合优化的原理主要是基于仓库的三级分区，将以往完全基于整个库区的作业范围转换为"小区"作业方式，通过系统对订单池内的订单进行分析，将在一个"社区"、一个"小区"甚至一个"库位"内订单进行递归式组合，使一个波次内订单拣货覆盖的作业面积和拣货路径降至最低。

手持终端 RF 或者车载终端 VC 的使用对于提高边拣边分的作业准确性至关重要，终端的作用包括：①指导拣货人员作业路径；②提示合并拣货的数量和每个订单需要分货的数量；③扫描库位验证拣货的正确性。在小车货位不多的情况下，可以借助图形化显示模式，使作业人员能够更直接对应小车的位置。而在小车货位比较多的情况下，使用列表的方式将更加高效。

一个波次拣货作业结束后，打包人员可以直接按单进行复核和打包，而不需要再进行二次分拣。边拣边分的作业模式非常适合经营诸如服装、化妆品、3C 产品等小件商品的电商企业。国内某 3C 类电子商务企业，通过应用此作业模式，拣货人员的日均拣货能力提高到了 1000～1200 单/天。

（2）单品作业模式

在电商企业中，单品订单都会占到相当的比例。所谓单品订单就是指客户的订单只订购了单一品种（数量可能是 1 个或者多个）。对于单品订单，建议将拣货和复核包装作业与其他类型的订单进行分离，由 WMS 系统对订单池内的订单进行筛选，将单品数量进行累加，以最高的效率完成合并拣货作业。在复核打包台，扫描产品条码后，WMS 系统会自动匹配一个订单然后打印面单；如果是提前打印面单的方式，则在面单上打印订单号条码，复核时只要扫描订单号条码，就可以根据系统的提示完成单品的复核和包装作业。

（3）二次摘果模式

顾名思义，二次摘果是首先对订单进行合并拣货作业，然后在复核环节按照订单进行二次摘果拣选的作业模式。这种作业模式主要是克服播种作业模式下由于产品重合率不高而导致的效率下降问题（如长尾产品）。复核人员根据订单需要的商品在一个缩小的范围内寻找和定位产品。这种模式一方面要求复核人员对商品要比较熟悉，能够快速定位产品；另一方面要求产品必须实现条码化，否则将会由于人工复核的误差而导致订单准确率的降低。

（4）EIQ-PCB 分析

电商仓库和其他传统物流存储仓库相比有其特殊性，每单量小且杂，出库频率快，物流公司多，针对这种特征就需要仔细研究合适的订单处理方法和拣货方法，才能使得员工操作效率最大化。

比较合适的订单处理方法能在员工拣货前就可以把订单分门别类，针对不同类型的订单用不同的拣货方法，后续走不同的处理流程，当然这些需要仓库管理系统的支持。

订单处理环节之 EIQ-PCB 分析如下。

EIQ 分析法是配送中心经常用到的一种对订单商品出货的一种分析方法，利用客户的订单（Entry）、货物的商品规格（Item）和货物的订单数量（Quantity）来研究配送中心的需求特征，进行出货特征的分析，为配送中心提供规划依据。

根据现有电商仓库的需求，还需要加入快递公司（Express）分析，也就是 EIQE 分析。

PCB 分析方法是指将订单中的每一个商品规格的数量以托盘（P）、箱（C）、件（B）等单位加以换算分析，因为电商仓库一般都是小件出货，整箱整托出库多用在传统物流仓储。所以书就暂不考虑 PCB 分析法的应用。

EIQE 分析法在实际情况中的应用是很重要的，因为如果是大型电商仓库，一天发货量多达上千单至上万单，那么势必要针对订单进行初步的分析，再处理，以提高拣货效率。

比如系统中存在 1000 单要拣货，涉及多个 SKU，如果按正常打单拣货，那么势必效率低下，如果针对这 1000 单宏观上进行分析，就可能会发现以下的情况：

500 单只有 A 商品 1 件，并需要发申通快递；

400 单只有 A 商品 2 件，需要发顺丰快递；

50 单有 A 商品 1 件、B 商品 1 件，发圆通快递；

15 单 A 商品 1 件，B 商品 1 件，C 商品 1 件；

10 单 A 商品 1 件，B 商品 2 件，C 商品 1 件；

10 单 A 商品 1 件，C 商品 1 件；

5 单 A 商品 1 件，C 商品 2 件；

3 单 D 商品 1 件；

2 单 E 商品 1 件；

2 单 E 商品 3 件；

2 单 F 商品 1 件；

1 单 F 商品 2 件；

EIQ-PCB 法分类后的订单分类表如图 4-2 所示。

之所以加入快递维度分析订单，是因为如果订单量大，同一快递公司的订单可以很直观地加入到一个波次中，通过面单前置打印，活动区批量处理掉。

那么从分析结果中可以看出，很多订单具有同种属性特征，可以合并拣货，或整箱出库，以提高效率。很多订单重合率很高，可以二次分拣操作。剩余零散订单可以采用边拣边分的操作。

□	客户	快递公司	订单数	商品种类	商品总数量	商品（数量）
□	客户 A	申通	500	1	500	A×1
□	客户 A	顺丰	400	1	800	A×2
□	客户 A	圆通	50	2	100	A×1 B×1
□	客户 A	顺丰	15	3	45	A×1 B×1 C×1
□	客户 A	顺丰	10	3	60	A×1 B×2 C×1
□	客户 A	顺丰	10	2	20	A×1 C×1
□	客户 A	顺丰	5	2	15	A×1 C×2
□	客户 A	顺丰	3	1	3	D×1
□	客户 A	顺丰	2	1	2	E×1
□	客户 A	顺丰	2	1	6	E×3

图 4-2　EIQ-PCB 法分类后的订单分类表

分类后产生的优势分析如图 4-3 所示。

□	客户	快递公司	订单数	商品种类	商品总数量	商品（数量）	
□	客户 A	申通	500	1	500	A×1	订单量大，可批次拣货
□	客户 A	顺丰	400	1	800	A×2	
□	客户 A	圆通	50	2	100	A×1 B×1	
□	客户 A	顺丰	15	3	45	A×1 B×1 C×1	订单量适中，单产品重合度高，可先拣后分
□	客户 A	顺丰	10	3	60	A×1 B×2 C×1	
□	客户 A	顺丰	10	2	20	A×1 C×1	
□	客户 A	顺丰	5	2	15	A×1 C×2	
□	客户 A	顺丰	3	1	3	D×1	零散订单，产品重合度不高，可采用边拣边分
□	客户 A	顺丰	2	1	2	E×1	
□	客户 A	顺丰	2	1	6	E×3	

图 4-3　分类后产生的优势分析

通过分析得来如下三种拣货方式。

① 批量处理订单和拣货。

分出三种层次之后，针对前面订单量大的批次，可以通过批量拣货、直接在存储区拣货，活动区包装的方式出库，因为每个订单的商品都一样，那么这批订单可以批量装入同样的商品，批量打包，因为在订单分析的步骤已经可以分析到快递维护，所以针对不同快递加入不同波次。

发货单和快递单都可以前置打印，批量贴单。这样可以快速地处理完这种类型的订单。

② 先拣后分—二次分拣（播种）。

针对那些单量中等，但是产品的重合率很高的订单，可以采用先拣后分，然后二次分拣的方法拣货，先把商品通过整托盘或整箱拣入二次分拣区，然后通过播种墙、电子标签技术进行二次分拣，通过扫描商品条码，播种墙上对应的篮位指示灯亮，表示这一篮位需要放入几件商品，待分拣员放入正确的商品后，把灯灭掉，这一商品的播种就结束了。再播种其他商品，等这一波次所有商品都播种完毕后，播种墙上的订单也都放入了所要求的商品。

除了重合率这一指标外,针对那些大件商品也需要二次分拣的操作,比如拣货小车篮位放不下,更适合通过先拣后分的方法。

电商企业仓库智能库位如图4-4所示。

图4-4　电商企业仓库智能库位

③ 边拣边分（摘果）。

针对商品重合度不高的零散单,体积和重量又不是很大的商品,适合于边拣边分方法,边拣边分方法借助于拣货车拣货,一般拣货车有15篮位,30篮位,可以根据拣货压力和车型自由设置。

拣货员对照拣货任务（一般打印总拣单或借助RF巴枪移动端）,根据系统推荐的最优路径找到相应的商品,然后拿取相应的数量放入所对应的拣货篮中,在这之前,拣货篮和订单要匹配好（也可通过系统匹配）。通过这种方法就可以拣选剩余的零散订单。

针对每个电商仓库需采用什么样的拣选方式,还要结合本仓库的SKU、销售量、品类综合考虑,总结出一套适合自己仓库的拣选方式。

4．常见问题

（1）对熟练员工的依赖度太高

一个合格的拣货员工需要至少训练三个月。在那样的拣货流程以及相配套系统的支持下,拣货操作、看单等最多一个星期就能熟练,但了解库存的大致位置,并自己合理安排拣货路径,却不是一天两天能够完成的。这三个月中的绝大多数的时间是用来熟悉库房,熟悉货品,熟悉货位的。

分拣前的分单准备如图4-5所示。

图4-5　分拣前的分单准备

在很多电商公司中，为了节省人力成本，大部分的库房员工都是采取劳务派遣的形式。他们大多是乡间进城打工子弟，工资普遍不高，工作辛苦不说，出错率不低，淘汰率很高；再加上电商业的蓬勃发展，各家企业都在大量招工，熟练员工极为抢手，完全可以放心大胆地跳。这就造成了库房员工的流动极为频繁。对熟练员工依赖度高，就意味着公司存在致命的缺点。

（2）出错率高

在库房操作 SOP 中一般都规定，拣货员工需要核实货品无误后方可拣出。但拣货员做得很熟练以后，往往比较清楚某一类货品放在哪里，外观大致是什么样的，在拣货时往往不作仔细核对，凭感觉拣货，很有可能拣错货品。另外，多个订单中包括了同一件货品，或者一个订单中包括很多件货品时，也经常会发生漏拣或者多拣的情况。

（3）效率低

虽然这一拣货方法看起来简单，但是它的整体效率其实是偏低的。首先，员工的拣货路径实际是自己制定的，其效率不可能达到最优化；其次，前面提到这种拣货方法出错率较高，效率自然低下；最后，每个员工的拣货任务（手中的那一堆拣货单）其实是随机产生的，并没有经过优化。

（4）限制了公司的发展速度

前面说过，合格的拣货员工要训练三个月，这就严重限制了拣货这一环节的产能，尤其是公司的销售迅速扩大，订单数量迅猛增多时，拣货速度跟不上订单的产生速度，导致了订单积压，这又限制了公司的发展。

5．拣货任务安排

1）从订单打印处打印拣货单。

仓库配货单示例如表 4-1 所示。

表 4-1 仓库配货单

编号	名　　称	规　格	数量	仓位	数量分布
XZCS0002	香贝拉 09 短袖衬衫 348	淡黄 M	1	A1	(1)×1
XZEQ0005	PAULITA peng 长裙	橙 M	1	A1	(1)×1
XZQB0002	倩碧活力修护晚霜 50ml	50ml	3	A2	(6)×1,(7×)1,(8)×1
XZOL0006	欧莱雅 日霜凝乳 SPF15 50ml	50ml	1	A2	(2)×1
XZQB0004	YCA 加厚毛呢镂空太阳花外套	紫 M	1	A3	(2)×1
XZLQ0007	小碎花钻饰多层短袖连衣裙	粉红 XL	2	A3	(1)×1,(8)×1
XBXK0003	Mickey 米奇蝴蝶结褶皱挎包 B4377	白	3	A3	(6)×1,(7×)1,(8)×1
XZMR0001	玫红雪纺蛋糕多层荷叶羊毛高领针织毛衣	玫红 S	1	A5	(4)×1
ZPXQ0002	聪明化妆小技巧	32 开	3	A6	(6)×1,(7×)1,(8)×1

2）按照拣货单顺序依次捡取商品，并放入与拣货箱号相对应的盒子内。

双层带格分拣小推车如图 4-6 所示,拣货示意图如图 4-7 所示。

图 4-6　双层带格分拣小推车

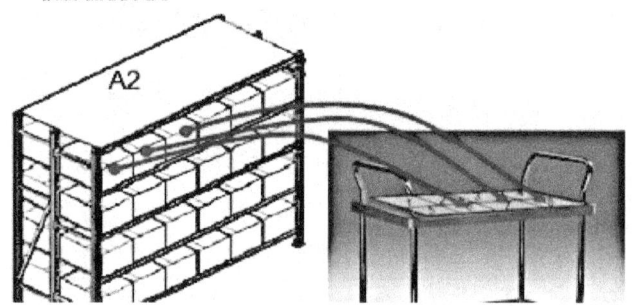

图 4-7　拣货示意图

3）拣货完毕后将商品交给制单人员,进行下一次拣货。

电商零售仓库库位实拍图如图 4-8 所示。

图 4-8　电商零售仓库库位实拍图

拣货工作注意事项如下。
- 拣货时要仔核对货位、商品名称与商品数量。杜绝拣错、少拣、多拣的现象发生。
- 核对拣货单箱号与拣货车箱号是否相符，避免放错盒子。
- 拣拿商品时要轻拿轻放，避免在拣货过程中造成商品损坏。如有损坏，由当事人自行赔偿。
- 拣货过程中要牢记自己的拣货车编号，以免拉错车，给下一工序造成不必要的麻烦。
- 拣货时要严格按照先进先出的规则拣取商品。禁止在拣货过程中将货位内的商品弄乱。
- 每日拣货工作完毕后，将库房内卫生打扫干净，方可下班。
- 库内所有商品均属公司所有，如有不轨行为，立即开除。

6．拣货路径规划

每当大促时，很多卖家都会出现手忙脚乱的情况，其实通过优化拣货环节，可以明显地加快发货速度，提高仓储的利用率。

如何优化？这其中包括了合理布置仓储位置、划分货区、合理规划拣货路线、改善设备等步骤。不同规模的卖家可以选取自家店铺可以选用的环节进行优化。

网络零售（包括B2C和C2C）的仓储和传统企业的仓储、B2B的仓储都不一样，传统企业仓储和B2B仓储的一个特点是大宗货物进出仓，而网络零售的特点是大宗产品进仓、小宗产品出仓。这个过程中有供货交接、确定货架、拆包上架、按单打包、快递取货等环节。这要求网络零售商在学习传统企业仓储和B2B仓储一些有效经验的同时，还要进行一定的改革去适应自身"大宗进仓、小宗出仓"的特点。

（1）仓库布局和货物摆放

一般而言，仓库分为进货口、出货口、仓储区、打包区、出仓区（有的仓库进货口和出货口是同一个）。中小卖家的仓库一般面积不大，甚至只有几十平方米，似乎不需要分这么详细；但这几个功能分区还是很轻易就能划分出来，甚至不需要专门去规划，在工作过程中就会自然划分出来，只不过功能区的位置有所重叠而已。

电商零售仓储的库位规划如图4-9所示。

图4-9　电商零售仓储的库位规划

仓库的布局当中，最重要的是货架的摆放，因为货架摆放的科学与否决定了拣货路线是否合理。到底是按照货架设计拣货路线，还是根据拣货路线设计货架位置。往往这两者是互相影响的，到底是改变货架，还是改变拣货方式，这就看卖家是处于什么阶段了。

一般而言，新仓库可以按照拣货路线设计货架摆放位置，而一个已经摆放了商品的仓库如果要改变货架，那劳动量就太大了。所以旧仓库成本较低的改善办法是改变拣货路线、拣货方式，同时逐步调整货物置放位置。

商品的摆放分两块：合适的货架，货架上的合适位置。货物的摆放首先要为不同售卖规模的商品选择一个合适的货架。这个货架在仓库中的位置相对固定，但上面的商品不是固定的，需要卖家根据不同的销售状况进行调整。

货物的位置摆放，应该遵循几条原则：

a. 销售量大或者促销商品，应该摆放在靠近仓库出口处或进口处的货架上；

b. 销售量大或促销，商品，应放置在黄金货架中间的黄金位置。

之所以不把靠近仓库出口处的货架都摆上销售量大的商品，是因为货架中间的货物不需要拣货人弯腰垫脚，利于快速拣货，快速出货。销量小的产品放在货架的最下层或最上层。

但在具体执行过程中需要按照货架的具体情况来处理，比如黄金货架的黄金位置已经被别的产品霸占，那就要把促销产品放在次黄金货架了。此外，促销商品和长销商品到底谁占据黄金位置也需要卖家根据自身情况去决定。不过大致准则是一样的：将出货量大、体积较大的商品摆放在接近出口的位置。

（2）拣货路线

拣货路线和拣货方式没有最优选项，只有最适合的选项。而拣货路线和拣货方式的设计又依托于货架、商品的摆放、标识。

小仓库的存放商品有限，出货量也有限，不需要太复杂的拣货路线和拣货方式。而较大的仓库存放较多的商品，出货量也较大，拣货员的劳动量会比较大，合理科学的拣货路线、拣货方式能够大大提供拣货效率，降低拣货员的工作量。

这里以五洲在线的北京仓为例，其拣货路线和拣货方式是按照4个"S"形嵌套来设计的。这4个"S"形分别是货架S形摆放、拣货S形路线、货号位S形设计、搜寻视线S形。这4个S形的关系是货架S形决定拣货路线S形，货位号S形决定搜寻视线S形。

S形路线对拣货员来说是效率最高的路线。在这个仓库中，入口和出口在一侧，拣选员每次作业起点也是终点，每次作业不会走重复的路线，属于这个仓库中最省力的路线。

货架的摆放位置按照牌号左单右双，保证拣货员走的路线也是S形。

每个货架是多层结构，货位号也是从上到下呈S形排列。

这样4个S形的设计，不仅保证拣货员走的路线是最经济的，也保证了拣货员视线搜寻的线路也是最经济的。

（3）拣货方式

货架、货位、路线都规划好了，如何拣货？这里又有两种选择，一是按单拣货，二是汇总拣货。所谓按单拣货，就是在拣货时便将商品按照订单分置在不同的物品篮里，然后送至打包处；汇总拣货，则是拣货途中不将物品分篮，直接送到打包处后再由打包工按照订单进行打包。

两种拣货方式各有优劣：按单拣货方便了打包工，也较为节省汇总计算的时间，但可能会增加拣货员的作业次数和每次作业的时间。汇总拣货则将拣货员的作业时间压缩了，将拣货到打包的分拣分为了两个步骤，先由拣货员从仓库先筛选一遍，再由打包工进行最终筛选，将拣货的工作量分为两个步骤进行。

一般而言，当订单数比较少的时候，可以选用按单拣货的方式，虽然会增加拣货员的作业次数，但因为总量小，作业量不会很大；而当订单比较多时，建议采用汇总拣货方式，将拣货的作业量由拣货员和打包员分别承担。不过有着大仓库、拣货路线较长的卖家也可以将两种方式进行一下结合：汇总多个订单商品，一次性提取多个订单的商品，但在拣货的移动过程中按照订单分置在不同的容器内。当然这需要两个员工来完成，一位员工负责按照汇总单进行单纯的拣货，另一名员工则同步负责第二步的分置。

细节和增强：当包裹和员工足够多的情况下，最好能用流水线作业来完成打包工作。流水线作业即是将整个打包过程分解，一般可分为装箱（装包）、检查+封口、贴单、堆货4个步骤。有的网店没这么多人，那么可以将贴单和堆货合二为一，或者将检查、封口、贴单交由一个人负责。如果采用传送带完成这几个步骤，那效率会更高。

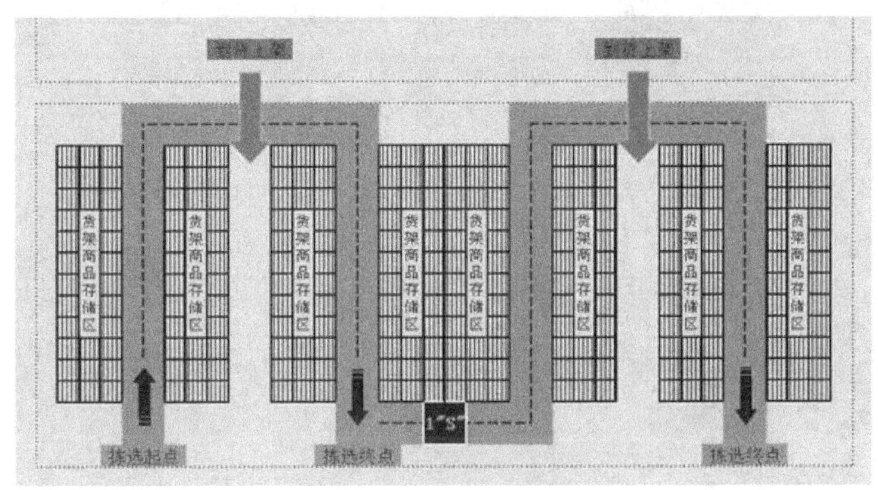

图 4-10　拣货路径布局示意图

五洲在线的拣货员大概 75%的时间是在走路，而不是拣选商品。为了便于拣货员能够更加专注地拣货，五洲在仓库中增加传送带设备，把拣选员固定在一个小的区域，用传送带代替其走路，这就提高了拣选效率。这种传送带适合于超大型的仓库，以及一些商品体积较大的网店，比如家居商品的网店，商品体积较大，如果只提供手推车，那拣货员每次拣货的数量是有限的，而采用传送带，商品可以堆放在传送带上，每次作业都多拣一些货。当然这需要不俗的财力才能完成这种部署了。

4.2.2　发货

1. 货品扫描

条码扫描器，又称为条码阅读器、条码扫描枪及条形码阅读器。它是用于读取条码所包含信息的阅读设备，利用光学原理，把条形码的内容解码后通过数据线或者无线的方式传输到电脑或者别的设备。广泛应用于超市、物流快递、图书馆等扫描商品、单据的条码。

近几年由于电商运营模式逐渐走向以 B2C 为主的业态，面对的客户多为个人消费者，每个消费者购买的商品种类少，数量不多，订单形成以小批量、多频次，但日订单量极为庞大的特点。如何在短时间内处理海量信息，成为电商和物流企业共同面对的重要问题。

扫描枪的应用成为解决电子商务信息化发展的必备工具。

常见扫描枪如图 4-11 所示，电商企业扫描枪使用流程图如图 4-12 所示。

图 4-11　常见扫描枪

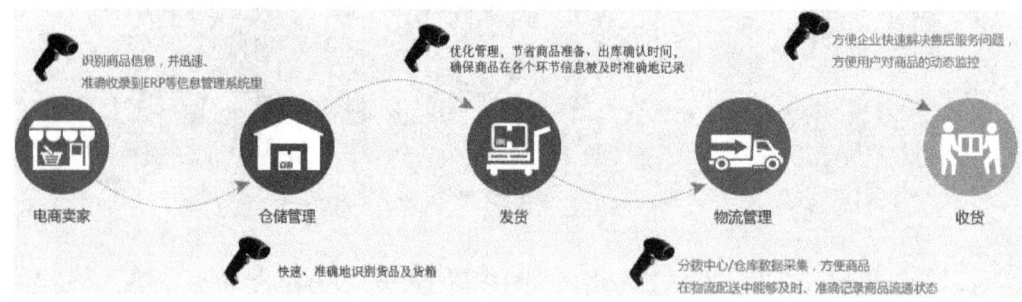

图 4-12　电商企业扫描枪使用流程图

（1）扫描枪在电商行业的应用分析

快递员负责将包裹安全送达用户手中。电商行业一直采用条形码来识别和跟踪包裹，为更易追踪，甚至开发了专用条形码。由于交付所需全部信息均包含在代码中，因此可以轻松地在最终目的地及运送途中的每个点追踪到包裹。这不仅对商务智能，同时对网上客户跟踪服务都至关重要。

近年来，条形码扫描已大大提高了运输、接收和材料装卸作业方面的质量和效率。条形码扫描提供了最准确和最具成本效益的识别、跟踪和排序功能，有助于准时将个人邮件/包裹件送达至正确的收件人手中。通过条形码扫描器的自动数据捕捉，快递员能够更快速、更准确地送达包裹，赢得回头客和忠诚客户。

（2）扫描器在分类拣选上的应用

快递服务机构通常是自动化程度最高的机构。使用唯一的条形码标识符标识收到的包裹后，分类机（有时是快递员工）可以快速而精确地对物品分类，然后发往正确的线路，在承诺的时间送达目的地。如果不使用条形码数据采集功能完成此项活动，每个地点的员工就必须手动输入包裹的识别号，不仅耗费时间，而且容易出错，最终导致客户满意度下降。

扫描器在包裹的可追溯性和跟踪上的应用如下。

电商企业和物流企业在包裹跟踪系统中集成移动计算机和条形码扫描器，以提高包裹递送的精确度与可靠性。通过扫描到达码头的包裹，可以自动在线更新客户的信息，让快递员工管理接下来的包裹递送阶段。此步骤还会实时向客户确认地点和预计送达日期。可以通过增值服务（例如基于网络的按需跟踪）进一步增强采用条形码的包裹跟踪系统。帮助电商行业致力于不断降低快递成本，条形码也可帮助电商企业和物流企业提高"最后一英里"的递送效率，确保紧急的隔夜包裹快递能及时送到接收者的手中。

（3）扫描器在图像捕捉上的应用

带有图像捕捉功能的条形码扫描器可在包裹到达最终目的地时通过电子方式捕捉交货签名的证据。通过扫描器的自动"拍照"，图像捕捉使签名能够捕获并存储到邮件快递记录中。这可消除昂贵辅助设备的需求，减少纸张浪费，并进一步提高客户服务质量。

（4）扫描器在采集签名上的应用

采集证明货物已送达的电子签名可以使原先耗时耗力的人工签名采集工作实现自动化，从而提高司机和行政工作人员的工作效率，另外提供实时的信息也能缩短所需账单周期的时间。

电子商务企业的迅猛发展在不断冲刷着人们的大脑，团购网站的风生水起，腾讯电商帝国的浮出水面都在向世人放射着某种信号：电子商务时代真的到来了，而且还推动了条码设备如条码扫描器等设备的发展。传统企业涉足电商，风险不言而喻，电商领域，险境丛生，至于电商的信息化，则更需要企业自主。

有一个测验题：我开了一个卖花的网站，用户能从网上订花，我会给用户送货上门，所以我就是一个电子商务的企业了，对吗？如果对！那你就可以想象当我一天能接到1000个以上订单时候的模样了，焦头烂额，抓耳挠腮……很显然，仅仅只有一个网站的企业，无法实现电子商务提高效率、降低成本、提升客户满意度的目的。没有一定的管理基础，包括确定的组织结构、工作流程、工作规范的企业不是电子商务企业；有管理但没有信息化的企业不是电子商务企业。只有网站而没有管理和信息化的所谓电子商务，是高速公路连着了小胡同，没有不塞车的。

以京东商城为例，其每天要处理的订单量高达一万多个，以一万个计算，则每小时需要处理的订单量是417个，设想这些订单如果是通过手工来处理的话，将会是一番什么景象：纸质订单满天飞，拣货人员推着小车无止境地在仓库中如无头苍蝇般忙碌，客户不知道自己下单之后，究竟什么时候才能见到实物。此时，信息化的建立便显得不可缺少，同时简单的基于流程化的信息系统也不会满足电子商务企业的要求。

客户通过电子商务门户对自己心仪的产品下订单，每隔5分钟，后端业务系统会对前端交易系统中的订单数据进行一次抽取，而后开始整个单据的流转过程。条码技术的发明对于整个贸易、物流、仓储行业的影响意义是深远的。操作人员只需要用条码扫描器对贴在商品上的条码标签进行扫描，而后关于此商品的名称、编号、位置、所属流程等信息均会在系统中显示出来，提高了订单的响应速度和订单执行的准确率。条码技术的发明之于流通行业，堪比集装箱的发明之于物流行业，一个行业工具的标准化带给这个行业的是颠覆性的发展。

条码的广泛应用，为电子商务的信息化提供了良好的条件，目前各大电商企业已经充分理解了管理和信息化的重要性。

扫描枪的功能结构如图4-13所示。

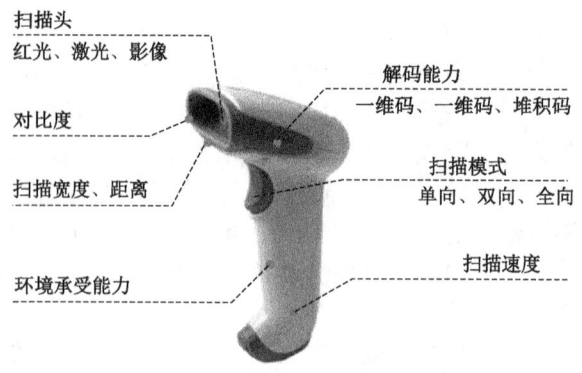

图 4-13　扫描枪的功能结构

2．货品包装

（1）物流包装防护技术及相关设备

包装具有三大功能特性：保护性、单位集中性及安全便利性。从具体功能性划分，物流包装防护技术主要分为以下两大类。

① 防震保护技术。

防震包装又称缓冲包装。产品从生产出来到开始使用要经过一个复杂的过程，涉及运输、保管、堆码和装卸等诸多环节。而在每个环节，都会有力地作用在产品之上，有可能使产品发生机械性损坏。为了防止产品损坏，就要设法减小外力的影响，防震包装即是一个有效措施，主要有以下三种方法。

全面防震包装方法。主要是指内装物和外包装之间全部用防震材料填充进行防震的包装方法。

部分防震包装方法。对于整体性好的产品和有内装容器的产品，仅在产品或内包装的拐角或局部地方使用防震材料进行衬垫即可。所用包装材料主要有泡沫塑料防震垫、充气型塑料薄膜防震垫和橡胶弹簧等。

常见的防震包装如图 4-14 所示。

图 4-14　常见的防震包装

悬浮式防震包装方法。目前包装设备市场提供的缓冲防护技术主要涉及第一项和第二项，对应的设备是：气泡垫（柱）生产设备、牛皮纸成型设备、纸皮膨切设备，及发泡（聚氨酯）成型设备。从成本角度来说，气泡垫类更具优势；从环保角度来说，纸类包装更具优势；从保护特性来说，发泡成型类更为可靠。

② 防破损保护技术。

a．捆扎及裹紧技术。其作用是使杂货、散货形成一个牢固的整体，便于处理，防止散堆，从而减少破损。

b．集装技术。利用集装技术，减少与货体的接触，从而防止破损。

c．选择高强保护材料。通过外包装材料的高强度来防止内装物受外力作用破损。

其中，在集装技术和选择材料方面，各企业和物流领域的专家已经给出了无数优化的方案，目前讨论较多的是设备的应用改善，如在裹膜、套膜方向做更多的优化。

随着中国劳动力不再像多年前那样集中并且富足，而且人力资源市场调节和选择机制也给各企业提出了"更高效、更轻松、更规范"的作业要求。而在三次包装领域，因为不断需要弯腰和绕圈，以及普通打包工具的手动搬运，则显著地给各企业的"高效、轻松、规范"的期盼"拉了后腿"。所以整体来看，目前物流包装领域越来越多地采用机械设备替代人力，常用的设备包括电动/气动手持式打包机、半自动/自动穿带打包机、缠膜机、套膜机等。

（2）物流包装防护新理念和新趋势

目前，客户对于现代物流包装防护的关注点已发生明显的变化。

以上提及的几点，实际上正是当前物流包装新理念、新趋势的重要体现。

更环保：考虑的因素包括设备的材料本身、设备所使用的耗材、耗材后续的利用和回收、前段和后段工序因为设备或耗材是否要改变以减少对环境的影响等。

可持续：单一的价格或预算的冲突与否不再是重点考虑的因素，更多考虑单次投入后是否能产生持续的效益和成本的节约积累，投入回报比的计算不再那么单一。

劳动健康：更加注重劳动人员的劳动方式、劳动强度的降低、职业病的避免、作业效率的提高，甚至还会考虑劳动者的尊严等。

安全因素：更加注重安全隐患的防范以及设备的防盗设计，目标是零事故。

3．装箱和封箱

（1）自动封箱机介绍

自动封箱机也称胶带封纸箱封口，经济快速、容易调整，可一次完成上、下封箱动作，也可以采用印字胶带，更可提高产品形象，是自动化包装企业的首选。适用于纸箱的封箱包装，既可单机作业，也可与流水线配套使用。

自动封箱机如图 4-15 所示。

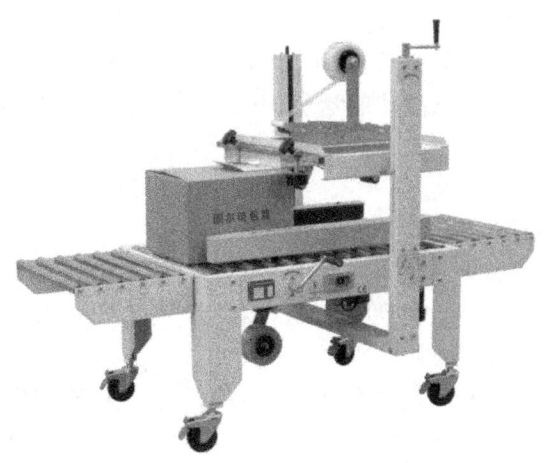

图 4-15　自动封箱机

自动封箱机主要适用于纸箱的封箱包装,既可单机作业,也可与流水线配套使用,广泛应用在家用电器、纺织、食品、百货、医药、化工等行业。封箱机采用胶带对纸箱封口,经济快速、容易调整,可一次完成上、下自动封箱动作,如采用印字胶带,更可提高产品形象。

自动装箱机是自动装箱生产线的组成部分之一。其主要功能是对装好箱的产品,进行自动封箱,完成产品包装的最后一道工序。

产品装箱后经输送链(带、辊)送入封箱机,并递交给输箱机构,由夹箱皮带夹住纸箱的两侧面,向前运动。前短舌经压舌架自动弯曲,后短舌在纸箱进入封箱机托辊时,有一检测讯号(光电讯号)通知打舌气缸动作,由打舌架将其折弯,同时有一讯号通知熔胶机自动喷胶。纸箱继续向前运动,左、右长舌经过导向杆自动向中间折弯,同时压箱机构皮带同步压住纸箱左右长舌,使箱、舌、胶合在一起,完成封箱整形动作,即产品包装的最后一道工序——自动封箱。

(2) 电子商务物流装箱和封箱应注意的问题

① 单件包装。如果有多件物品,要把每件物品都分开放置,为每件物品都准备充足的缓冲材料。不能塞一堆废报纸或者塑料袋,而应该使用气泡膜或者充气袋等专业的包装材料,使得买家获得良好的购买体验。需要注意的是,颗粒缓冲材料可能会在运输过程中移动,所以采用颗粒材料,一定要压紧压实。

② 用新箱子打包。打包时最好使用一个新的坚固的箱子,并使用缓冲材料把空隙填满,但不要让箱子鼓起来。如果是旧箱子要把以前的标签移除,而且一个旧箱子的承重力是有一定折扣的,你需要确保它足够坚固。

③ 封装胶带的要求。最后用宽大的胶带(封箱带)来封装,再用封箱带把包装拉紧(封箱带用十字交叉的方法拉紧,如果是胶带至少6厘米宽)。

④ 避免使用坏的或容易变形、不牢固的箱子,虽然你可能使一只箱子再度发挥作用,但是你的产品可能会因此在运输中受到损伤。同理,不要使用容易变形和不牢固的箱子。

⑤ 避免使用劣质的填充物,不要将碎纸机里的废纸或其他劣质的材料用来填充箱子里的间隙,如果填充物质量不好,它们很可能无法起到缓冲的功效。

⑥ 避免在箱子和物品间留下任何空隙,如果有空隙,产品会在其间晃动,使得空隙越来越大,造成缓冲材料将失去功效,产品可能会因此破损。

⑦ 避免使用任何形状奇怪的包装,例如使用圆筒状的包装盒子或袋子,可能会在运输中滚落卡车或集装箱。形状样式奇特的盒子和袋子,可能会在运输中给你的产品带来不必要的麻烦。

4. 贴面单并发运

(1) 打印黏贴快递五联面单

作为一个卖家,发快递是必须的,若是手写,单少时或许可以,若量大写起来难免费事,因此就需要用到针式打印机和打印软件。打印快递单子的话,首先快递单必须用针式打印机,因为针式打印机有复写的功能。

进入店铺后台,进入服各市场定购一款适合的打单软件并授权,如图4-16所示。

项目 4　电子商务库存控制与发货管理

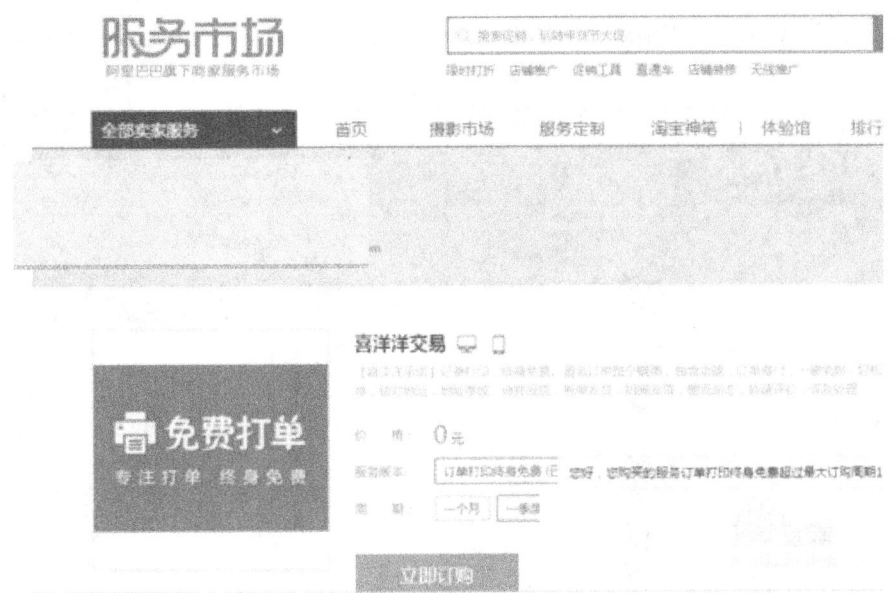

图 4-16　进入服务市场选择一个免费打单软件

然后设置快递单模版，按图 4-17 所示进行选择。

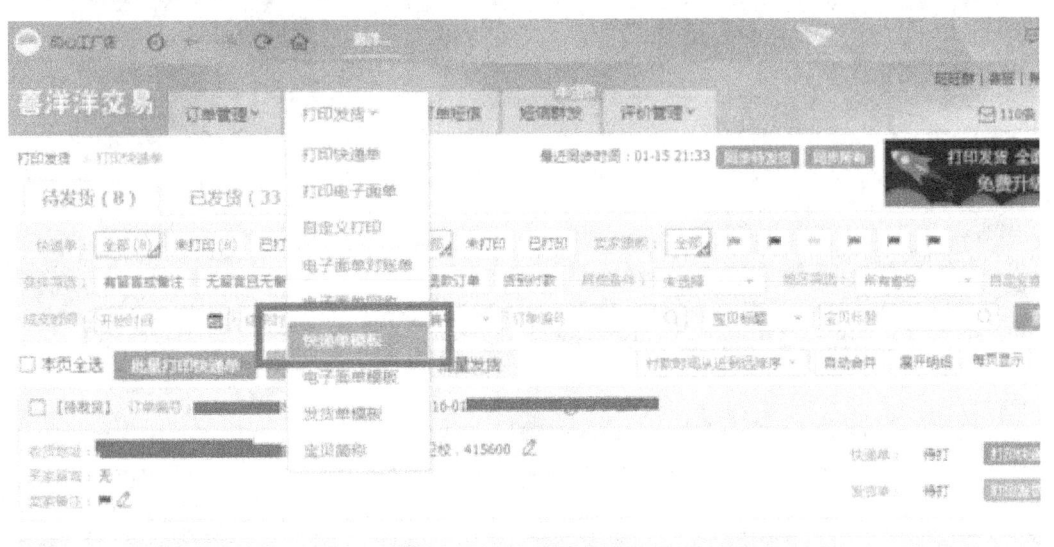

图 4-17　编辑快递单模板

打开后点新建，出现如图 4-18 所示的页面，选择自己需要的模版后，点开点编辑，在编辑页面，可以对自己需要打印的内容进行调整，若不需要调，点保存即可。

保存好后，将快递单装入打印机，然后选择需要打印的单，如图 4-19 所示，进行打印即可。

（2）改用电子热敏面单

① 电子面单。

"电子面单"并不算什么新鲜词汇，随着电子商务平台和物流服务信息化飞速发展，面单号（或称之为运单号）成为物流服务商串联快递单、订单、商家、商品等各种信息的枢

141

纽。相比之下，传统纸质面单价格高、信息录入效率低、信息安全隐患等方面的劣势已愈发凸显。

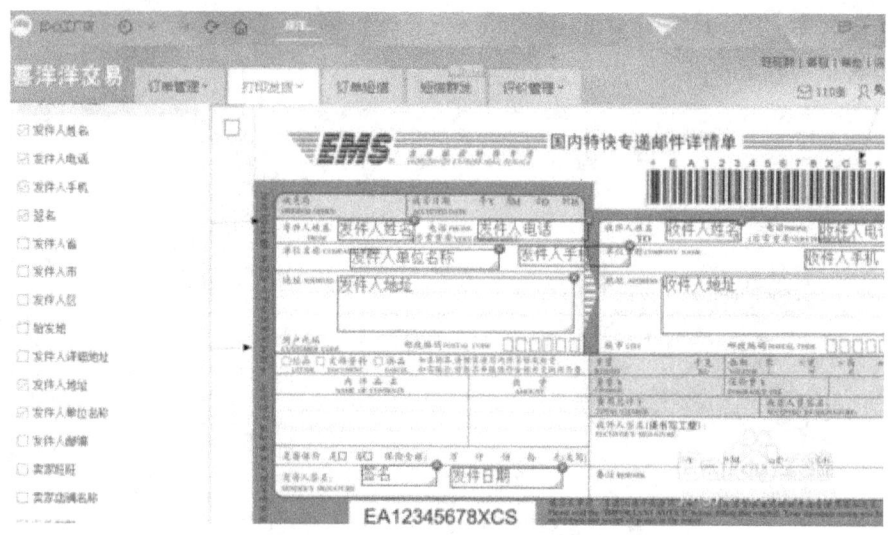

图 4-18 编辑完成的五联单打印模板

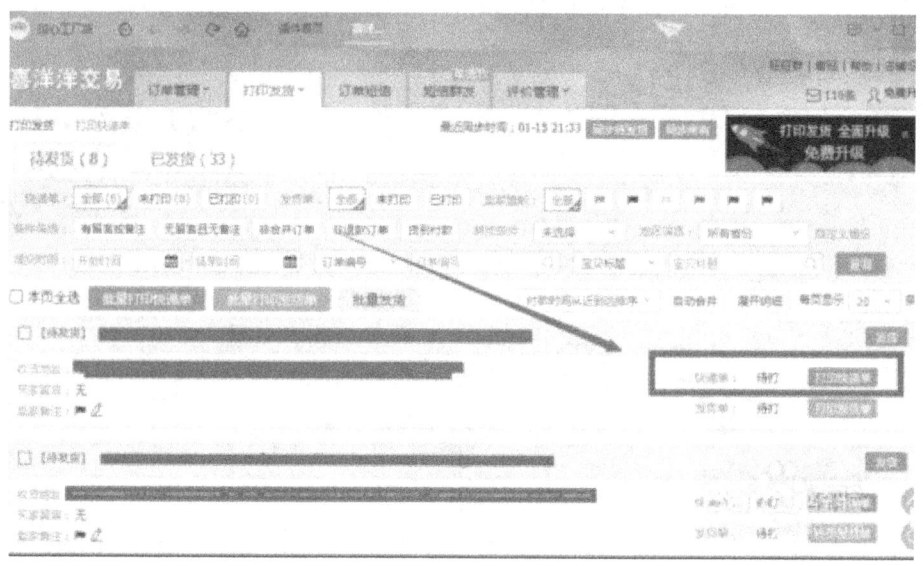

图 4-19 选择需要打印的面单

所谓电子面单，是指使用不干胶热敏纸按照物流公司的规定要求打印客户收派件信息的面单，在行业内也被称为热敏纸快递标签、经济型面单、二维码面单等。电子面单在国外已经成功运用多年，如联邦快递（FedEx）和国际快递（Ups）。而在国内，京东、当当、易迅、一号店等从自建初期就使用了电子面单。

② 电子面单服务的特点。

电子面单服务，是指由快递公司向卖家提供的一种通过热敏纸打印输出纸质物流面单的物流服务。

a. 收获过程效果，服务质量高

货到后客户在回执栏签字由快递人员撕下带回,客户留存余下的存根栏。运用电子面单只需留存一张单据,不必存留3、4张联单的单据,防止翻看记录的繁琐。

b．规范订单,降低订单错误

大中客户用桌面热敏打印机打印面单,零散小客户用手持热敏打印机打印,杜绝手写带来的错写报废单据、字迹潦草发货出错等一系列问题。

c．降低人力成本,提高耗材利用效率

全部采用热敏打印,除大客户处预留卷装面单供其自行打印外,其他客户无需在客户处预留面单,带单上门服务避免了面单遗失、损坏等不必要的浪费,提高了耗材利用效率,节约成本,由于不再需要手工录入快运信息,也大大降低了人力资源成本。

d．更多价值利用空间

面单的信息容量大,因此可以在预设的空白处印刷促销广告或推广活动,电子面单也可以成为一个定向的广告位,实现更大的价值。

③ 电子面单的优势。

a．效率更高

打印效率比纸质面单提升60%～90%,每小时可打印数千张。电子面单是普通纸质面单的4～6倍,平均每单打印只需花费1～2秒钟,高效率的打单大大缓解电商等客户的大批量打单压力,平均速度为2500张/小时,最高时可达到3600张/小时,轻松应对大促,避免设备落后失去客户。

b．拣选效率提高,运单受损可能性小

与目前传统的纸质面单相比,最直接的区别在于电子面单是通过热敏纸、热敏打印机进行面单的打印的,没有复写联,只有上下联。如出现打印失误或热敏运单损坏等情况,仅损失热敏纸张,不会造成运单整体损坏,该运单编号依然可以使用,保证了快递公司与业务员利益。

c．订单完成更快

传统发货模式,操作员需要将已打出的快递单和订单信息匹配后再发货,电子面单不需要把快递单和订单信息逐一匹配操作,在订单信息申请快递单号的时候就已完成了订单匹配。

d．成本更低

面单成本比传统纸质面单降低5倍以上,降低快递公司作业成本,可去掉快递录单过程、提高分拨中心的分拣效率,大大提升快递处理效率,使自动分拣等。

技术含量高的设备投入使用成为可能,为产业升级提供技术基础。电商增值业务支持,无需人肉绑定面单(例如:货到付款,预约配送)。

e．消费者隐私信息安全

通过二维码隐藏收件人的隐私信息,避免消费者个人隐私泄露。

五联面和电子面单的对比如表4-2所示。

表4-2 五联面和电子面单的对比

类　型	打印速度(张/分)	机器成本(元/台)	噪　声(高低)	出错率(高低)
普通五联面单	4～6	600～1200	高	中
电子面单	30～40	400～1500	低	低

④ 小卖家怎么才可以打印热敏快递面单？

目前很多大的电商、大的卖家都可以自己打印快递热敏面单了，而不是采取针式打印机打印传统五联快递单。小卖家如何才能做到呢？要达到每天多大数量的发件才能获得接口？答案是：没有数量条件，大卖家小卖家都能开通，1 单也发。不需要专用的 API 接口，只要在淘宝后台便可开通。

a．电子热敏面单开通的条件：淘宝网消保卖家、天猫商城的所有卖家。不能开通的类目：虚拟、充值等非真实发货类目（如移动/联通/电信充值、网络游戏点卡等）、房产/租房/新房/二手房/委托服务类目、司法拍卖品等不能参与申请电子面单服务。

b．开通入口：卖家中心（天猫则在"商家中心"）—物流管理—物流服务—电子面单平台。

c．打印机选用：如果量大，目前电子面单热敏打印机，可以向快递公司索取，都是免费赠送的，电子面单纸可赠送；量小就需要自己购买了，网上热敏快递单打印机基本都能使用。

淘宝后台开通电子面单服务页面如图 4-20 所示。

图 4-20　淘宝后台开通电子面单服务页面

常见热敏打印机如图 4-21 所示。

图 4-21　常见热敏打印机

通常来说以上步骤全部完成后，就可以通知快递公司来取走快递包裹了。

1. 国内最智能仓储开仓，天猫超市当日妥投率达 99%

位于广州的菜鸟天猫超市专用仓，是天猫超市携手菜鸟网络和广东心怡科技打造的自动化仓储运营中心，总面积达到 10 万平方米，主要服务华南地区用户。该仓储从 2016 年 7 月 1 日开始试运营，8 月 15 日正式开仓，使广深地区的日拣货件数达到 100 万件/天。

阿里巴巴集团副总裁、天猫超市总经理江畔当天表示，天猫超市将继续在商超领域投入数倍于友商的投资，除了保持第一线上商超地位，还将为行业带来更多创新。

该仓储改变了国内仓储以人工走动分拣的模式，由"人找货"变成"货找人"。消费者在天猫超市下单后，仓内即时获得订单信息，并形成一个条码。该条码被贴在快递箱上，箱子就开始进入自动化轨道。

自行抵达指定货架后，由固定在此的拣货员装上货品，箱子再运行到下一个指定地点，在装满订单商品后再自行到达出口。

该自动化系统精准高效，可以从 4 万多个商超全品类商品中准确拣选出货品，可帮助订单处理效率提高 30%以上。这个仓库具备日处理百万级商品的能力，吞吐能力居全国第一。

平均 10 分钟，天猫超市就可以完成从生成订单到打包完成的全过程。未来两个月内，天猫超市和菜鸟网络还将新开一批仓储，使天猫超市专用仓从目前的 12 地分仓升级为 19 个大仓，将 11 城本地化运营升级为 31 城本地化运营。

天猫超市已实现在全国 700 区县的当日达、次日达，年内将达 1000 区县。依靠强大的仓+落地配物流，天猫超市可以实现上午 11 时前下单的消费者，在当天就可以收到商品。最新数据显示，天猫超市当日达和次日达妥投率均达到 99%。在 9 月，天猫超市还将正式开始"夜间配送"服务。

在 2017 财年 Q1 财报电话会议上，阿里集团高管已经明确表达了公司在商超领域的态度:"由于核心电商业务利润率非常高,阿里巴巴会继续加大投资力度,在国际市场、农村市场、商超领域会毫不犹豫进行投资。"

知名第三方数据公司Kantar Worldpanel(凯度零售研究)日前发布数据显示,快消品网上零售市场中天猫的渗透率和市场份额一直大幅领先,今年6月,天猫拿下快消品"重点城市"份额及渗透率第一,以城市为抓手的商超推广计划初战告捷。

(源自:天下网商)

2. 探秘小米手机北京仓库:一张订单的发货之旅

一套小米手机和配件,被封在特制的黄色纸盒中,上面再贴好快递单,被一个年轻人丢上不停运转的绿色传送带。这条传送带的终点,也是一张小米手机订单的发货起点。正在这时,空旷的厂房里传出慢板二胡演奏的《送别》,一种凄婉的气氛倏然漫出。

这里是位于北京东五环外,小米手机4月6日刚刚启用的4200平方米仓储物流中心。在这之前,小米员工一直和凡客员工挤在一起,合用一间1000平方米的仓库。

大约有88名员工,以两班倒、每天工作16小时的节奏,维持着小米手机北京仓储中心的运作。主要工作可以分为两个方面:一组人负责从工厂接收手机、配件的收货,而人数更多的一组人则负责将一张张订单,转换成一件件包装好的快件,发向全国各地。

从订单到发货,中间有三个主要步骤:打单、分拣、配货。

首先,用户发出的订单会根据内容不同进行分类,相同内容的订单,会被排在一起进行打印。在小米北京仓库的信息订单室,十几台机器在一刻不停地自动打印:订单、发票、配送信息……所有这些纸质订单,会被八九个年轻女孩逐一核对、装订。

她们一次处理40张订单,而这也是后续各项工作的基础数量单位。据说只有这个岗位全部启用了女孩,因为这个环节需要相当的耐心和细致程度。

随后这些40张为一组的订单,被送到分拣环节的员工手上——他们会推一个小车,根据订单信息,在小米手机的库房中,拣出这批订单所需的全部配件。这个仓储库房被划分为两个部分,手机和SD存储卡被单独放在高值区,电池、外壳等配件则在另外一区。

实际上,高值区大约有80%以上都是空闲状态。相关负责人解释说,由于流转很快造成这种大面积空闲的情况,所谓小米压货不发的指责其实根本不存在。

在仓储的另一边区域,最里面摆放的是一堆堆的小米手机电池。按照上面的信息,每一堆大约有6480件电池,六箱一堆已是极限高度。电池旁边如同书架一样排列着其他配件,待分拣的手机壳、挂绳、T恤等全部排列在这里。

按照一组40张订单分拣好的配件,会被小车送达配货区。

配货是这样进行的:扫描第一张订单,配货信息出现在电脑屏上,随后将上面列出的配件,逐一选出、扫描,放到纸质的盒子中,最后封好。然后再扫描下一张订单。因为所有的订单都一样,所以这基本上是一个重复性很强的工作。

每一张订单的平均处理时间为40秒。每个工位一个小时的峰值处理速度为80~100个订单,整个配货区共有24个工位,按照目前16小时的工作时长计算,一天的理论订单处理能力约为3万个。而小米手机官方给出的日均订单处理量为2万个。

在这个岗位上,每个员工都需要站立工作八个小时。据说之所以不采取坐姿工作,是因为这样能有更高的效率。为了缓解劳累,小米还特地配备了防疲劳脚垫。

配货完成之后,就是开头那一幕。装有订单所需产品的黄色纸盒,称重并贴好快递单,被一个年轻人丢上不停运转的绿色传送带。他们工作时常常放歌给自己听,其中第一首曲子就是那首慢板二胡演奏的《送别》,放出来就像是悲伤的分离。

这是一种很文艺的表现么?小米手机北京仓库负责人笑着对新浪科技说,其实他们每次放歌,都会跳过这头一首曲子。

北京仓库只是小米手机增强物流配送体系的一个尝试。据透露,小米手机今年还将在全国建立三个大的区域物流中心,其中 5 月位于上海的仓库也将投入使用。"几大物流中心建立以后,物料、发货会有根本性的改变",小米副总裁黎万强说。

3. 汽车零配件 VMI 模式下的供应链物流管理

今天我们来聊一聊汽车产业中,供应商视角下的销售物流管理,以一个汽车零配件生产商为供应商进行构建与主机厂之间的销售物流模式为例。

现在行业中较为通用的模式是供应商会在靠近主机厂厂区附近通过外包的模式将库存前置,这个仓库对于合同双方而言就是我们常提到的 VMI 仓库。

而仓库的经营方则因主机厂的差别而有所差异,可能是主机厂自营也可能是第三方物流进行经营,在这个案例中,其全国共计有 130 家以上的 VMI 仓库,绝大部分采用的是第三方物流公司在进行独立运营。这种合作方为供应商提升对主机厂的客户服务水平提供了更灵活的合作前提。

如图 4-22 所示是我们根据案例企业的实际情况构建的其主机厂客户的供应链物流模式图。

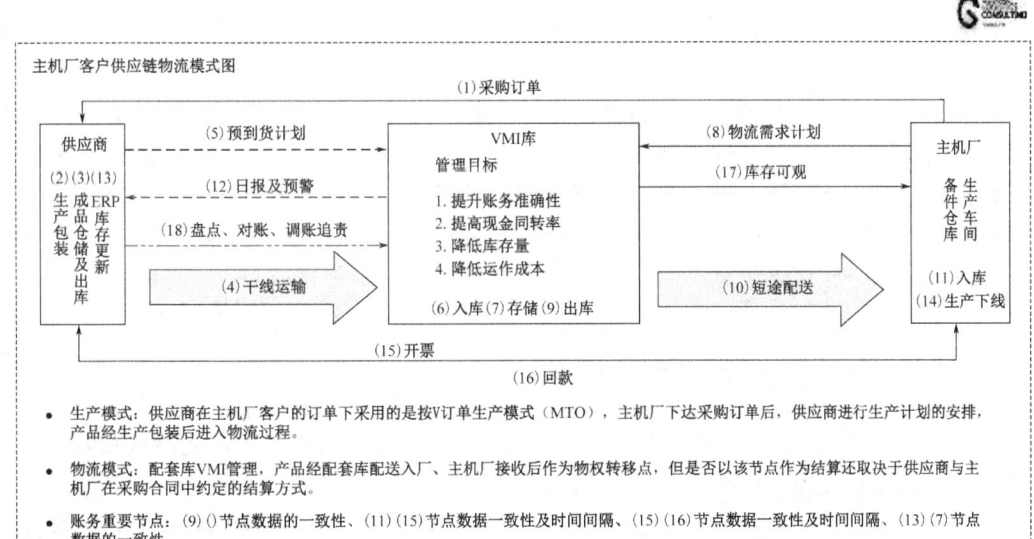

图 4-22 主机厂客户的供应链物流模式图

在上述物流模式图中,(1)~(18)全面反映了 MTO、VMI 模式下的全业务流程,其中供应链管控的范围是(1)(2)(13)(14)(15)(16),物流管控的范围是(3)(4)(5)(6)(7)(8)(9)(10)(11)(12)(17)(18)。

干线运输、VMI 仓库的库存策略与补货策略是上述销售物流网络中的核心业务,其资源配置情况、管理策略设置合理性,都将直接影响对主机厂的客户服务水平,同时对于供应商自身的成本也起到重大影响。

当然合同约定的 VMI 仓的运营方的服务水平也会直接作用于客户服务，因主机厂与 VMI 仓之间的高频次要货，其风险会更高于前端。对于供应商来说，全国主机厂客户的服务要求存在差异，物流运作过程中应结合主机厂的要求差异设置服务等级，在客户服务水平和成本间寻求平衡。

下面我们就（1）～（18）的具体运作情况加以说明。

（1）主机厂采购订单下达：需求拉动的起点，不同的主机厂和供应商因信息化水平和计划水平存在巨大差异，销售部门面对采购订单时应合理审核订单并向生产计划部门推送。在供应链的不确定性中，需求的不确定性是最难预测的。

（2）供应商生产包装：该案例中，供应商面对主机厂的采购订单采用的是 MTO 的生产模式，因此采购订单传递到生产计划部门后，触发的是生产计划的排程、生产资源的准备，产品经生产包装后生成成品进入物流过程。

（3）供应商成品仓储及出库：该案例中，主机厂客户的订单需要及时响应，成品在库存储的周期特别短，仅用于缓冲车辆的调度周期，因采购数量具有一定的批量，在成品存储、出库装车和运输过程中均采用整托，提高了整体的装卸搬运效率。

成品仓 WMS 的应用极高地提升管理水平，同时 WMS 与 ERP 的对接也有效地提升了数据的集成。ERP 在账务处理中有不同的方式，这取决于双方的结算方式，不同的结算方式分别触发调拨和销售流程，而库存也会因为不同的流程触发不同的处理方式。

（4）供应商干线运输：干线运输过程中通过 TMS 和 GPS 的综合管理，可及时跟踪在途状态，有效降低运输过程的风险。运输开始则意味着在途库存生成，不管此时库存归属方是供应商还是客户，物流环节都需做好在途库存的跟踪。

（5）供应商预到货计划：在案例中，该流程环节是缺失的，在很多的企业中也存在相同的问题，但这个环节是信息流中非常重要的一环，VMI 仓及时获知有效的预到货信息，可以提前准备入库资源，减少到货交付过程的时间，大大提升环节效率。在调研过程中我们发现，运输时间中，两端装卸货交接的时间占整体时间的比例非常高，如再存在多点装卸的现象，这个比例会更高。

（6）VMI 仓入库：交接完成后进入入库环节，这个节点是在途库存转化为 VMI 仓库存的转换点，VMI 仓将生成详细的入库明细记录。不同仓库的管理水平不一，但应具备基本产品定置管理、先进先出管理，在入库上架时即按照设置的规则对产品进行分类归位。

（7）VMI 仓存储：在仓库管理环节，VMI 仓要根据管理要求对产品进行理货、补货、盘点、呆滞物料预警、安全库存预警等作业。

（8）主机厂下达物料需求计划：主机厂生产车间会根据生产模式的要求下达物料需求计划，典型的如 JIT 物流模式（按需生产，执行方式有计划、看板、同步）。

另外汽车企业供应链管理中还存在多种管理模式，如 TOC 约束理论、GT 成组技术理论、SP 同步生产理论、MRP 物料需求计划等，不同的主机厂采用不同的供应链管理模式下，将拆解出不同的物料需求模式，但不管什么样的模式，最终主机厂都将通过信息化将物料需求下达给 VMI 仓库，VMI 仓库将物料需求计划根据上线的时间要求转化为仓库的分拣和出库计划。

（9）VMI 仓出库：在汽车产业中，受制于供应链总成本的约束，大部分的物料无法实现到货包装与上线包装一致，在VMI仓库中就形成了较为独特的一个流程——包装置换，根据出库时间、置换包装效率、包装容器数量、场地面积等约束，不同的产品包装置换会设置不同的作业顺序，常见的出库细分流程分为分拣—包装置换—复核—出库装车或者包装置换—分拣—复核—出库装车。

在JIT模式下，小批量高频次的特点决定了出库单元多以箱或件为主，这就造成以托盘为存储单元的情况下，需要进行二次甚至三次的分拣。

这也给VMI仓的仓储规划提出了更高的要求，如何根据产品特点、上线单元、出库频次、包装方式、作业流程甚至车间、机型、收货道口等进行合理的库区规划、物流动线设计、存储及搬运设备配置、产品定置等将变得更为重要。

VMI仓出库将再次引起VMI仓库存的变化，同时这个节点的库存变化将意味着物权的转移，从主机厂物流环节来看，将从采购物流进入生产物流。

（10）VMI配送入厂：因VMI仓多建设在主机厂附近的5~10公里范围内，因此该配送环节多被看作物料转运的一个过程，在途库存不做监控。同时因为距离较近，车载货物上不会做严格的防护工作，车辆状况和行驶安全性将对物料的质量产生直接影响，需重点防范。

（11）主机厂物料接收：配送车辆到达主机厂车间的收货月台，经验收后完成交接，此时主机厂的原材料库存增加。理论上VMI仓的出库数据等于主机厂的入库数据，除配送质量出现异常的情况。

（12）VMI仓向供应商每日日报及库存预警：VMI仓需每日向供应商提供物料的入出存数据，在提供该数据时，应以汇总和明细两种方式提供。

在VMI仓库中应设置合理的库存策略，主机厂、供应商甚至VMI仓都会从自己的角度出发进行设置，而库存一般被设置为三级：最小库存、安全库存和最大库存。

不同的库存其作用不同，关注方也不同，在我经历的VMI仓管理中，主机厂更关心最小库存和安全库存，当库存低于安全库存时，主机厂的计划和采购人员就会持续关注产品的到货情况，这个时候如果供应商做好在途库存的管理和跟踪，将极大地提高对主机厂的客户服务水平。

当库存低于最小库存时，主机厂的计划人员往往会采取采用B点或替代物料，如果这种调整也无法满足，将被迫改变生产计划，这对于主机厂而言属于重大事故，将对采购物流中的各个环节进行追责和改进。

供应商则更关心安全库存和最大库存，安全库存保障其产品供应能力，最大库存用于控制库存量导致的资金占用和物流成本。

VMI仓对于三种库存都比较看重，但安全库存和最小库存往往执行主机厂的标准，最大库存会与供应商进行协商，因为最大库存将会影响第三方物流对于仓库资源的准备。

同时VMI仓库需要实时对物料的三种库存进行监控，超过最大库存的入库需要进行控制，低于安全库存需要及时预警，低于最低库存需要时时跟踪。

（13）供应商ERP中库存更新：VMI仓的库存变动将导致供应商ERP中的库存变动，但在本案例中，供应商对VMI仓的管理并未做到如此精细，ERP的库存变动是通过出库开票进行调整的，这就导致了库存的差异，这种差异将导致回款的延期，如果差异过大或持续滚动，则导致因管理不善而带来的不必要的库存资金占用。

（14）主机厂车间生产下线：在汽车产业中，较多的主机厂与供应商之间采用这个节点作为结算节点，即下线结算。在JIT物流模式下，这个节点与主机厂入库之间的物料库存量并不大，在我以往服务的主机厂中，约为2～4小时。另一个差异就是在生产过程中产生的损耗，对于损耗的处理，供应商和主机厂之间多通过采购合同进行约定。

（15）供应商开票：供应商销售人员将主机厂反馈的可结算数据反馈在ERP中，即可开出销售发票。从供应商的角度来说，非常关心VMI仓出库数据与开票数据之间的差异，对于该数据的及时跟踪和管理，将有利于供应商对于资产安全和回款的保障。

（16）主机厂结算：主机厂根据发票将采购款支付给供应商，从供应链流程上来说，才算整个流程的完结。

（17）主机厂对VMI仓库存的实时查询与监控：主机厂或物流人员会对VMI的库存和运作情况进行检查，主要是为了按计划保障各项生产资源和运作能力。

（18）供应商对VMI仓进行盘点、对账、调账追责：供应商依据跟VMI仓的合同约定，在固定的周期内或临时性对VMI仓的物料进行盘点，对VMI仓的入库、出库往来业务数据进行对账，通过以上工作，核查VMI仓入库、出库、结存及实物库存之间的准确性。

如果在盘查过程中发现，入/出库业务数据上存在问题或账实存在差异，供应商有权对VMI仓的管理现状进行追责。但在面对差异时，供应商应积极与VMI仓共同寻找原因，针对流程中的共性问题协同解决。

在销售物流网络中还有很多更为细致的管理内容，他们独立于流程之外，更多的以管理策略或管理标准的方式体现在日常的业务运作中。

一个完整的供应链流程包含方方面面的内容，需要企业内外部的协同构建，物流是供应链实现客户服务的重要环节，甚至被认为"客户服务是企业进行市场营销时物流活动需要完成的一项任务"。因此，企业应充分考虑物流的作用，并对其在企业内部进行合理的战略定位。

实训5　为双翼天猫店绘制仓库布局图

双翼家居专营店是一家主营园林家居用品的天猫店，成立时间不长，日均出单量大概50～100单左右，自有普通仓库一个（8m×15m），有普通4层货架20个（1.2m×0.5m的隔板大小，高度2.3m可自由调整间距），中转筐50个（与货架尺寸匹配，一层货架上正好可以放置3个中转筐）。双翼公司的库存产品信息如下表4-3、表4-4、表4-5所示。

表4-3　双翼公司库存表

货品编号	品名	库存量	进货价	品牌	长	宽	高	重量
H001	花彩肥S	350	10	花心思	0	0	0	0
T001	花心思6L营养土	89	11	花心思	0	0	0	0
K001	花心思氨基酸颗粒肽肥	738	6.2	花心思	0	0	0	0
Y001	花心思通用性浓缩液体肥	131	9	花心思	0	0	0	0
21备用刀片	21刀片	330	16	锐快	0	0	0	0
1424	保力源绿篱剪	333	45.59	保力源	0	0	0	937.5

续表

货品编号	品名	库存量	进货价	品牌	长	宽	高	重量
0252M	保力源修枝剪	333	19.35	保力源	0	0	0	170
0813T	保力源锰钢五齿耙	16	12.51	保力源	0	0	0	198
0806T	保力源锰钢花锄	143	11.99	保力源	0	0	0	250.1
0810T	保力源锰钢小铲	0	11.83	保力源	0	0	0	145.8
0804T	保力源锰钢叉	0	11.99	保力源	0	0	0	250
2394M	旋转伸缩粗枝剪	335	59.14	保力源	0	0	0	1797
SYX1	SYX1 赠品园林工具三件套	239	5	锐快	27	7.7	0	60
RL212128	RL212128 粗枝剪	287	66.6	锐快	72	23.5	0	1310.1
RL041230	RL041230 粗枝剪	232	62.2	锐快	0	0	0	0
RL042229	RL042229 粗枝剪	989	66.6	锐快	78	31	0	1330
RL042128	RL042128 粗枝剪	0	65.5	锐快	75	32.5	0	1410.1
RL300504	RL300504 粗枝剪	81	60	锐快	71	28	0	1270
RT0634A	RT0634A 铝合金大铲	4	16	锐快	30.5	8	0	134
RT1100E	RT1100E 尼龙叉	96	9.4	锐快	24.5	7.5	0	71
RT1100C	RT1100C 尼龙耙	206	9.4	锐快	28	8	0	99
RT1100B	RT1100B 尼龙小铲	828	9.4	锐快	29	6	0	92
RT1100A	RT1100A 尼龙大铲	139	9.4	锐快	28	8	0	84
RL302128	RL302128 粗枝剪	157	66.6	锐快	75	27.5	0	1400
RL222028	RL222028 粗枝剪	145	71	锐快	67	19	0	1490
RL182028	RL182028 粗枝剪	126	69.9	锐快	69	21.5	0	1340
RL191230	RL191230 粗枝剪	114	62.2	锐快	65	12	0	1660
RL301230	RL301230 粗枝剪	2	63.3	锐快	67	24	0	1850
RL042028	RL042028 粗枝剪	40	69.9	锐快	69	28.5	0	1540
RL302028	RL302028 粗枝剪	15	71	锐快	69	25	0	1600
SY001	SY001 大套装	139	203	锐快	48.3	10.3	43.3	4420
30 备用刀片	30 刀片	211	16	锐快	18	6	0	177
04 备用刀片	04 刀片	19	16	锐快	18	4.7	0	151
19 备用刀片	19 刀片	121	16	锐快	17	4.7	0	118
16 备用刀片	16 刀片	198	16	锐快	16.5	6	0	126
18 备用刀片	18 刀片	18	16	锐快	27	6.5	0	243
22 备用刀片	22 刀片	35	16	锐快	17.2	4	0	154
RT0941C	RT0941C 不锈钢三叉耙	1	20.4	锐快	28.5	9.5	0	170
RT0941G	RT0941G 不锈钢两头锄	30	20.4	锐快	27.5	14.5	0	189
RT0941B	RT0941B 不锈钢铲子	15	20.4	锐快	33.5	7.5	0	174
RT0132A	RT0132A 铁皮铲子	75	13.25	锐快	32	10	0	209
RT0941I	RT0941I 起根器	0	18.2	锐快	33.5	5.5	0	162
RT0132E	RT0132E 五齿耙	451	13.25	锐快	0	0	0	0
RT0132G	RT0132G 铁皮两头锄	109	13.25	锐快	30	20.5	0	293
RT0634D	RT0634D 铝合金叉	206	16	锐快	29	8	0	154

续表

货品编号	品名	库存量	进货价	品牌	长	宽	高	重量
RT0634C	RT0634C 铝合金耙	0	16	锐快	29.5	8	0	187
RT0634B	RT0634B 铝合金小铲	0	16	锐快	30.5	6	0	129
RH342028	RH342028 绿篱剪	299	62.2	锐快	66.5	28.5	0	1310
RH352028	RH352028 绿篱剪	945	62.2	锐快	68	28	0	1280
RH452028	RH452028 绿篱剪	145	66.6	锐快	67.5	23	0	1260
RH412028	RH412028 绿篱剪	78	66.6	锐快	71	25.5	0	1410
RC805	RC805 小剪刀	153	25.9	锐快	28	10	0	251
RC811B	RC811B 小剪刀（赠弹簧）	15	5	锐快	28	10	0	305
RC811A	RC811A 小剪刀（赠弹簧）	133	5	锐快	28	10	0	309
RC803B	RC803B 小剪刀	104	36.9	锐快	28	10	0	298
RC803A	RC803A 小剪刀	147	38	锐快	28	10	0	321
RC802	RC802 小剪刀	65	33.6	锐快	28	9	0	253
RC801	RC801 小剪刀	71	29.2	锐快	28	9	0	247

表 4-4　一周内出库排名前 50 的 sku 明细

编号	品　　名	数量
RT10001G	（四件套）耙/叉/大铲/小铲	711
SY001	SY001 大套装	243
RT10001H	（三件套）耙\小铲\大铲	232
RT0634A	RT0634A 铝合金大铲	210
RT0941I	RT0941I 起根器	154
RT10001J	（三件套）叉\小铲\大铲	133
RT0634B	RT0634B 铝合金小铲	128
RT10001I	（三件套）叉\耙\大铲	113
RH412028	RH412028 绿篱剪	96
RT10001K	（三件套）叉\耙\小铲	81
RT0634C	RT0634C 铝合金耙	75
RT0634D	RT0634D 铝合金叉	68
1424	保力源绿篱剪	58
30 备用刀片	30 刀片	57
RC805	RC805 小剪刀	50
RL301230+30 刀片	钢柄无级伸缩+备用刀片	46
RL302028+30 刀片	铝柄 6 节伸缩+备用刀片	44
RC803A	RC803A 小剪刀	37
0252M	保力源修枝剪	27
RC811B	RC811B 小剪刀（赠弹簧）	26
RC803B	RC803B 小剪刀	23
RT0941B	RT0941B 不锈钢铲子	23
YTF004	液体肥两瓶	23

续表

编　号	品　名	数量
RT0941G	RT0941G 不锈钢两头锄	21
RT1100	尼龙四件套（大铲/小铲/叉/耙）	20
RH452028	RH452028 绿篱剪	19
RL302028	RL302028 粗枝剪	19
RL300504	RL300504 粗枝剪	18
RC811A	RC811A 小剪刀（赠弹簧）	17
RL301230	RL301230 粗枝剪	16
2394M	旋转伸缩粗枝剪	15
RL182028	RL182028 粗枝剪	11
RT0132A	RT0132A 铁皮铲子	9
RL302128	RL302128 粗枝剪	9
RL300504+30 刀片	不伸缩+备用刀片	9

表 4-5　天猫店近 7 日产品支付排名 Top10

产品图片	品名	浏览量	访客数	平均停留时长	支付转化率	支付金额	支付商品件数
	SY001 大套装	8461	5891	28	0.61%	14907.6	42
	RT1001 铝合金套装	17633	8445	34	3.55%	13561.99	318
	1424 保力源绿篱剪	1052	478	44	4.18%	2943.13	27
	RL301230 粗枝剪	1129	457	76	5.03%	2854.36	24
	RH452028 篱笆剪	1128	546	50	3.30%	2179.73	21
	RC803A 修枝剪	593	276	48	7.25%	1386.84	25

续表

产品图片	品名	浏览量	访客数	平均停留时长	支付转化率	支付金额	支付商品件数
	RL302028 粗枝剪	245	133	51	3.76%	513.07	5
		1346	847	37	2.13%	505.34	19
		171	86	47	5.81%	400.2	7
		765	345	85	8.99%	395.07	31

为了提高库存管理水平，请你对双翼天猫店的产品进行重新的库位编号和排序，并绘制出比较理想的仓库产品库位布局图。

请问还可以通过增加何种工具或者手段，提高发货效率和准确率？

实训提示

绘制出仓库布局图，选择一种库存的管理方法后根据产品的价值、数量、重量、体积等因素来制定库存计划。

查看双翼家居专营店的产品详情页了解更多产品信息。

思考新型技术应该如何运用在双翼天猫仓库中更为合适。

项目小结

本项目分为两个任务，任务一围绕着电商库存控制开展介绍，通过对库存的概念、必要性、分类的介绍引出在供应链管理环境下电商库存的两个管理策略：VMI 和联合库存管理。介绍了 5 种电商网物流库存成本控制方法，分别是：ABC 分类库存控制法、经济订购批量法、定量订货、定期订货、零库存管理。任务二围绕着电商发货的管理，通过介绍拣货的方法、拣货的任务安排、拣货的路径等比较全面地让同学们了解拣货的相关知识点、技能点。另外通过介绍发货时货品的扫描、包装材料的选择、封箱装箱的方式，细致地讲解了发货流程中的知识点。

库存管理和发货管理在电商企业的物流环节中是降低企业物流成本、提高客户满意度、提高企业管理水平的重要环节,利用好各类管理策略,选择好最适合自己的管理方式,设计最为科学的库位设计和拣货路径,能够大大提高分拣发货的效率和准确度。

发货过程中要结合自己企业的产品特点和日均单量选择人工和机械结合的最为经济的出库方式,但是扫码枪、条码技术是建议所有的电商企业都要规范使用起来的。最后在选择包装材料和封箱方式的时候切记不能过度包装,要在保证产品安全性的前提下适当提高包装的档次和封箱的智能化。

1. 单项选择题

（1）库存管理的基本目标就是（　　）。
 A. 防止缺货和超储　　　　　　B. 消除供需双方的空间差异
 C. 实现联合管理库存　　　　　D. 协调与供应商的关系

（2）库存能够使企业实现规模经济,但下面的描述中,不属于其具体表现的是（　　）。
 A. 大批量采购可以获得更多的价格折扣,降低采购成本
 B. 大批量采购可以和物流商建立更牢固的合作关系,降低物流费用
 C. 运输方面,大批量采购可以实现整车运输,从而降低采购运输费用
 D. 制造方面,产成品库存可使大批量制造发挥制造的规模经济,降低制造成本

（3）在确定型的库存模型中,订货批量为Q,平均库存量为（　　）。
 A. Q　　　B. $\frac{1}{2}Q$　　　C. $\frac{1}{3}Q$　　　D. $\frac{1}{4}Q$

（4）在 ABC 分类中,存货的品种占总品种种类的 10%左右,但价值占存货总价值的 70%左右的物品为（　　）。
 A. ABC 类存货　　　　　　B. B 类存货
 C. A 类存货　　　　　　　D. C 类存货

（5）固定订货量系统需要随时将库存余额与订货点比较,决定是否发出订货,故又称之为（　　）。
 A. 定量检查控制系统　　　　B. 定期检查控制系统
 C. 随机检查控制系统　　　　D. 连续检查控制系统

（6）大批量进货、零星发货的货物应储存在（　　）。
 A. 人力仓库　　B. 半机械化仓库　　C. 机械化仓库　　D. 自动化仓库

（7）位于仓库一切管理工作首位的是（　　）。
 A. 安全工作　　　　　　B. 财务工作
 C. 人事工作　　　　　　D. 教育工作

2. 多项选择题

（1）关于捆扎器材的说法,正确的是（　　）。
 A. 常用的捆扎器材有钢丝、钢带、焊接链、钢丝绳等
 B. 捆扎器材的自重轻

C．捆扎器材的成本较低

D．捆扎器材就是我们常说的塑料打包带

（2）集合包装的前提描述错误的是：（　　）。

A．装卸与搬运作业的机械化　　B．流通环节少

C．人力资源成本低　　D．大体积货物

3．计算题

（1）请参考某仓库物资进出记录，分别用先入先出法、后入先出法、加权平均法计算期末库存成本：

4月1日，期初库存200件，单价2.50元；

4月3日，出库100件；

4月5日，入库300件，单价2.70；

4月10日，出库200件；

4月15日，入库100件，单价2.20元；

4月28日，出库200件。

（2）某零件年需用量为2000件，一次订货成本为100元，采购单价为100元，持有成本率为10%。

① 计算经济订货量、存货总成本、次数和最佳订货周期。

② 若单次采购数量在2000件以上，厂家承诺给予5%的折扣，问这时最佳经济订货量为多少。

项目 5

电子商务物流售后服务

本项目重点难点

理解电子商务物流售后的理论依据及相关规定；理解电子商务物流售后的流程；分析电子商务物流售后过程中遇到的问题，掌握处理办法；理解电子商务物流售后客服的重要性；梳理电子商务物流售后客服的工作内容，掌握工作技巧。

项目导图

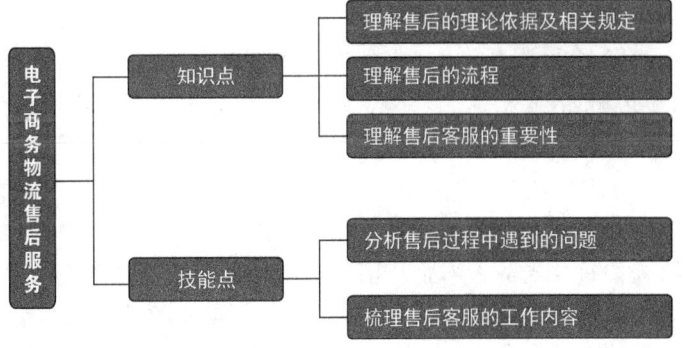

引例

据中国消费者协会网站消息，日前，中国消费者协会公布"双 11"网购商品售后服务体验结果。体验结果显示，在七日无理由退货方面，申请退货的 184 款，成功退货 178 款，退货成功率为 96.7%。从本次体验结果来看，主要电商平台七日无理由退货规定执行情况良好。

据悉，在本次"双 11"网购体验式调查活动期间，中消协组织体验人员从 12 家网络购物平台选择购买了标示折扣力度相对较大、销售量相对较多的 184 款商品（含 26 款预售商品），并进行了七日无理由退货、物流到货、发票开具等服务体验。

体验结果显示，在七日无理由退货方面，申请退货的 184 款，成功退货 178 款，退货成功率为 96.7%；未退货成功的 6 款商品中，有 4 款为食品与纸尿裤，平台根据商品性质确定为不适用七日无理由退货范围。

在退货体验中，也发现个别平台商家存在一些问题：有的平台商家擅自扩大不支持七日无理由退货商品范围；有的平台商家七日无理由退货时间起算点不准确，没有依照法律规定从到货之日的次日起算，而是按照商品签收之日当天起算；有的平台商家未在订单信息确认页面标注不支持七日无理由退货；有的平台商家退货流程不便捷，平台在退货审核通过后不提供退货地址等信息，需要消费者与商家联系后方能进行退货，增加了消费者退货的难度。

在物流到货方面，184 款商品中，第 1 周到货商品 151 款，占比 82.1%；第 2 周到货商品 32 款，占比 17.4%，主要为支付定金的预售商品；第 3 周到货商品 1 款，但事先已明示最晚发货时间为 12 月 12 日。

在发票开具方面，12 家电商平台均不同程度存在不开具发票的情况，体验人员购买 158 款商品的同时向商家索要了发票，其中 93 款商品没有提供发票，占比 58.9%。

从本次体验结果来看，主要电商平台七日无理由退货规定执行情况良好。中消协认为，新修改的《消费者权益保护法》实施以来，政府有关部门加大了对电商平台的监管力度，各级消协组织、新闻媒体及社会各界强化了对电商平台的社会监督，主要电商平台也加强自我规范，共同促进了相关法律规定的落实。

针对本次"双 11"售后服务体验中发现的问题，中消协希望各电商平台和商家，一是要合理界定不支持七日无理由退货商品范围，并与消费者确认，同时要依法落实退货时间起算点，简化退货退款流程；二是要优化物流配送资源，做好"双 11"等集中促销活动的物流配送问题预案，确保商品及时配送到位；三是要主动向消费者提供发票等正式购物凭证，不得以任何方式回避法定义务，切实保障消费者合法权益。

（资料来源：中国新闻网《中消协：双 11 七日无理由退货情况良好成功率 96.7%》，2016-12-26）

引例分析

随着电子商务的持续发展，人们逐渐习惯在网上购物，网络购物量逐年激增。但是，随之而来的是每年的网络购物高投诉率，尤其是每年的"双 11"等集中促销活动，消费者常常碰到退货难等问题，许多不良商家和平台会以各种理由阻挠客户退货退款。网络购物不同于线下购物，商品须经由物流配送服务到达客户手中，这就为商品的交付带来了风险，由此带来的交易纠纷和物流售后问题在总的投诉中占有较大比例。

自新《消费者权益保护法》实施以来，政府加大了对网络购物的监管力度，明显改善了物流售后问题，在引例中，中国消费者协会在"双 11"期间组织体验人员购买了 184 款商品，进行了七日无理由退货、物流到货、发票开具等服务体验，七日无理由退货和物流到货情况良好。

任务 1 电子商务物流售后规则

5.1.1 电子商务物流售后的法律法规依据

2014年3月15日新《消费者权益保护法》(以下简称《消保法》)实施,新修改的《消保法》创设了"七日内无理由退货"制度。

2017年1月6日,国家工商总局公布了《网络购买商品七日无理由退货暂行办法》(以下简称《暂行办法》),旨在落实《消保法》规定,保障消费者网络购物七日无理由退货权益。《暂行办法》自2017年3月15日起施行,明确了不适用退货的商品范围和商品完好标准以及相关退货程序,并对网络商品销售者违反本办法规定作出了明确的处罚细则。

1. 法律法规背景

新《消保法》实施以来,电商行业在落实七日无理由退货有关规定上普遍存在三个方面的问题:一是不适用"无理由退货"的商品标注不明显,购物过程中缺乏一对一的确认程序。二是将"商品完好"等同于"不影响二次销售",退货标准过于严苛。三是部分网店经营者以各种理由不履行无理由退货义务,第三方平台未尽到管理责任。针对这些情况,2014年7月10日,国家工商总局、中国消费者协会在北京联合召开约谈会,就落实新《消保法》无理由退货规定约谈阿里巴巴集团、京东商城、苏宁易购等10家电商企业,就电商企业落实七日无理由退货规定约法三章,提出明确要求,督促电商企业自觉履行经营者义务,随后在全国范围内部署开展专项执法检查。经过督导,电商行业执行七日无理由退货规定情况有了明显改观。

2015年11月,第十二届全国人民代表大会常务委员会第十七次会议讨论通过了全国人民代表大会常务委员会执法检查组关于检查《中华人民共和国消费者权益保护法》实施情况的报告。无理由退货产生的争议主要集中在两个方面。首先,退货范围不明确。经营者和消费者关于哪些商品能够适用无理由退货存在不同理解,导致争议发生。其次,经营者和消费者对于商品完好的理解不同。有的商家不仅要求商品本身完好,而且要求包装必须完整,甚至要求商品不得拆封、试用。还有一些商家存在故意拖延、拒绝退货、折扣或赠送商品不予退货等现象。

2. 法律法规内容

新《消保法》第二十四条规定,经营者提供的商品或者服务不符合质量要求的,消费者可以依照国家规定、当事人约定退货,或者要求经营者履行更换、修理等义务。没有国家规定和当事人约定的,消费者可以自收到商品之日起七日内退货;七日后符合法定解除合同条件的,消费者可以及时退货,不符合法定解除合同条件的,可以要求经营者履行更换、修理等义务。

依照前款规定进行退货、更换、修理的,经营者应当承担运输等必要费用。

新《消保法》第二十五条规定,经营者采用网络、电视、电话、邮购等方式销售商品,消费者有权自收到商品之日起七日内退货，且无需说明理由，但下列商品除外：
（1）消费者定制的；
（2）鲜活易腐的；
（3）在线下载或者消费者拆封的音像制品、计算机软件等数字化商品；
（4）交付的报纸、期刊。

除前款所列商品外，其他根据商品性质并经消费者在购买时确认不宜退货的商品，不适用无理由退货。

消费者退货的商品应当完好。经营者应当自收到退回商品之日起七日内返还消费者支付的商品价款。退回商品的运费由消费者承担；经营者和消费者另有约定的，按照约定。

《暂行办法》第二十条要求网络商品销售者对不适用七日无理由退货的商品进行明确标注，并且应当在商品销售必经流程中设置显著的确认程序，供消费者对单次购买行为进行确认。如无确认，网络商品销售者不得拒绝七日无理由退货。

《暂行办法》详细规定了七日无理由退货的环节、程序和具体要求。其中第十条规定，选择无理由退货的消费者应当自收到商品之日起七日内向网络商品销售者发出退货通知，七日期间自消费者签收商品的次日开始起算；第十一条规定，网络商品销售者收到退货通知后应当及时向消费者提供真实、准确的退货地址、退货联系人、退货联系电话等有效联系信息；第十三条明确了网络商品销售者应当在收到退回商品之日起七日内向消费者返还已支付的商品价款；第十四条规定退款方式比照购买商品的支付方式；第十五条、第十六条细化了使用积分、代金券、优惠券、信用卡等情形的退款方式。

法律法规对电子商务企业的退换货进行了明确的要求，并对物流售后内容进行了相应的规定，包括退换货流程、退换货时间、退换货运费等。

想一想

新《消保法》第二十四条和第二十五条的七日规则有什么不同？

5.1.2 阿里巴巴的物流售后规则

1. 阿里巴巴物流售后的流程

买家未确认收货的情况可以直接进行退货退款申请。操作步骤如下：

1) 买家单击"已买到货品"，进入阿里后台，如图5-1所示。

图5-1 买家进入阿里订单后台的入口之一

项目 5　电子商务物流售后服务

2）买家选择相应的订单,单击"申请退款",如图 5-2 所示。

图 5-2　买家选择相应订单进入申请退款页面

3）买家在订单中选择商品,确定自己所需要退货的商品,如图 5-3 所示。卖家已发货的订单可以进行退货退款;卖家未发货的订单也在同一页面选择,进行退款。若同一商品购买了 1 件以上,可以根据实际退货需要,选择需要退货的商品数量。

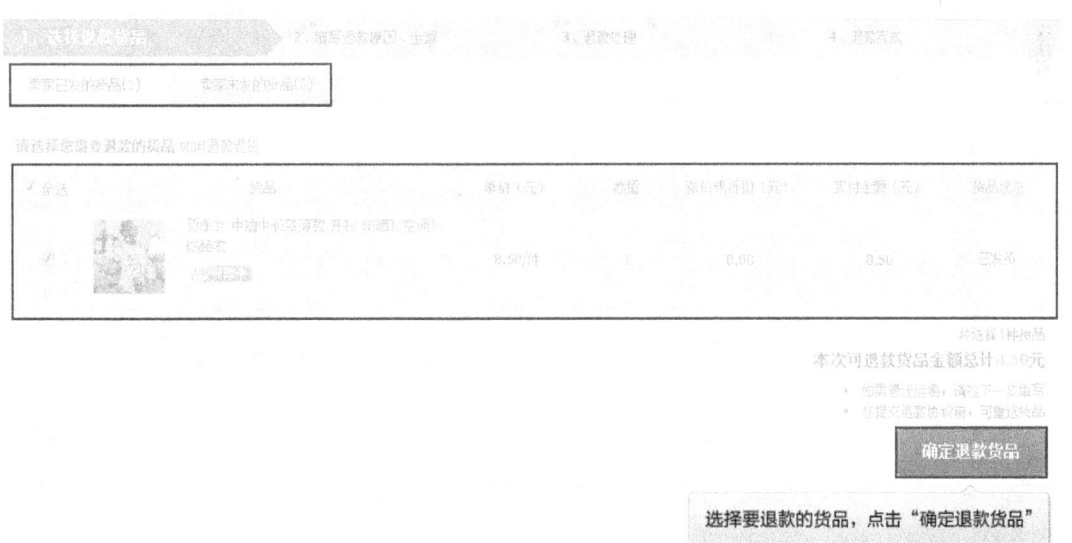

图 5-3　买家在订单中选择需要退货或退款的货品

4）买家勾选是否已收到货品,已收到的情况下根据与卖家的沟通协商,选择需要退货或不需要退货，未收到货品的情况下只能选择不需要退货。然后填写退款的货品金额和自己已支付但需要退款的运费金额。最后填写退款说明并输入支付宝支付密码即可申请退货退款或退款，如图5-4所示。

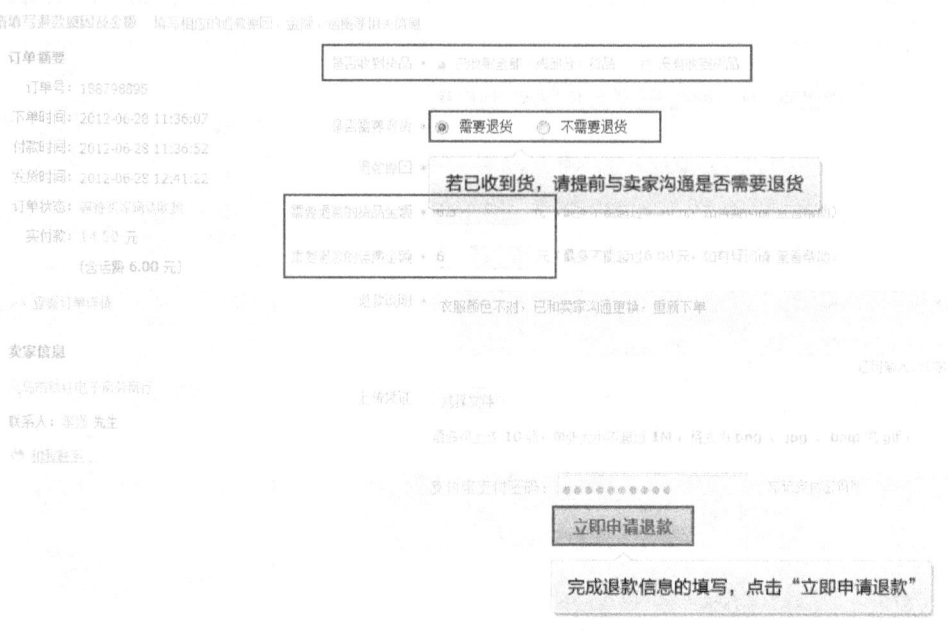

图5-4 买家填写退款信息并申请退款

5）买家可以在订单内查看退款状态，并根据需要修改退款协议（如图5-5）。若卖家同意或卖家7天未进行操作，退款协议将达成。若卖家拒绝退款协议，买家可以修改退款协议后再次提交退款申请。再次申请退款4天后，买家可以申请阿里客服介入，协调处理争议。阿里客服将在7个工作日内给出处理意见。

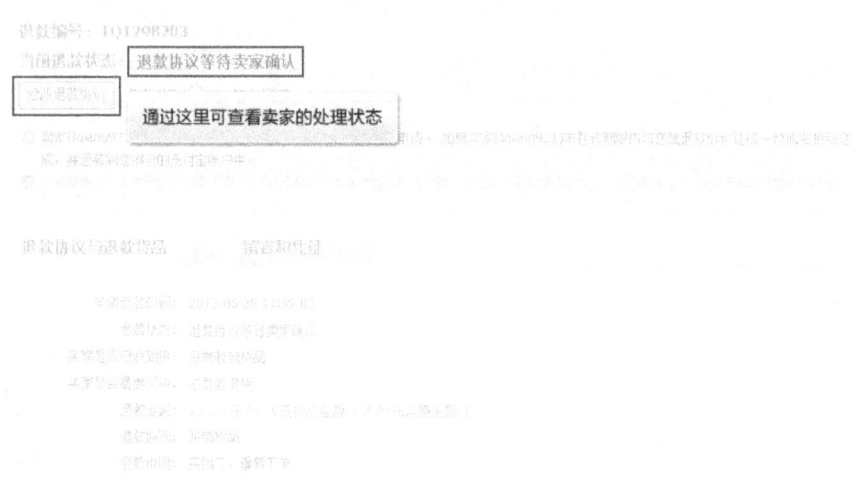

图5-5 买家在订单内查看退款状态

6）买家申请退货退款的订单在退款协议达成后，需要买家在订单内提交退货凭证，如图5-6所示。

项目 5 电子商务物流售后服务

图 5-6 买家在订单内提交退货凭证

7）卖家收到退货商品，将订单退款金额退回买家。

买家已确认收货的情况下，买家可以申请订单售后，与未确认收货的退款申请步骤类似，进行退货退款或仅退款。

2．阿里巴巴物流售后的时间规定

阿里巴巴以批发为主，货品数量普遍较多，订单金额普遍较大，有些订单需要卖家临时投入大成本进行生产。这些特点使得阿里巴巴在早期经营中，未强行规定卖家必须提供 7 天无理由退货服务。自新《消保法》创设了"七日内无理由退货"制度以来，阿里巴巴目前也要求卖家必须提供"七日内无理由退货"服务（如图 5-7）。对于订货量大的订单，卖家通常通过让买家拿样品的途径，减少 7 天内退货的概率。卖家按买家要求定制的商品可以事先与买家约定，不适用 7 天内无理由退货。

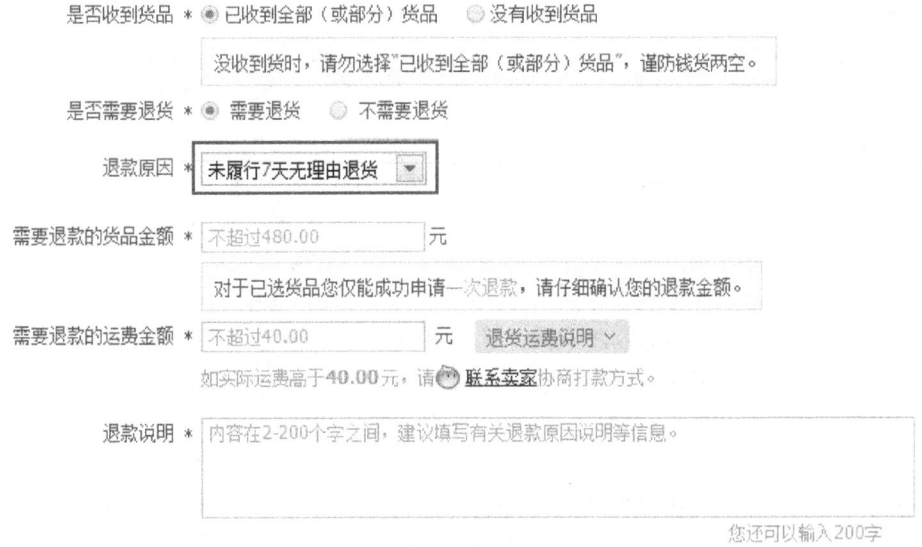

图 5-7 买家在申请退款时可以选择 7 天无理由退货

另外，鉴于阿里巴巴 B2B 批发的特殊性，阿里巴巴还推出了"15 天包换"、"21 天包换"、"60 天包换"等不同时间的售后服务。卖家可以根据自己的产品特点，选择参加这些售后服务。

3．阿里巴巴物流售后的运费规定

阿里巴巴作为 B2B 批发信息发布的平台，通常以买卖双方的协商来确定物流售后的运

费承担方。

同时，阿里巴巴规定，运费支付协商过程出现争议，根据"谁过错，谁承担"的原则处理，如果交易存在约定不清的情形，阿里无法确定是谁的责任，交易做退货退款处理，退货运费由买家承担。

如果买家并非因为卖家问题，而是以 7 天无理由退货的原因进行退货，则买家需承担发货和退货的运费。

想一想

B2B 大宗批发应该适用七天无理由退货吗？会给厂家带来哪些风险？

5.1.3　淘宝网的物流售后规则

1. 淘宝网物流售后的流程

买家遇到交易问题与卖家协商需要退货的，可以根据订单状态进行如下操作。

（1）若订单显示为"卖家已发货"

如果买家已收到货需要退货的，登录"我的淘宝"，在"已买到的宝贝"页面找到该笔订单，单击"退款/退货"，选择"退货退款"。待退货退款协议达成，显示为"请退货"，按照步骤（3）操作。

如果买家未收到货需要退货的，登录"我的淘宝"，在"已买到的宝贝"页面找到该笔订单，单击"退款/退货"，选择"仅退款"，并联系卖家追回包裹或者由买家拒签包裹。

（2）若订单显示为"交易成功"

如果买家已收到货需要退货的，可以在交易确认收货后的 0～15 天以内，登录"我的淘宝"，在"已买到的宝贝"页面找到该笔订单，单击"申请售后"，选择"退货退款"。待退货退款协议达成，显示为"请退货"，按照步骤（3）操作。

（3）若订单显示为"请退货"

如果卖家同意买家的退货退款申请，达成退款协议。如果联系不上卖家或者联系了但卖家一直不处理，在买家申请退货退款之日起 5 天后系统自动达成退款协议。这时，买家登录"我的淘宝"，在"已买到的宝贝"页面找到该笔订单，订单售后会显示为"请退货"，单击"请退货"进行退货操作。

买家联系快递公司获取物流单，进行退货并保留物流存单，然后在退款页面中填写物流信息（不填写将视为买家未退货），如图 5-8 所示。

退货协议达成后，买家需要在 7 天内退货并填写退货物流信息，逾期未退货，退款会被关闭。

买家提交退货物流信息后，卖家会有 10 天的时间来进行确认，逾期卖家没有处理，系统会自动退款给买家。

图 5-8 淘宝网买家填写退货物流信息

2．淘宝网物流售后的运费规定

运费是实物在网络购物交易中必不可少的一部分，C2C 卖家以零售业务为主，订单量较大，容易遇到售后物流的运费争议问题。为了使交易双方在交易过程中能够明晰运费承担方，减少关于运费的纠纷，卖家应当对运费的组成和承担进行清晰、准确的描述。运费由买家承担的，卖家应当按照实际发生的金额向买家收取运费。如果由于卖家的商品、描述、承诺等出现问题导致运费争议的，买家可以在付款后、确认收货前或在淘宝系统提示的超时打款的时限内提出退款申请。超出规定时限提出退款申请的，淘宝不予受理。同时，运费由买家承担的情况下，约定运费低于实际发生的运费的，不足部分淘宝不予处理。货到付款交易产生的运费争议，淘宝不予处理，需要买家与卖家自行协商或通过其他途径解决。

除了买卖双方协商一致的情况外，交易中的运费争议，根据"谁过错，谁承担"的原则处理。如果交易存在约定不清的情形，淘宝无法确定是谁的责任，交易做退货退款处理，发货运费由卖家承担，退货运费由买家承担。

（1）约定运费的争议

运费由买家承担的，卖家应当按照实际发生的金额向买家收取运费。

1）若买家支付的运费高于实际发生的运费的，超出部分做退款处理。

2）如果实际发生的运费与商品描述的运费不一致，或者商品描述中对运费做出两个以上的不同描述的，卖家应当通过阿里旺旺向买家进行说明，并征得买家的同意。若卖家未与买家清晰约定而出现争议的，淘宝以有利于买家的描述进行运费的处理。

（2）发货涉及的运费争议

如果卖家违反发货要求，导致买家未收到货、拒绝签收商品或者签收后退回商品的，交易做退款处理，运费需要由卖家承担。

（3）签收涉及的运费争议

1）买家依据签收规范执行，最终导致拒绝签收商品或者退回商品的，交易做退款处理，运费需要由卖家承担。

2）若卖家按照约定发货后，买家或指定收货人有收货的义务。收货人无正当理由拒绝签收商品，且卖家能够有效举证证实的，相关运费损失由买家承担。

3）收货人拒绝签收商品后，卖家应当及时联系承运人取回商品，若卖家怠于取回商品而产生额外的运费、保管费等费用，则需要由卖家自行承担。

4）若因买家填写的收货地址或收货人信息不准确，或者未经卖家同意自行要求变更收货地址或收货人信息，导致卖家发货后无法送达的，运费由买家承担。

买家要求更改收货信息，必须经卖家同意，卖家同意并确认后，发错收货地址等信息，运费由卖家承担。未经卖家同意，或者卖家货物发出后，买家才要求卖家变更收货信息，但实际收货信息无法完成变更，导致货物无法送达的，运费由买家承担。例如，小白买了一件衣服，因为刚刚搬家默认地址还是之前的旧地址，但是由于不经常上网，不知道如何修改地址，所以在拍下的时候把新的地址填在了订单留言中。两天后小白发现卖家发往了原来的旧地址，于是找卖家退款。而卖家说："货物会联系物流公司召回的，但是已经产生的发货运费要求买家承担。"小白觉得自己没有收到货物不应该承担运费，双方无法达成一致申请淘宝介入。淘宝介入后核实由于买家只是留言修改收货地址，并没有和卖家进行阿里旺旺确认，所以卖家发原地址是没有错误的，相关的运费损失需要小白承担。

（4）退换货涉及的运费争议

1）买卖双方达成退货退款协议，但未就退货运费进行约定的，需要由卖家承担与其发货相同货运方式的运费。

2）商品在换货或维修过程中需要寄送且未约定运费承担方式的，由此产生的运费需由卖家承担。

3）卖家未在规定时间内提供退货地址，或者提供退货地址错误导致买家无法退货或操作退回商品后无法送达的，或者买家根据协议约定操作退货后，卖家无正当理由拒绝签收商品的，交易做退款处理，退货运费由卖家承担。若卖家需要取回商品的，应当与买家另行协商或通过其他途径解决，淘宝不予处理。

4）买家根据协议约定或淘宝做出的处理结果操作退货时，应当使用与卖家发货时相同的运输方式发货。除非得到卖家的明确同意，买家不得使用到付方式（指在委托承运人时不支付运费，而由收货人在收货时向承运人支付运费的运输方式）支付运费。退货后，卖家有收货的义务。

5）淘宝处理争议期间，卖家同意退货或换货，但就运费的承担提出明确异议的，买家应当先行退货，卖家签收商品后，由淘宝根据本规范对运费承担做出处理。

（5）物流涉及的运费争议

未经买家明确同意，若卖家使用到付方式委托承运人发货的，买家有权拒绝签收商品；买家签收商品的，到付运费超出约定运费的部分由卖家承担。

（6）商品涉及的运费争议

1）如果买家提供有效凭证证实收到商品有问题或是因为卖家的某项服务、承诺未履行而导致的退货退款，运费需要由卖家承担。

2)卖家所售商品为闲置商品的,买家收到的商品与卖家在发布时描述不符的,或卖家没有如实披露商品的瑕疵异常或历史维修情况的,交易做退货退款处理,运费由卖家承担。

3)支持"七天无理由退货"或支持退货承诺的商品根据卖家承诺进行退货退款,包邮和非包邮情况下运费承担情况有所不同。非"七天无理由退货"和非退货承诺的商品,卖家有权拒绝退货,若卖家同意退货,运费承担情况也不同(如表5-1)。

表5-1 不同场景的商品退货运费规定

商品场景	买家	是否包邮	卖家	淘宝处理原则
支持"七天退货"服务的商品	买家需要享受七天退货服务	包邮	/	发货运费需要卖家承担,买家只需要承担退货运费
		非包邮	/	由买家承担来回运费
支持退货承诺的商品	买家可按卖家退货承诺的天数,享受退货服务	包邮	/	发货运费需要卖家承担,退货邮费的承担以退货承诺设置的为准
		非包邮	/	发货运费及退货运费的承担原则,以退货承诺设置的为准
非"七天退货"商品和非退货承诺的商品	买家拒收	仅产生单程运费	需要有效举证证实买家无理由拒收货物	举证有效,由买家承担单程运费
		产生双程运费		举证有效,由买家承担来回运费
	买家因为自己的个人原因(如不喜欢/不合适)需要退货退款	包邮/非包邮	同意买家无理由退货的要求	由买家承担来回运费,但若买家对发货运费价格有异议,卖家需要配合提供相关运费证明(如带有价格的发货底单等有效收费证明)

买两件包邮,如果买家退货一件,运费该如何算?

5.1.4 京东商城的物流售后规则

京东商城包含自营和第三方入驻商家,当产生售后问题时,售后情况有所差异,因此处理售后的规则也相应不同,京东商城对此进行了详细说明。

1. 京东商城物流售后的服务总则

(1)京东自营商品售后服务总则

京东承诺符合以下情况,自客户收到商品之日起7日内可以退货,15日内可以换货,客户可在线提交返修申请办理退换货事宜。具体退换货标准见表5-2。

京东快递配送或者自提的订单,以客户实际签收日期为准判断实际收货日期。

在商品无任何问题情况下,京东承诺:自您实际收到商品之日起7日内,在商品返回运费由您承担的情况下,可享受无理由退货。京东所售均为全新品,为保护消费者利益,以下商品不适用于7天无理由退货:

表 5-2 京东商城自营商品售后标准

退换类别	具体描述	是否支持7天（含）内退货	是否支持15天（含）内换货	是否收取返回运费	备注
国家法律所规定的功能性故障或商品质量问题	经由生产厂家指定或特约售后服务中心检测确认，并出具检测报告或经京东售后确认属于商品质量问题	是	是	否	当地无检测条件的请联系京东售后处理
到货物流损、缺件或商品描述与网站不符等京东原因	物流损指在运输过程中造成的损坏、漏液、破碎、性能故障，经售后人员核查情况属实。缺件指商品原装配件缺失	是	是	否	京东审核期间可能需要快递人员证明或要求您提供实物照片等，以便售后人员快速做出判断并及时处理
其他原因	除以上两种原因之外，如个人原因导致的退换货，在商品完好的前提下	是（夺宝岛售出商品除外）	否	是（钻石级别客户免运费）	由您承担商品返回京东的运费，钻石级别客户不受限制，由京东承担所有运费

1）个人定制类商品；
2）鲜活易腐类商品；
3）在线下载或者您拆封的音像制品，计算机软件等数字化商品；
4）交付的报纸期刊类商品；
5）其他根据商品性质不适宜退货，经您在购买时确认不宜退货的商品。
特别说明，以下情况不予办理退换货：
1）任何非京东出售的商品（序列号不符）；
2）过保商品（超过三包保修期的商品）；
3）未经授权的维修、误用、碰撞、疏忽、滥用、进液、事故、改动、不正确的安装所造成的商品质量问题，或撕毁、涂改标贴、机器序号、防伪标记；
4）无法提供商品的发票、保修卡等三包凭证或者三包凭证信息与商品不符及被涂改的；
5）其他依法不应办理退换货的。
在商品退货时，需扣除购买该商品时通过评价或晒单所获得的京豆及相应优惠，如账户京豆已使用，则从商品退款金额中相应扣除。
（2）第三方卖家商品售后服务总则
自商品售出之日（以实际收货日期为准）起7日内可以退换货，15日内可以换货，买家可在线提交返修/退换申请办理退换货事宜。本售后总则不适用闪购商品、海外购商品。退货时请保持主商品完好，附件齐全，并将商品的赠品一并返回，具体退换货标准见表5-3。
非京东配送的订单，按照第三方物流平台显示的实际到货日期为准判断实际收货日期。如果第三方合作伙伴不能有效返回签收日期，则京东客服根据距离等因素和客户人工确认实际到货日期。

项目 5 电子商务物流售后服务

表 5-3 第三方卖家商品售后标准

退换类别	具体描述	是否支持 7 天（含）内退换货	是否支持 15 天（含）内换货	是否收取返回运费	备注
国家法律所规定的功能性故障或商品质量问题	经由生产厂家指定或特约售后服务中心检测确认，并出具检测报告或经第三方卖家售后确认属于商品质量问题	是	是	否	当地无检测条件的请联系第三方卖家客服处理
到货物流损、缺件或商品描述与网站不符等京东原因	物流损指在运输过程中造成的损坏、漏液、破碎、性能故障，经售后人员核查情况属实。缺件指商品原装配件缺失	是	是	否	京东审核期间可能需要快递人员证明或要求您提供实物照片等，以便第三方卖家售后快速做出判断并及时处理
其他原因	除以上两种原因之外，如个人原因导致的退换货，在保证商品完好的前提下	是	否	是	由客户承担商品返回第三方卖家的运费

2．京东商城物流售后的收费标准

京东快递上门收取京东的售后货物，根据不同商品类别收取费用，未标注或特殊商品另行协商，第三方卖家的商品也根据特殊情况协商解决（见表 5-4）。

表 5-4 京东商城售后的收费标准

收费标准	商品类别
50 元/件	大件商品，包括冰箱、洗衣机、空调、彩电、干衣机、电视柜、大件沙发、电器柜、床
30 元/件	中件商品，包括微波炉、饮水机、净水桶、机柜、机架、音响、燃气灶、热水器、洗碗机、消毒柜、油烟机、折叠床、电脑椅、鞋柜、电话桌、化妆台、餐桌、床垫、中型沙发、梯子、茶几
8 元/件	其余小件商品
协商	如果您购买的第三方卖家商品所在取件地址或重量超出京东快递的取件能力，您可与第三方卖家协商解决。若处理过程中发生争议，您可要求京东客服介入共同解决，联系客服

3．京东商城物流售后的收费方式

京东售后包含退货、上门换新、返件换新等，服务内容有所差别，收取费用的时间也不同。退货订单的上门取件费用会在订单退款中扣减，也可以现金支付；上门换新在新商品送货上门或自提时收取费用；返件换新在新商品交付时收取，不在原商品退回时收取。详细说明见表 5-5。

4．京东商城物流售后的特色服务

京东针对自营商品还推出了具有京东特色的售后服务。详情见表 5-6。

表5-5 京东商城售后的收费方式

服务种类	服务内容	收费方式
上门换新	生成新订单,快递员上门以新商品与原商品交换,原商品返回京东售后部	新订单送货上门或自提,交付时收取,并开具取件收费发票,发票信息与原订单一致
退货	生成上门取件单,快递员上门将原商品取回站点,通过物流返回京东售后部	从退款中扣减,现金支付的可开具取件收费发票,运费发票单独邮寄(全部退货)或与重开后的商品发票一起寄送(多件商品部分退货),发票信息与原订单一致
返件换新	生成上门取件单,快递员上门将原商品取回站点,通过物流返回京东售后部,售后专员生成新订单发出	新订单送货交付时收取,并开具取件收费发票,发票信息与原订单一致

表5-6 京东商城售后的特色服务

服务名称	具体描述
7天无理由退货	客户购买京东自营商品7日内(含7日,自客户收到商品之日起计算),在保证商品完好的前提下,可无理由退货。(部分商品除外,详情见各商品细则)
售后上门取件	客户购买京东自营商品15日内(含15日,自客户收到商品之日起计算)因质量问题提交退换申请且审核通过,在京东自营配送范围内,京东提供免费上门取件服务。法定节假日、停电、天气等不可抗力情况除外
售后100分	客户购买京东自营商品15日内(自客户收到商品之日起计算)如出现故障,京东售后服务部收到故障品并确认属于质量故障(以国家三包法等有关法律、法规为准)开始计时。在100分钟内(工作时间每周一至周五,上午9:00至12:00,下午13:00至18:00,法定节假日、停电等无法正常处理情况除外)处理完客户的售后问题,处理完的标志为已经为客户提交了换新订单、补发订单、补偿申请或者退款申请(通过邮政等退款要依赖于第三方退款平台服务速度)。注:如客户不同意以上解决方案,协商时间另计。如以上承诺京东未做到,除故障商品全额退款外再给予客户京东账户1000个京豆作为补偿
售后到家	自商品售出一年内,如出现质量问题,京东将提供免费上门取送及原厂授权维修服务。 温馨提示: • 售后到家服务仅针对部分指定商品,具体以客户下单时的订单详情为准; • 此服务仅限京东自营商品(京东销售和配送); • 法定节假日、停电、天气等不可抗力情况除外

想一想

京东商城自营商品与第三方商品物流售后有哪些区别?

5.1.5 速卖通的物流售后规则

速卖通因其跨境零售的原因,物流配送时间长,运费高,因此,物流售后情况与国内

C2C、B2C、B2B 等情况存在较大差异。

1. 速卖通物流售后的原则

速卖通不提供"七天无理由退货",也没有各个国家共同承认的法律来保障交易双方的权益,只有类似于淘宝网最初出现时的第三方担保交易。

All orders placed on AliExpress are protected by a standard set of guarantees, also known as Buyer Protection.

Buyer protection starts from the moment you have paid for your order. If you go to my orders, the buyer protection period will be displayed in the form of a countdown clock. Once you have confirmed receiving your order, you will have 15 days to apply for a refund.

所有在速卖通平台交易的订单都由第三方担保,提供买家保障。买家保障从买家下单付款后开始生效。如果买家进入"我的订单"页面,买家保障时效会以倒计时的形式呈现。确认收货后,买家还有 15 天的时间申请售后。

2. 速卖通物流售后的内容

(1) Everyone who shops on AliExpress receives the following guarantees:

每一个在速卖通上购买商品的买家都会得到以下买家保障:

1) Full refund if you don't receive your order(未收到货满额退款)

You will get a full refund if your order does not arrive within the delivery time promised by the seller.

如果买家的订单商品没有在卖家承诺的配送时间内到达,买家将会获得满额退款。

2) Full or partial refund if the item is not as described(商品与描述不符可以全额或部分退款)

If your item is significantly different from the seller's product description, you can A: Return it and get a full refund, or B: Get a partial refund and keep the item.

如果买家收到的商品明显与卖家的商品描述不同,买家可以选择将商品退回并获得全额退款,或者保留商品并获得部分退款。

(2) Sellers can also offer additional guarantees for their products.

卖家也会根据自己的商品情况提供额外的售后保障。

1) Domestic Returns(本地退货)

Products which fall under this return policy can be returned domestically, as long as they are unused and in the original packaging. No questions asked!

只要商品没有使用并保留原始包装,提供本地退货的商品可以直接退货到相应的仓库。无理由退货!

这一项服务和国内的七天无理由退货服务比较类似,前提是卖家在指定地区的海外仓存有货物。

2) Guaranteed Genuine(正品保证)

If a product that falls under this guarantee is found to be counterfeit, you will get a full refund(shipping costs included).

如果正品保证的商品被发现假冒,买家将会得到全额退款(包含运费)。

3. 速卖通物流售后的途径

（1）Contact the Seller（联系卖家）

If your order hasn't arrived within the promised time, or isn't as described - contact the seller.

Most sellers are happy to quickly resolve any issues.

如果买家的订单没有在承诺时间内送达，或者商品与描述不符，买家可以联系卖家协商解决。大多数商家乐意快速解决任何问题。

（2）Open dispute to make a refund（发起纠纷去争取退款）

If you were unable to resolve the problem with the seller, you can submit a refund request by clicking open dispute.

Here, you can formally discuss solutions with the seller.

如果买家无法与卖家协商解决问题，买家可以通过发起纠纷来主张自己的退款要求。这样买家可以正式与卖家进行谈判，讨论如何解决问题。

（3）Escalate dispute to AliExpress（申请速卖通客服介入纠纷）

If you are not satisfied with the seller's solutions, you can escalate dispute to us.

We will mediate between you and the seller to resolve the problem.

如果买家还是不满意卖家提供的解决方式，买家可以申请速卖通客服介入纠纷。速卖通客服会在买家和卖家之间调停，解决相应的问题。

Tip:The best way to protect your purchase is to carefully check the seller's feedback from his buyers and product description before ordering.

速卖通提醒每一个买家，保护自己交易权益的最好办法，是下订单前仔细查看其他买家对卖家的评价以及产品描述。

 想一想

为什么速卖通售后规则很少提到退换货的逆向物流规定？

任务 2　电子商务物流售后常见问题及处理

✓ 5.2.1　电子商务物流配送常见问题及处理

1. 发货阶段物流问题及处理方法

电子商务企业在发货阶段遇到的物流问题主要集中在电子商务企业仓库配货和物流公司收件阶段，可能存在或遇到以下物流售后问题。我们需要根据特定的情况采取相应的行动，提高客户服务水平，降低差评和投诉风险。

（1）发件超时

电子商务企业在零售过程中为节约备货成本，普遍存在货物无货空挂情况，相应的，偶尔补货不及时，就会造成少量订单无法及时发出。在实际运营过程中，有许多店铺要么超时不发货，要么填物流单号发货，但实际未发货，殊不知，这两种做法都会降低客户满意度，增加投诉风险。

大多数平台对 C2C 电子商务店铺的发货时间管理不是非常严格，因此 C 店习惯采用不发货来应对。而天猫、京东商城等对 B2C 电子商务企业店铺的管理非常严格，例如天猫，最长发货时限是 72 小时，超过 72 小时未发货的订单，买家可以提交退款理由为"未按约定时间发货"的订单退款申请，退款成功后将额外获得订单实付金额百分之三十的赔款。因此，B2C 卖家通常通过"填写空白物流单号确认发货"的办法来逃避超时赔款。但是，如果买家发现订单内所填的物流单号在 72 小时内无物流信息，且卖家无法提供 72 小时内有物流信息的物流单号，买家可以以"虚假发货"的理由退款，额外获得订单实付金额百分之三十的赔款。

此类型的发货问题，责任在卖家，正确处理方法是主动与买家沟通，而不是选择不负责任的逃避。卖家可以主动告知买家补货到货时间，询问买家是否急用，可以让买家选择换相近款式，或者等商品到货，也可以提供立即退款退款的选项。卖家可以适当提出赠送小礼品、免费改发顺丰快递等优惠内容，引导买家同意换相近款式或等商品到货。

（2）揽收丢件

电子商务零售企业发件数量大，物流公司上门收取电子商务企业的包裹过程中可能会存在揽收丢件的情况。快递包裹可能被遗漏在电子商务企业的仓库，也可能遗漏在物流公司的转运车和站点内。揽收丢件出现的概率较小，快递公司一般都有较明确的操作流程杜绝意外的发生。但由于发货量的基数巨大，也常发生包裹在揽收过程中丢件。

此类型的发货问题，责任在物流公司，但卖家不能以此搪塞买家，不能长时间纠结于货物是否打包或丢失，更不能要求等到调查清楚以后再为买家解决问题。买家并不关心揽收丢件是卖家的责任还是物流公司的责任，而且买家还有可能认为这是卖家在欺骗他，实际是卖家无法按时发货。正确的处理方法是，卖家每天都应该花点时间检查电子面单后台的揽收情况，如发现未揽收，应及时与物流公司收件人员联系，并及时补发货物。如遇到卖家自己未发现揽收丢件，买家在几天后主动联系卖家的情况，卖家应优先给买家承诺，承诺商品补发时间或其他即时处理方案，之后再与物流公司联系，解决丢件的损失。

（3）站点停运

通常电子商务零售企业会有默认合作的物流公司，发件量大的电子商务企业会有两家或两家以上合作的物流公司，也有不少商家局限于某些原因，只拥有一家合作的物流公司。站点停运一般可分为特殊限制、经营问题两种情况。

特殊限制指特定时间内，政府或其他机构因为特殊事件封锁或控制交通，使快递站点无法正常运营，比如杭州 G20 期间，发往杭州城区的快件包裹都无法进入，更无法进行配送。这种情况下，特殊地区的所有物流站点都是停运的，卖家无法将货物通过第三方物流公司送达买家手中。卖家必须第一时间联系买家说明情况，并一直跟踪站点情况，在解禁后第一时间发出货物。

第三方物流公司存在加盟合作的形式，有部分站点由私人承包，因此存在经营问题。

在私人加盟退出而没有其他人接手时,就存在站点停运的情况,经营成本高而业务较少的站点停运相对较为常见。通常快递收件公司客服会及时主动告知卖家站点停运情况,卖家也可以自行登录快递官网查询网点情况。百世汇通会将站点停运通知及时发布,发件公司会将相应信息发送给自己的客户,比如与我们合作的百世汇通义乌上溪镇东分部在 2017 年 5 月 4 日更新了站点停运通知,如图 5-9 所示。

义乌上溪镇东分部停发/慎发通知　　5-4号更新			
省份	城市	地区	停发/慎发	备注
新疆	乌鲁木齐市	沙依巴克区	应急代派	内部整顿,快件积压严重
湖南	长沙	开福区(长沙开福区三部)	应急代派	内部整顿,快件积压严重
山东	泰安市	泰山区(泰安泰山区一部)	停发	站点关停,快件停发!
天津	天津	南开区(天津南雅安分部)	停发	站点关停,快件停发!

备注:以上区域请发件客户停发,避免带来不必要的纠纷,多谢!

图 5-9　百世汇通义乌上溪镇东分部的站点停运通知

遇到站点停运的揽收退件,卖家的收发货仓库需要第一时间反馈给客服,客服及时告知客户,并主动为客户更换快递,将实际发货的快递及快递单号告知客户。如果卖家的货物通过菜鸟网络仓储一体化发货,菜鸟网络会根据客户地址选择最优快递,基本可以避免单个快递站点停运导致的发货物流问题。

(4)货物分包

卖家在发货过程中还会遇到货物分包带来的物流售后问题。买家购买多件商品时,卖家通过两个以上包裹将货物发出。

如果是不同 SKU 的商品,卖家可以通过部分发货将两个以上物流单号填入同一个订单。买家在订单的物流信息内直接可以看到每个包裹对应的物流单号。

如果是同一个 SKU 的商品购买数量在两个以上,而一个包裹只能装一个商品,卖家就无法将多个物流单号填入该订单。这种情况下,买家收到其中的一个包裹后,会误以为卖家漏发了货物,直接质问客服,甚至作出不满的评价。其实,只要提高服务意识,就能尽量避免这类物流售后问题。卖家可以在包裹内放置发货清单,明确告知客户包裹内货物和包裹总数量,也可以在发货后通过旺旺、电话、短信等途径主动告知客户包裹数量。

2. 运输阶段物流问题及处理方法

(1)运输丢件

物流公司在运送包裹过程中需要经过发件公司、中转站、收件公司等多个站点,包裹要经历分拣、整包、拆包、分拣等多个环节,因此,在实际运输过程中,可能会出现包裹丢失的情况,我们在查询快递信息时可以发现中断的物流信息,如图 5-10 所示。

当买家反馈或投诉包裹还未收到时,卖家需要及时查询物流信息,并判断物流信息是否存在异常,如图 5-10 中的物流信息,正常情况下,广州航空部发出的快件应该在 1~3 天更新物流信息,出现内蒙古站点或中转部接收的信息,超时则说明快件出现了问题。卖家在发现问题或接到反馈的第一时间要安抚买家,然后赶紧联系发件公司查询结果,要求快递公司在两天内给予明确答复,之后不能将事情搁置太久,如果快递公司没有按时回复信息,卖家一方面催促快递,另一方面要优先给买家补发包裹。通常 5 天以上未更新物流信息的包裹可以按照丢件处理,找物流公司索赔,具体以与物流公司的协商为准。如果丢失的快件后来被快递公司找到,卖家可以要求快件退回。

图 5-10　韵达快递疑似丢件的物流信息

（2）分拣出错

在电子面单出现之前,快递公司普遍采用纸质四联单,卖家在快递单上填写收件地址,再由快件揽收人员根据收货地址判断派件公司地址所属,用大头笔标注最终派件公司的省市区,例如浙江省温州市苍南县灵溪镇,揽收人员会写上浙江温州,上海嘉定区城区,会写上上海嘉定。由于收件量大,收件时间短,而且漏写大头字会被快件公司惩罚,快件揽收人员需要快速判断和填写全部大头字,字迹难免潦草,这就增加了快件在分拣过程中出错的风险。我们的店铺之前就碰到过这类情况,有一个包裹原本寄往江苏南京,但由于字迹潦草造成分拣错误,包裹被寄往了江西南昌,只好等江西南昌的中转部接收整批包裹后,将错误包裹拣出,重新发往南京。结果,原本隔天就能从浙江金华送达江苏南京的包裹,整整花了四天时间才送达客户手中。

解决这类问题的最好办法是更新寄件方式,大部分快递公司都已提供电子面单服务,虽然纸质四联单还在使用,但是卖家可以购买热敏打印机,自行选择使用电子面单服务,在打印快递信息时就将系统自动生成的分拣信息打印出来,避免人工出错。

（3）买家要求取消订单

在卖家发货前,买家要求取消订单只需要提交退款申请即可,但是,在卖家发出货物之后,买家要求取消订单就成了物流售后问题,比较麻烦。买家改变购买想法、货物发货时间和物流运输时间超过买家预期等，都会造成这种情况，包裹还在物流公司运送过程中，买家却要求取消订单。有些买家提交"仅退款"的退款申请，还会催促卖家退款。即使买家以投诉为要挟，卖家也千万不要同意退款，将订单金额直接退给买家。遇到这种情况，卖家可以先联系快件揽收公司，给快件派件公司留言"不派件退回"之类的要求，同时要求买家及时拒签。必须在物流信息显示包裹返程之后，卖家才能同意退款，将订单金额退给买家，不然会出现钱货两空的局面。

（4）买家要求修改收货信息

买家在购买时填错了收货信息，但未能及时发现，直到卖家发货后，买家查询物流信息时才发现问题。或者，买家下订单后，临时去往了另外的地方。在实际经营过程中，这类情况时有发生。我们需要根据以下情况区别处理。

1）不同城市。

大部分快递公司无法将货物重新打包，寄往收件公司和派件公司所在中转部之外的中转站点。也就是说，如果买家要求修改的新收货地址与原收货地址在不同的城市，一般只能退回到卖家手中，然后重新发货。例如，百世快递在金华拥有74个站点，如图5-11所示。

图5-11 百世快递浙江金华区域的部分站点

假如有一个快件从上海嘉定区寄往浙江金华江北，如果想要更改地址到浙江金华浦江县，而金华江北和浦江县不是同一个中转站点，快递公司无法直接为客户更改收货地址，快件只能退回到上海后重新发货。

2）同城市。

如果买家想要修改的新收货地址与原收货地址在同一个城市，或者买家只是想修改收件人姓名和电话，卖家可以直接联系快件揽收公司，修改收货信息。还是以图 5-11 为例，假如有一个快件从上海嘉定区寄往浙江金华江北，如果想要更改地址到浙江金华江南，快递公司可以在金华中转站分拣时将快件直接分给江南的分部，无需退回重寄。

3．派送阶段物流问题及处理方法

（1）收件信息错误

买家下订单，卖家编辑订单信息，卖家手写快递单等过程中，都有可能发生收件信息填写错误，最终导致快递单上的收件信息错误，快件无法送达正确的收件人手中。如果仅仅收货地址存在小差错，或者买家填写的收货地址不明确，快递公司可以通过电话联系收件人，获取明确的收货地址后派送。如果收件人电话错误，属于停机、关机、空号等情况，而收货地址又不够详细，快递公司就无法完成派送，这种情况下，派件公司通常会联系发件人，询问收件人的正确联系方式，并告知发件人，如果指定时间（一般为 3～7 天）内不能提供正确收件信息，快件会被退回。如果遇到这类情况，卖家应当按以下步骤处理。

首先不要慌张，先根据派件公司提供的物流信息查询到相应的订单信息，亲自拨打订单的收件人电话。必须先确认收件人电话号码的状态，是否真的如派件公司所说，存在停机、关机、空号等情况。我们遇到过不少订单，派件公司反馈联系不上，但是我们自己能联系上。并不一定是派件公司不负责任，派件人员拨错号码、收件人恰巧关机等情况都有可能发生。

如果卖家能联系上收件人，卖家须告知收件人快件在派件中，请收件人保持联系电话畅通，然后与派件公司联系，重新告知派件公司收件信息，请派件公司再次安排派件。由于卖家打印快递单或手写快递单的过程中可能存在错误，卖家一定要重新告知派件公司收件信息并核对，确保自己确认过的正确收货信息被派件公司采用。

如果确实是收件人电话存在问题，卖家要想办法尽快找出正确的联系方式。例如在淘宝网之前的版本中，卖家可以在订单信息内看到买家的付款支付宝，很多人的支付宝账号就是手机号，卖家可以拨打支付宝的手机号联系购买人，获取正确的收件信息。后来支付宝账号被隐藏，但是卖家还是可以通过"付款给买家"的功能，转 0.01 元钱给买家支付宝，然后查询支付宝的手机号。卖家也可以根据买家的淘宝 ID 查询买家是否绑定其他的手机号码。

如果还是无法找到有用的联系方式，卖家只能通过平台提供的联系工具（淘宝网的旺旺、京东商城的咚咚、亚马逊的邮件等）给买家留言，要求买家提供正确的收件信息。买家提供正确的收件信息后，卖家第一时间联系派件公司修改收件信息，让派件公司再次派件。

（2）签收纠纷

收件人不能亲自签收派件员派送的包裹是造成签收纠纷的根本原因。收件人不能亲自签收包裹的原因有很多：快递公司派件员派送量大，没有时间等待收件人；快件的收件人因为上班、出差、临时有事等，不一定有时间在对应的收货地址等待签收包裹；公司、小区等管理方禁止派件员进入管辖区域，要求派件员将包裹统一放在指定位置；公司前台人员代收等。

当买家发现订单物流信息显示已签收，而自己实际并未收到包裹时，少数买家会联系派件公司，大多数买家会直接质问卖家。卖家联系派件公司的派件员时，往往只能得到快件已经派送成功,让买家再去找的答复。这时,就产生了派件公司坚持认为快件派送签收了,但是买家不承认签收的情况,也就是签收纠纷。

作为卖家,通过第三方物流公司寄送包裹,我们无法杜绝签收纠纷的产生,只能够积极应对纠纷,妥善处理。首先,卖家需要先安抚买家的情绪,给予买家"如果快件丢失,卖家会给买家再次补发货物"的承诺,作出承诺后再要求买家等待或者配合行动,就容易得到回应。其次,卖家需要向快递公司施压,因为快件没有亲自送到收件人手中是快递公司的责任,卖家可以要求当日负责派送的派件员前往事发地点找回快件,然后亲自联系收件人,再次派件。如果派件员三日内未能找到快件,或者派件员无法提供快递签收单据证明快件被本人签收,卖家可以直接向快递公司发起投诉和索赔。也有一些派件员为避免投诉和索赔,在找不到快件后,会直接将订单金额用现金赔付给买家,这样卖家就无需后续操作,如果买家还想要商品,重新购买即可。

出现签收纠纷时,卖家切忌将责任全部推给快递公司,切忌让买家自己联系快递公司找回快件。卖家虽没有直接责任,但要抱着为买家着想的态度为买家服务,这样才能将买家的不满意变为非常满意。如果因为没有妥善处理签收纠纷而收到买家差评,卖家反而得不偿失。

5.2.2 电子商务中换货常见问题及处理

由于电子商务交易大多在虚拟平台上面进行,不能实际试用,只能通过视觉感官判断,特别是服饰鞋类商品,容易出现尺码上的判断错误,所以换货是经常会发生的事情。

在买家确认收货前,淘宝网的订单内只有退货退款申请的入口,没有换货的入口。买家只需联系卖家的客服,提出换货要求,然后根据卖家提供的退换货地址,将商品寄回给卖家,等待卖家将换货后的商品寄给自己。京东商城的订单有返修换货申请,可以直接提出申请,收到买家的申请后,京东客服会电话联系买家,协商处理换货事宜。

不管在哪一个平台,实际经营过程中的换货过程偶尔会出现特殊情况,并不顺利,这就需要卖家及时应对,避免产生纠纷,遭到买家投诉。

1. 买家要求所换的商品缺货

卖家在答应买家换货时商品有货,但是等到买家将商品寄回,需要换货的商品出现了缺货等情况,无法寄出。这时,卖家应第一时间与买家联系,协商解决问题。若买家不急需该商品,可以给予买家发货承诺,建议买家等待几日,并适当给予补偿,这样就可以等到商品补货后再换货发给买家。若买家急需该商品,卖家可以询问买家是否愿意换成款式相近的商品。如果买家不同意,卖家可以与其协商退款或者部分赔偿,尽量避免后续的买家投诉。

2. 买家退回的商品有问题

卖家收到买家退回的商品,发现商品破损、已使用等情况,影响了商品的二次销售,例如:鞋子根部有磨损痕迹、杯子的边角有损伤等情况。卖家应当第一时间联系买家协商解决问题,并保留好相关凭证。若双方协商一致,卖家根据双方协商好的结果处理即可,为买家提供换货或退款服务。若双方协商不一致,卖家可以拒绝买家的换货要求,将商品寄回给买家。

3．换货发出的商品仍有问题

卖家为买家提供换货服务，在换货发出时未仔细检查商品，导致买家收到的商品仍有数量不对、商品瑕疵、颜色错误等问题。买家前来询问卖家时，卖家应当让买家再次将商品寄回，补偿买家寄回的邮费，并建议买家换货或退款。遇到比较严苛的买家，换货之后仍然不满意，而卖家提供的产品又很难达到买家期望值，建议卖家尽量让买家选择退货退款。

4．买家退回的商品缺少附件

卖家在买家要求下开具发票或提供赠品，但在收到买家退回商品时未见到发票或赠品，甚至缺少商品的部分配件。卖家应当第一时间联系买家确认退件的商品数量与内容。若买家在退件时遗漏了发票、赠品、商品配件等，卖家可以与买家协商，明确说明换货的商品去掉发票、赠品、商品配件后寄给买家。在买家接受发票、赠品、商品配件不更换的情况下，完成换货服务。若买家要求发票、赠品、商品配件等也需要更换或者换货前后的商品发票、赠品、配件不一致，那卖家就必须要求买家将原商品的发票、赠品、商品配件等内容寄回，寄回后再进行商品的完整换货。

5．换货运费争议

许多保险公司针对电子商务交易提供了退货运费险保障，卖家或买家购买了运费险并完成退货即可获赔一定金额的运费。然而，换货产生的运费并不在退货运费险保障范围内。

买卖双方换货时常常因为换货运费的问题产生纠纷。同样的商品情况，买家可能认为是商品质量问题，必须要换货，且理当由卖家承担运费，但卖家却认为不存在商品质量问题，仅仅是买家不喜欢，必须由买家承担换货运费。

遇到这种情况，卖家需要具有耐心，摆事实讲道理，尽可能说服买家不换货或者承担部分换货费用。首先要把事实讲道理，卖家需要熟悉自己的产品，在平时经营过程中注意收集其他买家的反馈，整理成案例，哪些是质量问题，哪些是不影响使用的小瑕疵，划分清楚，这样在与买家协商时才能有理有据。其次，在做到有理有据的情况下，考虑买家的特点，适当给予让步，避免骑虎难下的窘境，例如买卖双方各自承担自己寄出商品时的那部分费用。

5.2.3 电子商务中退货常见问题及处理

1．退货基本流程

在第一节的内容中我们已经简要介绍了各个平台对于售后服务的相关规定，我们简单总结一下关于退货的内容，结合电子商务企业经营普遍采取的措施，绘制退货的基本流程（如图5-12）。

2．退货常见问题及处理

（1）买家退货未填写退货单号

卖家同意买家的退货退款申请后，买家需要在规定时间内（淘宝网规定7天）填写退件的快递单号，表明自己已经退货，如果买家逾期未填写单号，退货退款申请将会被关闭。有些买家已经将货物按照卖家的要求寄回给卖家，但是没有及时填写退件的物流信息，导致自己货退了钱未退的窘境。有些买家不懂得这些规则，就会认为是卖家从中作梗，直接发起纠纷投诉。

因此，卖家同意买家的退货退款申请后，要及时跟进买家的退货进展，引导买家进行正确的操作，避免不必要的误会和由此带来的负面投诉。

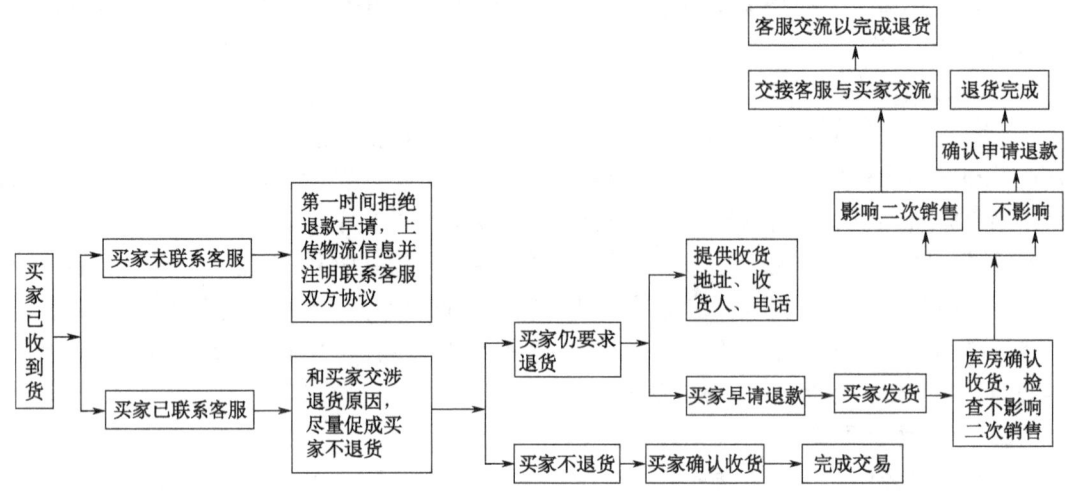

图 5-12　某电子商务企业退货流程

（2）买家提供的退货单号无物流信息

卖家同意买家的退货退款申请，买家也及时填写了退货的快递单号，但是却一直没有退件的物流信息。这时，卖家一定要引起警惕，买家填写退货快递单号后，平台会进行倒计时，若倒计时结束，系统会默认卖家收到退件并将订单金额退回给买家。在倒计时过程中，卖家无法延长自己的收货时间，只能选择拒绝退款。

因此，买家填写了快递单号，却迟迟没有物流信息时，卖家应及时与买家沟通询问原因。若是快递的问题，则卖家需要与快递沟通询问原因，必要时要求买家寻找快递揽收人员询问。若是买家只填写了快递单号而未退回商品，则卖家应与买家沟通询问原因。如果买家改变主意，不想退还商品，卖家可以拒绝退款申请，等待系统将退货退款申请关闭。如果买家多次点击退货，只填写物流单号却不想退还商品，商家可以要求淘宝客服介入处理。

（3）买家寄回的商品影响二次销售

对于商品无明显质量问题，买家要求七天无理由退货的订单，卖家收到买家退回的退件，但商品出现破损、已使用等影响了商品二次销售的情况，例如，衣服有明显的洗涤使用痕迹、杯子的边角有损伤等。这时，卖家应当第一时间联系买家协商解决问题，并保留好相关凭证。若双方协商一致，卖家应保留好相关证据（旺旺聊天记录等），并上传到退款页面，按照和买家协商好的结果处理即可。若双方协商不一致，卖家可拒绝退货，点击要求淘宝客服介入处理，同时卖家需要提供商品实物图片，证明签收时商品的情况。因此，卖家在签收退件时，一定要当面验货，确保商品无误后再签收。如果商品影响二次销售，卖家应当当场联系买家，告知商品情况，协商处理办法。如果当场联系不上买家，卖家可以拒签或要求快递公司改日派送，并让快递公司帮忙出具红章证明，以便维护权益。

实际操作过程中，由于卖家每天的收件量较大或者卖家工作繁忙，往往忽略了退件签收的环节，导致卖家收到无法再次销售的商品，若商品无法返厂回收或修复，就给卖家造成了不小的损失。

（4）买家退回商品内容不完整

买家在卖家要求下开具发票，或者销售时提供了赠品，但在收到买家退回商品时未见到发票或赠品，卖家应当第一时间联系买家，确认发票、赠品等是否退回。若买家确实遗忘了，未将发票或赠品与商品一起退回。卖家可以与买家协商，让其将发票或赠品再次寄回，或者可以协商修改退款金额，将发票、赠品等兑换成金额，在退款金额中减去，卖家将剩下的金额退还给买家。若双方协调不一致，买家既不愿退还发票或赠品，又拒绝更改退款金额，卖家可以拒绝买家的退款申请，点击要求淘宝客服介入处理。卖家需要提供退件签收的商品实物图片，证明退件签收时未收到买家的发票或赠品。

（5）买家退回商品与退货退款申请不一致

卖家收到买家退回的商品，发现退货商品数量不对、商品不一致等情况时，卖家应及时与买家沟通询问原因。例如，买家购买了同一颜色尺码的商品若干个，要求退回一个，实际退件中只有一个商品，但申请退货退款时误选了全部。再比如，买家在卖家店铺中购买了多件不同的商品，收件后要求退回A商品，但实际却发错了商品，退给卖家B商品。

如果卖家没有仔细核对退件和退款申请的内容，就会给卖家带来巨大损失。就像前两种情况一样，实际经营过程中，由于卖家每天的收件量较大或者卖家工作繁忙，往往忽略了退件签收的环节，导致卖家的损失。因此，不管大卖家还是小卖家，在进行售后服务时，一定要重视退件签收环节，规范退件签收操作，避免不必要的纠纷，维护自身权益。

（6）买家使用卖家明确规定禁用的快递方式

买家未与卖家协商，私自使用物流运费到付的方式退货时，卖家有权拒收货物，但考虑到拒收会造成买家更大的损失，卖家拒收退件存在一定的纠纷风险，建议卖家可以先尝试联系买家协商，劝说买家同意自己支付到付运费，然后为买家办理退款。买家寄出到付件之后再承担这部分运费的方式有很多，例如卖家可以要求买家修改退款申请，将这部分到付运费在退款申请中减去，也可以由买家将这部分到付运费直接打款给快递公司，如果是顺丰快递，还可以由买家联系收件公司，将到付改为寄付，将运费支付给快件揽收的收件公司。如果无法协商一致，卖家可拒签到付件，拒绝退款协议。

（7）退件丢失

卖家同意买家退货，但是买家寄出退货后，物流公司丢失了退件。这种情况下，如果买家前来询问卖家，卖家应当主动联系快递公司确认退件丢失的情况，并引导和建议买家及时向物流公司索赔，同时拒绝退款申请，避免超时后自动将订单金额退给买家。

如果是签收纠纷造成的退件丢失，买家只知道退件的物流信息显示已签收，但卖家并未从快递公司拿到退件。这种情况下，卖家应当优先给买家退款，避免纠纷和投诉，然后自己找快递公司的派件公司索赔。

电子商务物流

任务 3 电子商务物流售后客服

5.3.1 物流售后客服重要性

表面上看,作为电子商务企业的售后客服,尤其是 B2C、C2C 零售店铺的售后客服,只需要解决客户的售后问题,为客户提供退换货服务,同意客户退款申请等,工作难度并不大。但是,实际经营过程中,许多企业老板都会发现,找一个负责任的优秀售后客服非常难,近乎万里挑一。工作内容差不多的情况下,优秀的售后客服和糟糕的售后客服会给企业带来完全不一样的效果。

1. 降低物流售后成本

优秀的售后客服在处理物流售后问题时,会尽可能为企业节约物流售后成本。能让客户同意换货,就决不让客户直接退货;能让客户使用便宜的快递,就决不让客户使用高价快递退换货;能用小额补偿使客户放弃退换货的要求,就决不让客户随意退换货。这些做法需要售后客服付出额外的时间和精力说服客户,相应的,这样做可以帮助企业降低物流售后成本。而对于不负责任的售后客服,只要客户的要求符合公司的规定,就会直接答应客户的退换货要求和补偿要求,虽然这样的售后客服并没有做错,但他没有为公司考虑,没有为公司争取最大的利益。

除了拥有自营物流和使用第三方物流公司仓储一体化服务的电子商务企业,其余电子商务企业需要客户通过第三方物流公司寄回货物,而第三方物流公司揽收客户的退件时,收取的物流费用是企业寄件的数倍甚至十数倍。优秀的售后客服需要熟知商品的大小、重量等商品信息,了解各个快递公司收费标准和收件要求,为客户推荐当地的快递收件公司,帮助客户与快递公司谈判,来降低退件的物流成本。

2. 增加回头客

对于电子商务企业来说,售前客服可以帮助企业促成第一笔交易,而物流售后问题的妥善解决,能够大大增强客户对企业的信任。售后客服倾听和解决客户反映的问题,就是企业和客户增进相互了解的一个重要机会。优秀的售后客服可以利用售后服务时沟通的机会,热心服务,为客户妥善解决售后问题,扭转客户对企业或店铺的印象,增大客户再次购买的几率。

3. 避免客户投诉

如果说售前客服是客户购物时的第一个窗口,那么,售后客服则是客户有售后问题时的唯一窗口。客户无法联系上电子商务企业的售后客服,或者客户无法在售后客服处得到满意的解决方案,就会进行投诉,发起纠纷退款。

在发生售后问题时,电子商务企业和客户往往站在利益的对立面,售后客服在维护企业利益的同时,要以积极的心态面对客户,真诚服务,为客户着想,为客户提供合理的解决方案,降低客户的负面情绪,避免客户的投诉。如果遇到客户提出不合理的要求,售后客服需要耐心解释，积极应对，严格按照相应的法律法规、平台规则处理，这样，即使客户仍然坚持投诉，企业也能获得法律或平台的支持，最终驳回客户的投诉。

4．降低对店铺的负面影响

售后服务处理不及时、不恰当，非常容易导致客户给予店铺差评，降低店铺和商品的评分，影响后续的销售，严重的，还会影响店铺的经营活动，例如，淘宝平台的活动报名对店铺评分有明确要求，见表 5-7。

表 5-7　天猫淘抢购活动报名条件（涉及售后物流部分）

规则分类	规则内容（天猫）	你的资质
物流服务 DSR	近半年店铺 DSR 评分三项指标分别不得低于 4.6（开店不足半年的自开店之日起算），主营一级类目为保险、特价酒店/特色客栈/公寓旅馆的店铺除外	您的店铺发货速度 DSR 为 4.85 分
DSR 三项均值	近半年店铺 DSR 评分三项指标均值不得低于 4.7（开店不足半年的自开店之日起算），主营一级类目为保险的店铺除外	您的店铺三项均值 DSR 为 4.87 分
近 30 天纠纷退款率	店铺的近 30 天纠纷退款率必须小于 0.1%	您的店铺近 30 天的纠纷退款率为 0%
服务态度 DSR	近半年店铺 DSR 评分三项指标分别不得低于 4.6（开店不足半年的自开店之日起算），主营一级类目为保险、特价酒店/特色客栈/公寓旅馆的店铺除外	您的店铺服务态度 DSR 为 4.85 分
实物交易占比	除主营一级类目为"消费卡，购物提货券，餐饮美食，移动/联通/电信充值中心，手机号码/套餐/增值业务，网络游戏点卡，腾讯 QQ 专区，装修设计/施工/监理，装修服务，景点门票/演艺演出/周边游，特价酒店/特色客栈/公寓旅馆，度假线路/签证送关/旅游服务，手机"的店铺外，其他店铺近 30 天店铺实物交易占必须在 95%及以上	您的店铺实物交易占比 100%
店铺近 90 天金额退款率	主营一级类目为男装，女装/女士精品的店铺，近 90 天店铺订单金额退款率不超过 40%，其他店铺的近 90 天店铺订单金额退款率不超过 30%	店铺近 90 天金额退款率：2.96%
最终成交指标	店铺近 60 天参加淘抢购活动商品（不含急速抢），最终成交指标需符合综合考核要求（综合指标包含实际成交金额、订单退款笔数、确认收货金额等）	符合
开店时长	开店时长在 90 天及以上	您的店铺开店时长 899.0 天

天猫的淘抢购活动和其他平台活动都对 DSR 评分、退款纠纷率、退款率等售后指标有明确的要求，低于活动要求的商家在相应的时间内无法报名该活动。

店铺评分和售后指标过低还可能被平台清退。表 5-8 是 2016 年 10 月 1 日正式生效的

《天猫 2018 年度各类目续签考核标准一览表》，表格中对店铺评分和售后综合指标提出了明确要求，达不到标准的店铺就会被天猫清退。

表 5-8　天猫 2018 年度各类目续签考核标准一览表（涉及售后物流部分）

天猫经营大类	类目	续签考核标准		
		店铺评分（DSR）	店铺销售额（元）	其他
服饰	服饰配件/皮带/帽子/围巾	1．描述相符小于 4.6 的天数累计＜70 天； 2．服务态度小于 4.6 的天数累计＜110 天； 3．物流服务小于 4.6 的天数累计＜110 天； 以上三项需全部满足	60,000	
	女装/女士精品	1．描述相符小于 4.6 的天数累计＜70 天； 2．服务态度小于 4.6 的天数累计＜110 天； 3．物流服务小于 4.6 的天数累计＜110 天； 以上三项需全部满足。	非冬品类店铺：300,000； 冬季品类店铺：120,000。	
	男装		非冬品类店铺：600,000； 冬季品类店铺：240,000。	
	女士内衣/男士内衣/家居服	如为冬季品类店铺，则 2016 年 10 月 1 日至 2017 年 2 月 28 日的店铺评分要求如下： 1．描述相符小于 4.6 的天数累计＜36 天； 2．服务态度小于 4.6 的天数累计＜54 天； 3．物流服务小于 4.6 的天数累计＜54 天； 以上三项需全部满足	非冬品类店铺：300,000； 冬季品类店铺：240,000。	
鞋类箱包	箱包皮具/热销女包/男包	1．描述相符小于 4.6 的天数累计＜70 天； 2．服务态度小于 4.6 的天数累计＜110 天； 3．物流服务小于 4.6 的天数累计＜110 天； 以上三项需全部满足	120,000	
	女鞋		300,000	
	流行男鞋		300,000	
运动户外	运动鞋 new	1．描述相符小于 4.6 的天数累计＜70 天； 2．服务态度小于 4.6 的天数累计＜110 天； 3．物流服务小于 4.6 的天数累计＜110 天； 以上三项需全部满足	1,050,000	
	运动服/休闲服装		800,000	
	运动/瑜伽/健身/球迷用品		1,000,000	
			400,000	

售后综合服务指标可以在天猫商家中心查看，如图 5-13 所示。

5．改进产品和服务

售后客服每天面对大量的退换货售后信息，能够收集到大量客户对产品和服务不满的信息。售后客服整理和分析相关的售后信息，能够提炼出客户反映的主要商品缺陷和包装运输服务的不足，然后将这些信息反映给运营、仓储、厂家等，帮助电子商务企业改进产品，提升服务。

线下交易存在面对面沟通的机会，而电子商务企业只能通过售后客服了解客户对产品使用和企业服务的反馈。电子商务企业忽略售后客服这一环节，将导致闭门造车的窘境，产品和服务也将逐渐被市场所淘汰。

我是卖家 > 客户服务 > 服务数据看板

主营类目：鲜花速递/花卉仿真/绿植园艺

天猫服务综合指标　　　　　　达标

售后服务综合指标行业排名占比：75%

纠纷退款率：0%

仅退款自主完结时长：0.855天

退货退款自主完结时长：6.777天

退款自主完结率：100%

图 5-13　双翼家居专营店某日的售后服务综合服务指标

5.3.2　物流售后客服工作内容

1．物流售后客服的工作职责

不同的电子商务企业对物流售后客服的工作安排不尽相同，对于售前、售后工作范围的界定也有所区别，但我们认为，属于电子商务企业售后客服应当完成的基本工作有以下几点。

1）收集客户信息，建立客户档案、质量跟踪记录等售后服务信息管理系统，对老客户进行分门别类，定期进行客户回访，了解并分析客户需求，维护客户关系，规划回头客服务方案。

2）接待当天的客户，回复客户的咨询，查件，延长订单的收货时间，同意客户的退款申请等，解决物流售后问题，如果遇到无法当天完成的物流售后问题，在交接工作的表格中登记好相应的信息，做好工作记录。

3）对前一天的物流售后问题进行跟踪，查件，延长快递收货时间，货物破损、换货等订单安排补寄，退货、退款申请等订单及时为客户退款，客户投诉、客户维权等及时回应并联系客户，提供解决方案，争取获取谅解，撤销投诉。如果还有当天无法完成的物流售后问题，在交接工作的表格中更新相应的信息，更新工作记录。

4）对前一天物流发货情况进行跟踪，对未查询到的订单进行及时与快递客服和客户沟通，主动延长收货时间。

5）对前一天的评价进行跟踪和回复，对较差评价进行 Excel 统计，与客户进行有效的沟通，争取挽回不好的评价。评价中反映的问题，及时反馈给相应的责任部门，改进产品和服务。

2．物流售后客服的基本工作流程

根据物流售后问题的处理过程，我们可以简单把物流售后客服的基本工作归纳成以下四步。

（1）前期沟通

客户发现商品问题后，一般会通过平台的聊天工具（淘宝的旺旺、京东的咚咚、亚马逊的邮件等）联系电子商务企业的售后客服，说明问题，并要求售后服务，这一过程就是售后申请。

售后客服在了解到客户遇到的问题后，应将这一售后申请信息及时记录下来，并主动采取措施解决客户的问题。例如，客户没有签收快件，但快递的物流信息显示快件已被签收，那售后客服就应该第一时间安抚客户，然后马上联系快递公司询问情况并要求派件员联系客户，之后将处理结果反馈给客户，后续跟进客户的情况直到客户收到快件。

售后申请是基于订单的，每一个售后申请都有相对应的订单编号。而客户购买的一个商品，可能多次出现质量问题，因此，同一个订单编号可能对应于多个售后申请，售后申请与订单是多对一的关系。

在售后申请的过程中，售后客服与客户的前期沟通非常重要。前期沟通是售后客服与客户首次交流的过程，客户对这一过程中的服务品质有着直观的印象。前期沟通的效果也决定了此次售后服务的质量，例如，仅仅需要客户对产品的设置进行简单调整即可恢复使用的产品，如果售后客服没有仔细了解情况，未能做出精确判断，最终导致客户寄回产品换货，不仅会浪费企业的物流售后成本，也会耽误客户使用产品，降低客户的满意度。

例如，某手机品牌的低端手机的后盖在初次打开时，经常需要用力挤才能打开，但是一些用户都不敢很用力，因此售后客服经常会接到手机后盖无法打开的反馈。这时候，只需要售后客服给客户说明打开后盖的方法，问题就会很快解决，客户可以使用自己的商品，而商家的售后成本也降低了。即使商品存在质量问题，与客户进行充分的沟通，并有意识的引导问题，可以使得售后客服了解问题的具体情况，在分析、处理时可以起到辅助作用，做到有的放矢，提高了效率。

（2）同意退换货申请

客户所遇到的问题，售后客服无法通过客户的描述，引导客户自行解决的，可以先让客户拍照片进行初步鉴定，初步鉴定确认非人为原因的产品问题，可根据规定进行退换货处理。无法确认原因的，可以请客户寄回商品，对实物进行查看。

售后客服会对生成的售后申请确认，提供售后服务地址，请求客户寄回商品。

由于收、发货的地域差异性，往往需要通过快递服务中转。为了便于处理，通常售后客服会要求客户在快递包裹中注明相关信息，例如订单编号、售后申请编号、客户名称、联系方式等，售后客服收到退件后可以方便地了解包裹内容和相关问题。

（3）接收退换货快件

在同意客户的退换货申请后，售后客服需要及时获取客户退换货快件的快递单号，并跟踪退换货快件的物流信息。收到退件后，及时拆包查看实物，确认退件商品的内容和数量，并确认是否有客户反映的质量问题。如果是七天无理由退货，售后客服需要仔细检查商品情况，是否还能够进行二次销售。

退换货过程中最容易出问题的是发票、赠品、小配件等。客户在退回商品过程中，经常会忘记退回发票、赠品、小配件等，有些可以折价处理，但有一些必须要求客户完整退回。

（4）解决问题

确认退换货快件的内容和数量后，售后客服可以根据客户的要求，将商品换货后寄给客户，并告知客户换货发出的快递单号，请客户注意签收。或者，同意客户的退货退款申请，将订单金额退回给客户，将售后订单完结。

随初始销售订单发出的发票，在退货后需要交给财务作红冲。

5.3.3 物流售后客服沟通技巧

对于电子商务的消费者而言，遇到物流问题，第一反应是投诉到电子商务的工作人员处，要求电子商务工作人员进行处理。此时，电子商务工作人员需先妥善处理好客户的物流投诉，具体需由物流公司承担何种责任是后续工作。

妥善处理好客户的物流投诉，需要客户投诉处理的技巧。

（1）让客户发泄

通常客户会带着怒气投诉或抱怨，这是十分正常的现象，此时工作人员首先应当态度谦让地接受客户的投诉和抱怨，引导客户讲出原因，然后针对问题解决。这种方法适用于所有抱怨和投诉处理，是采用最多的一种方法。这种方法应把握三个要点：一听，认真倾听客户的投诉或抱怨，搞清楚客户不满的要点所在；二表态，表明对此事的态度，使客户感到你有诚意对待他们的投诉或抱怨；三承诺，能够马上解决的当时解决，不能马上解决的给一个明确的承诺，直到客户感到满意为止。

（2）委婉否认法

使用委婉否认法避免陷入负面评价，就是当客户提出自己的投诉后，工作人员肯定对方的异议，然后再陈述自己的观点。这种方法特别适用于澄清客户的错误想法、鼓励客户进一步提出自己的想法等方面，常常起到出人意料的显著效果。使用委婉否认法，应注意以下几个方面：特别适用于主观自负且自以为是的客户，这种方法的表达句型是"是的，但是"，但这种暗示着极强烈的否认法，因此，应用时可将其改为较委婉的"是……而……"句型，还可以使用"除非……"句型，尽量避免出现"但是"。

（3）转化法

这种方法适用于误解所导致的投诉或抱怨，因此处理这种抱怨时应当首先让客户明白问题所在，当客户明白是因为误解导致争议时，问题也就解决了。应用此法应注意以下几点：①工作人员经验丰富。采用转化法的工作人员，必须经验丰富，精通促销和服务技巧，因为只有这样的工作人员，才能察言观色，当机立断，适时巧妙地将客户误解转化；②转化方式轻松自然。这种方法运用恰当，客户会理解，若转化不当，则会弄巧成拙，使客户更生气，反而会增加阻力。因此，工作人员在用此法时应心平气和，即使客户异议明显缺乏事实根据，也不能当面驳斥，而应旁敲侧击去疏导、启发和暗示。

（4）主动解决问题，承认错误

如果确实服务不能令客户满意，就应当承认错误，并争取客户谅解，而不能推卸责任，或者寻找借口，因为理在客户，任何推诿都会使矛盾激化。承认错误是第一步，接着应当在明确承诺的基础上迅速解决问题，不能拖延时间，在事发的第一时间解决问题成本会最低，客户会最认可，一旦时间长了就会另生事端。

（5）降低客户期望值

降低客户的期望值。比如，在遇到物流问题会引起客户不满时，可以先向客户讲明原

因，并说明"如果因此给您造成不便，我们先向您表示道歉！"从而主动降低客户的满意期望值，这样便会有助于降低客户的不满和减少投诉，最大限度地维护自己的信誉。

淘宝网大众评审公约（试行）

第一章 概述

第一条 【目的和依据】

为规范淘宝网平台秩序，让更多会员参与平台治理，并保障淘宝网会员违规行为及交易纠纷判定的公正性、合理性和及时性，淘宝网尝试由大众评审员（以下简称"评审员"）对会员违规行为及交易纠纷进行集体判定，特试行本公约。

第二条 【评审范围】

淘宝网将逐步开放以下类型项下不同情形的违规行为及交易纠纷，由大众评审员进行判定：

（一）卖家违规行为类，包括但不限于淘宝主动排查发现或会员投诉/举报的卖家违规行为，卖家就其违规行为被违规处理后的申诉处理；

（二）交易纠纷类，即买卖双方存在争议的交易款项归属或资金赔偿纠纷处理；

（三）其他，根据大众评审员机制的发展而逐步放开的其他任务类型。

具体开放范围详见判定中心（//pan.taobao.com）。

第三条 【评审原则】

评审员自愿参与卖家违规行为及交易纠纷的判定，应当遵循以下原则：

（一）评审员应当依据《淘宝服务协议》、淘宝规则的相关规定进行评审，并仅针对违规及交易纠纷事实是否成立进行判定。

（二）评审员在评审过程中应当保持客观、中立的立场，尊重客观事实。不得利用评审员身份谋求不正当利益；不得与违规卖家恶意串通，进行徇私舞弊。

（三）评审员对于在评审过程中知悉的，可能涉及卖家隐私、商业秘密等事项负有保密义务。

第二章 评审员的招募、回避、激励、冻结、退出

第四条 【招募条件】

评审员通过公开招募产生，符合以下条件的淘宝网会员均可登录判定中心（pan.taobao.com）申请成为评审员：

（一）会员注册时间满一年；

（二）芝麻信用分大于等于600分；

（三）买家须同时符合下述要求；

1. 会员等级大于等于VIP2；

2. 信用等级大于等于"三心"；

3. 近90天要求淘宝介入的交易笔数小于等于三笔。

（四）卖家须同时符合下述要求；

1. 信用等级大于等于"一钻"；

2. 近30天纠纷退款率低于行业平均值；

3. 申请成为评审员的当个自然年内无违反《淘宝规则》严重违规（含出售假冒商品）相关规定被扣分。

（五）无其他不适合担任评审员的情形。

满足以上所有条件的会员经申请，即可自动获得评审员身份。

第五条 【回避情形】

出现以下任一情形时，评审员应遵循回避原则，不参与评审判定，以保证裁决结果的公证性和独立性：

（一）评审员自身或其关联店铺涉嫌违规行为的判定；

（二）评审员自身或其关联店铺举报的涉嫌违规行为的判定；

（三）在多轮判定周期中，同一任务的重复判定；

（四）评审员自身或其关联店铺涉嫌为交易纠纷中相关方的判定；

（五）其他应予回避的情形。

第六条【激励措施】

（一）评审员每完成一次判定任务，根据任务难易程度可获得10～20点不等的经验值。系统将根据评审员累积的经验值授予评审员对应的等级头衔。

（二）其他将逐步推出的激励措施。

第七条【冻结机制】

（一）评审员判定不客观。如评审员在一定判定任务量内的判定结果存在不客观的情况，评审员的判定资格将被冻结90天。

第八条 【退出机制】

（一）评审员主动申请退出。评审员在判定中心提交退出申请后即自动失去评审资格。评审员主动退出后，可再次申请加入。

（二）符合以下任一条件时，评审员将失去评审资格：

1. 自然年内因违反《淘宝规则》严重违规行为（含出售假冒商品）的相关规定被扣分；

2. 判定过程中累计出现多次重大错误，影响正常判定的；

3. 违反本公约规定的评审原则；

4. 其他失去评审员资格的情形。

第三章 评审程序

第九条【任务派送】

淘宝系统随机向评审员派送判定任务，根据评审员等级，每个评审员每天可参与判定的任务总量不同，最高不超过40个。

第十条 【评审期限及方式】

（一）每个任务的有效判定周期为168小时。评审期间评审员应通过匿名投票方式对涉嫌违规行为及交易纠纷进行判定。如出现应予回避的情形，评审员应主动放弃投票。

（二）评审员判定违规行为及交易纠纷时，可在线提交判定理由。

第十一条 【评审裁决】

（一）判定周期内，如支持任何一方的评审员达到16（含本数）人，则构成有效判定。判定支持率≥50%的一方获胜。判定支持率计算公式如下：判定支持率=一方支持人数/判定参与人数。

（二）判定周期内，如支持任何一方的评审员均不足16（含本数）人，则构成无效判定，淘宝网将人工介入对该违规行为及交易纠纷的判定处理。

（三）评审员的评审裁决为一裁终局。

第十二条 【裁决执行】

自评审裁决生效之日起，淘宝系统将执行评审员判定结果，依据《淘宝规则》的违规处理措施自动完成对卖家违规行为及交易纠纷的纠正和处理。

第四章 附则

第十三条 【评审费用】

评审员裁决卖家违规行为及交易纠纷无任何评审费用。

第十四条 【规范试行】

本公约自 2013 年 6 月 24 日起试行，目前仅适用于淘宝网会员相关违规行为及交易纠纷的判定。随着淘宝会员违规行为及交易纠纷由大众评审员判定管理经验的不断丰富，淘宝将不断完善本公约。

（资料来源：淘宝判定中心 pan.taobao.com，淘宝网大众评审公约）

实训 6　电子商务物流售后服务策划

实训目的

（1）了解电子商务物流售后服务的重要性；
（2）了解电子商务物流售后服务的内容；
（3）结合某店铺实际情况，策划电子商务物流售后服务细则。

实训内容与步骤

（1）选取一家电子商务 B2C 店铺，不限制店铺所在的销售平台，推荐淘宝网（www.taobao.com）、天猫商城（www.tmall.com）、京东商城（www.jd.com）等主流电商平台，最好是学生自己的店铺或本地有教学合作的店铺。

（2）通过即时通信工具、实地走访实践等途径对店铺的电子商务物流售后服务情况进行调查研究，统计换货率、退货率、退款完结时间等物流售后数据，分析物流售后服务现状。

（3）结合该店铺的商品特点和销售情况，为该店铺策划电子商务物流售后服务细则，撰写图文说明，提升该店铺物流售后服务水平。

实训提示

此次实训的难点是收集电子商务店铺换货率、退货率、退款完结时间等物流售后服务一手数据，并结合店铺商品特点分析物流售后服务现状，需要实训参与者充分了解电子商务物流售后服务内容，能够分析物流售后服务现状，发现不足与漏洞，完善店铺的物流售后

项目 5　电子商务物流售后服务

后服务细则，提升物流售后服务水平。

思考与练习

（1）电子商务物流售后服务将为电子商务企业带来哪些资金损失？请你罗列可能造成资金损失的各个方面，并说明减免损失的方法。

（2）请为某个店铺策划电子商务物流售后服务细则，详细说明物流售后服务内容和流程，图文结合。

项目小结

随着电子商务的持续发展，人们逐渐习惯在网上购物，相应的电子商务物流售后问题也随之产生。针对电子商务行业市场乱象，国家出台了相对应的法律法规，尽可能规范市场。每个电子商务企业或者平台也对电子商务物流售后服务细则进行了较为明确的规定，来规范交易参与双方的行为，保障双方的利益。但是，在实际经营过程中，还是存在许多电子商务物流售后问题，需要电子商务企业或店铺积极应对，真诚沟通，用心处理，协调好企业利益与消费者权益的关系。

随着电子商务行业的法律法规逐渐细化和完善，电子商务物流售后服务有规可循，电子商务零售企业和网络购物的消费者都得到了相应的保护，电子商务行业的发展必将朝着健康有序的方向发展。

同步测试

1．单项选择题

（1）《新消法》规定客户无理由退货的时限是（　　）。
　　A．3 日　　　　B．7 日　　　　C．10 日　　　　D．15 日

（2）《新消法》规定客户无理由退货的时间从哪天算起？（　　）
　　A．商品发货之日　　　　　　B．商品签收之日
　　C．商品使用之日　　　　　　D．订单确认收货之日

（3）淘宝网规定，哪天算起 15 日内客户可以申请售后？（　　）
　　A．商品发货之日　　　　　　B．商品签收之日
　　C．商品使用之日　　　　　　D．订单确认收货之日

（4）卖家包邮的商品，客户以七天无理由退货的原因退货，退货运费应该由（　　）承担。
　　A．买家　　　　B．卖家　　　　C．担保平台　　　　D．物流公司

（5）电子商务物流售后客服应该完成哪一项工作（　　）。
　　A．发票红冲　　B．打包发货　　C．产品改进　　　　D．同意退货

2．多项选择题

（1）哪些商品不适用七天无理由退货（　　）。

  A．苹果 B．定制礼品 C．保温杯 D．报纸

（2）支持七天无理由退货的平台有（　　）。

  A．阿里巴巴 B．淘宝网 C．京东商城 D．速卖通

（3）哪些情况需要卖家承担售后物流费用（　　）。

  A．仓库发错货   B．订单商品选错颜色

  C．七天无理由退货   D．商品质量问题

（4）发生以下情况，卖家会同意买家申请的退货退款（　　）。

  A．七天无理由退货且商品未使用 B．商品有瑕疵

  C．买家不喜欢但商品已使用   D．买家使用后发现商品质量问题

（5）电子商务物流售后客服能起到以下作用（　　）。

  A．增加回头客   B．减少差评

  C．降低售后的物流成本   D．帮助企业改进商品

3．分析题

（1）请简述《新消法》七天无理由退货的规定。

（2）查资料、调研后分析电子商务物流售后服务的纠纷有哪些？

（3）请举一个例子，描述你在网络购物过程中碰到的售后问题，卖家如何提供物流售后服务，为你解决该问题。

项目 6

电子商务物流成本控制

 **本项目重点难点**

理解电子商务物流成本的涵义和分类;理解电子商务物流成本的特点;掌握电子商务物流成本的控制方法;掌握电子商务物流退换货成本控制策略。

项目导图

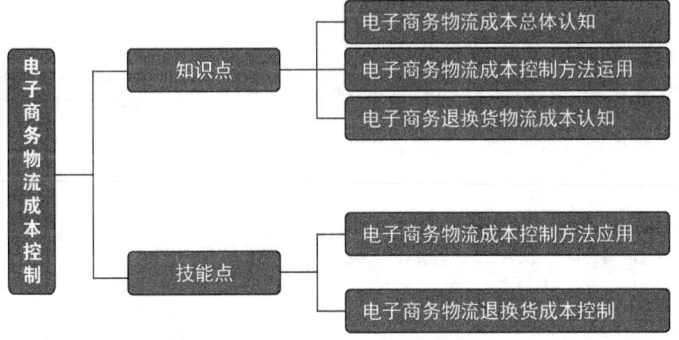

 引例

现代物流业是国民经济发展的基础性产业和生产性服务业,2010 年至今,我国社会物流市场规模依然保持平稳增长的态势,社会物流总额从 2010 年的 125.41 万亿元,增长到 2015 年的 219.20 万亿元,复合年增速为 11.8%;同期社会物流总费用也从 7.10 万亿元增长到 10.80 万亿元,复合年增速为 8.8%[①]。

2016 年 5 月国家发改委发布的《2015 年全国物流运行情况通报》显示,2015 年社会物流总费用与 GDP 的比率为 16.0%,数据显示,近年全国物流费用占 GDP 的比重逐渐降低,不过,单纯从绝对数据来看占比依然较高,总体变化不大。尤其相比于世界发达国家,中

---

① 2016 年中国物流行业现状分析及发展趋势预测.http://www.chyxx.com/industry/201608/435655.html.

国的物流成本依然较高。发改委披露的物流总费用中,包含了运输费、保管费和管理费三部分,其中,运输费用占社会物流总费用的比重为53.2%;保管费用占比为33.9%;管理费用占比为12.8%。2015年以来,多地出台为企业降成本的措施,"降低物流成本"成为重要内容。

据中国电子商务研究中心发布的《2009—2010年度中国电子商务市场监测报告》的相关数据表明,我国电子商务行业已整体跨入了爆发式增长阶段。高速发展的电子商务产业离不开物流业的支持,在商流、资金流、信息流都能通过电子商务实现之后,物流便成为电子商务发展的关键,同时电子商务的高速发展也为电子商务物流服务业提供了新的契机。据统计,2010年全国网上购物销售额超过5000亿元,约占社会商品零售额的3%。网上购物中,75%的交易需要实物传送。

(资料来源:中国电子商务研究中心讯 http://www.100ec.cn/detail--6395087.html)

> **引例分析**
>
> 在电子商务环境中,物流对电子商务的实现起到了十分重要的作用,而随着电子商务的快速发展,物流的作用也日益突出。因此,在电子商务环境中,企业要获得成功,必须运用一定的物流成本控制方法,来对电商物流成本进行有效控制。那么如何对电子商务物流成本进行有效控制呢?

任务 1　电子商务物流成本认知

6.1.1　电子商务物流成本的概述

电子商务物流,我们可以从更广义的角度去理解这一概念,既可以理解为"电子商务时代的物流",即电子商务对物流管理提出的新要求;也可以理解为"物流管理电子化",即利用电子商务技术(主要是计算机技术和信息技术)对传统物流管理的改造。这无疑都对电子商务时代下的物流服务水平提出了更高的要求。

高水平的物流服务是由高的物流成本来保证的,企业很难既提高了物流服务水平,同时也降低了物流成本,除非有较大的技术进步。一般来说,提高物流服务,物流成本即上升,它们之间存在着效益背反。在电子商务环境下,更需要对物流成本进行有效的控制,以最低的物流成本达到可以接受的物流服务水平,或者以可以接受的物流成本达到最高的服务水平。

什么是物流成本?物流成本即为物流活动中所消耗的物化劳动和活劳动的货币表现。即物流活动各环节所消耗的人力、物力、财力的总和。

因此,我们将电子商务物流成本定义为,在进行电子商务物流活动过程中所发生的人、财、物耗费的货币表现。它是衡量电子商务物流经济效益高低的一个重要指标。

 **想一想**

一般情况下，提高物流服务，意味着物流成本的上升。这是为什么？

6.1.2 电子商务物流成本的分类

到目前为止，由于企业物流成本的特性，对于企业物流成本的构成认识和分析都缺乏一定的标准，而且并不全面，不同的管理者常常是根据不同的需要，分析企业物流成本的构成的。根据目前惯用的分类方法，电子商务物流成本可分为显性成本和隐性成本两大类。

1. 显性成本

按传统核算方式，物流的成本主要包括运输成本和库存成本。在这里，将运输成本和库存成本作为物流显性成本的主要组成部分。之所以称其为显性，一是因为这两种成本容易为人们熟知并接受；二是因为这两种成本可以用定量的分析方法近似估算。

（1）运输成本

从前面的资料中可以看出，运输成本在物流总成本中占据着相当大的比重，故分析运输成本在分析物流成本中具有重大的意义。

在通常情况下，单位商品的运输成本与运输距离成正比，与运输商品的数量成反比。所以理想的运输服务系统应该是在运输距离固定的情况下，追求运输商品数量的最大化。而在运输商品数量不足的情况下，追求运输距离的最小化。理想的运输服务系统的解决方案是将长距离、小批量、多品种的商品运输整合起来，统一实施调度分配，并按货物的密度分布情况和时间要求在运输过程的中间环节适当安排一些货物集散地，用以进行货运的集中、分拣、组配。实行小批量、近距离运输和大批量、长距离干线运输相结合的联合运输模式。另外注意线路优化和有效配载可以有效降低运输成本。

线路的优化。运输路线的选择会直接影响到运输成本的大小。在运输的过程中应尽量避免同一物资在同一路线上的往返即对流现象的发生。同时，要防止运输迂回的出现。

有效的配载，尤其是回程配载。在长距离的运输当中，回程配载可以极大地降低运输成本。如果长途货物运输回程实现有效配载，则单位商品的运输距离由往返减为单程。距离减半，则成本降低为原来的 50%。

（2）库存成本

物流系统中的库存成本是和库存系统的经营有关的成本。一般情况下，库存成本由订货成本、保管成本、缺货损失费用几项构成。对库存成本的分析可通过建立库存控制模型来进行。存储系统作为物流系统的一个子系统，在顾全大局的前提下，合理库存对于降低库存成本是非常必要的。合理库存主要包括以下两个方面：

第一、合理的库存量。指在新的商品到来之前，能保证在这个期间商品正常供应的数量。合理的库存必须以保证商品流通正常进行为前提。

第二、合理库存结构。指商品的不同品种、规格之间储存量的比例关系。社会对商品的需要既要求供应总量的满足，又要有品种、规格的选择，而且要求的结构也在不断变化，所以，确定合理库存数量的同时，还必须考虑不同商品及其品种、规格在储存中的合理比例关系，以及市场变化情况，以便确定正确的储存结构。

2. 隐性成本

之所以称其为隐性成本，是因为这部分成本较难用定量分析的方法进行估算。这里主要提出物流管理成本和逆向物流成本。

（1）管理成本

在物流成本中，管理成本是最难以控制和统计的。在我们国家这种情况尤为突出。主要原因是我国企业物流总成本管理的概念比较淡薄，往往只关心直接的仓储和运输成本，而对物流管理成本则基本不予考虑。

另外受基础数据的限制，特别是由于我国有关物流行业的产出及物流成本的统计数据缺乏，以至于对管理成本只能借鉴一些发达国家的物流管理成本的分析。美国物流成本统计资料表明，管理成本在总成本中所占的比重基本保持在3.8%左右。有关资料显示，我国目前的信息处理水平只相当于世界平均水平的2.1%。排除物流总成本基数过高的影响，我国的物流管理成本在物流总成本中所占的比重亦远远高于美国的3.8%。因此，降低物流管理成本对企业总成本的降低有着重要的意义。

物流管理成本与企业的信息化程度关系密切，而企业的信息化程度又影响着企业正常生产活动的各个环节。发展信息化系统，可以以相对较小的资金投入，实现物流管理的优化，获得第三利润源泉的回报。而且，物流管理的信息化还会促进运输和仓储系统的发展。当然，由于管理信息系统的建立本身也需要一定的成本，或许直接降低总成本有一定的难度，但是，信息系统的建立无疑会提高物流企业的服务水平和工作效率。在总成本一定的条件下，这应该也是间接降低了物流成本的表现。

（2）逆向物流成本

产品由市场反向流向企业的现象古已有之，将来也不会消亡。当企业的经济规模不断扩大，很少有企业能意识到，在扩大规模的同时，其资源损失的绝对值也会同步增长。于是，在物流的隐性成本里面，又多了一个逆向物流成本的概念。在买方市场条件下，客户对产品质量及所需服务要求越来越高。在这个过程中，逆向物流的产生不难理解。

逆向物流的产生与物流的管理水平息息相关。提高物流的管理水平，虽不能彻底消除逆向物流，但可以把逆向物流控制在低水平，从而降低企业的逆向物流成本，进而降低企业物流的总成本。

隐性成本作为降低物流成本的关键因素，已经有越来越多的人开始关注并对其进行研究。但由于受会计核算及我国的统计体制的影响，很难得出有意义的成果。隐性成本除了上述的管理与逆向成本外，还包括很多方面，比如与物流活动相关的各种通信费用及订单成本等，但所占份额较小。

不难理解，物流成本的高低，直接关系到利润的多少。因此，如何以最少的物流成本"在适当的时间将适当的产品送到适当的地方"是摆在很多企业面前的一个重要问题。

亿欧读数：占GDP16%的物流成本或成电商新盈利点

国内居高不下的物流成本成为企业利润的掣肘，截至2015年年底，物流行业占GDP

比重虽同比小幅下降了 60 个基点，但依然达到了 16%，超过世界平均水平约 5 个百分点，即使考虑到了目前国内一二产业占比较重的经济结构，及东西部资源与经济发展的不均衡，这一数据仍然过高。

可以猜想造成物流占 GDP 比重超过美、日水平一倍的根本原因在于以下两点：首先国内物流无法一次到位，多地周转和重复运输现象普遍，造成了运输总价较高；其次占货运总量超过 70% 的公路运输空驶率一直超过 40%，同时物流行业极为分散，相关公司多达 8000 多家，难以规模化降低成本，重复建设及无序竞争严重。形成对比的是美国公路运输业被几大物流公司控制并进行统一管理调配货源，一辆货车有效行驶里程平均每天达 1000 公里，超过国内货运汽车有效里程 5 倍多。

在物流成本高企的经济环境下，若企业能够利用互联网和信息化改造降低运输在商品成本中的占比，即可获得新的利润增长点。基于这个因素，每当各大电商公司公布年度或季度财务报表的时候，物流占比及对毛利率的影响都会成为关注的焦点。

一直以次日达为宣传点的京东自建物流费用占营收比例较低，2016 年第一季度最新财报显示，京东订单履行成本为 7.0 亿美元，占营收的比例为 8.3%，相比之下 2016 年 Q1 财报显示亚马逊订单履行费用为 36.87 亿美元，占总收入比例 12.7%，持平于上个季度。京东这一令人意外的优势应该是得益于较低的国内平均公里货运价格和京东大数据智能物流的结合，消息显示，京东会利用大数据预测地区货物购买量及品类范围并利用空余运力提前精准备货，显著降低了货物的流转次数和货车空载里程。很明显阿里集团也意识到了高效、协同的物流所产生的价值，但受制于自建物流窗口时间已过，2013 年中旬阿里携手国内几大快递公司设立了菜鸟网络，意图通过电子面单、自动化分拣、精准三级地址库、运输资源整合、末端配送路由等方式提高物流效率，降低物流成本。

（资料来源：吴极，亿欧网《亿欧读数：占 GDP16% 的物流成本或成电商新盈利点》，2016-7-11）

想一想

如何理解电子商务物流中的隐性成本？

6.1.3 电子商务运营主体的物流成本分析

1. 电子商务运营主体物流面临的新形势

电子商务时代的来临，给物流带来了新的发展，同时也对物流提出了新的要求，这使得电子商务运营主体在进行物流运作时面临以下几个方面新的形势。

（1）客户对更高水平服务的需求

在电子商务下，物流是介于供货商和顾客之间的第三方，高水平的服务是保障企业快递发展的第一要件。除了快速配送以外，目前我国电子商务的发展已不再局限于国内市场，国际市场正在快速发展当中，这就使得客户对于国际物流，以及多种增值服务，如采购、仓储、配送等环节都提出了新的要求，同时也要求物流过程中多方信息能共享互通。

(2) 客户需求分布格局的变化

目前我国电子商务物流已不仅限于沿海地区，中西部和部分北方省份开始显示较强的需求增长，这就意味着在物流方面客户需求分布格局已发生变化，那么相应的物流服务及物流网点的布局也将随之发生变化，以适应快速变化的市场格局。这就要求物流企业随时掌握客户分布情况，及时对物流网点进行调节，参与到新兴市场中来，争取更快、更好地获得更高利润。

(3) 退换货产生比例较高

与实体销售相比，通过电子商务进行销售，会因购买时缺少实物的体验而导致退换货产生，而且不少卖家为了吸引消费者，规定可以无条件退换货，这也提高了电子商务退换货的比例。因此，如何降低由于退换货产生的物流成本，是电子商务环境下需面对的重要课题。

2. 电子商务运营主体的物流成本分析

按照目前惯用的物流成本分类方法，电子商务物流成本的分类大致分为显性成本和隐形成本，其中显性成本又分为运输成本和库存成本，隐形成本分为管理成本和逆向物流成本。

结合电子商务运营主体的物流成本面临的新形势，可以将电子商务运营主体的物流成本主要概况为以下几个方面。

(1) 配送成本

在电子商务时代，物流支持都要靠配送来提供，物流业务会逐渐外包给第三方物流，其供货方式也是配送制。没有配送，电子商务物流就无法实现。配送作为内涵更为丰富的运输，是物流中具有较高综合性的活动，紧密地结合商流、物流。经过配送，实现合理化的物流活动并合理配置资源，让物流成本进一步降低，强化商品的市场竞争力以及提升电子商务运营主体的综合实力。配送活动完成后需要支付配送成本。这就要求我们在管理配送和满足配送目标之间寻求最佳的平衡点，以便于保障配送所需的成本处于合理的范围内；当配送成本一定时，要谋求尽可能好的配送服务质量，或者在配送服务质量一样的情况下谋求最小的配送成本。

(2) 库存成本

电子商务在销售阶段为了能够及时满足顾客的需求，避免发生缺货或者延期交货现象，为了保证销售过程的连续性，需要一定的库存，这就产生了库存成本。从本质上看，电子商务是个库存系统。从总库到一级库、二级库，哪些商品该备货、备在哪一级的库、备多少，是个典型的多阶段库存计划问题。库存计划不到位，短缺与积压并存，结果是要的没有，不要的却有一大堆。有些电商缺货率动辄百分之二三十，同时呆滞库存比例高达百分之三四十，由此而来的业务损失、库存贬值、削价清仓，成本惊人。因此，电子商务运营主体控制好库存，对于提高其服务水平、降低成本具有十分重要的作用。

(3) 退换货成本

不论电商规模大小，都不可避免地存在退换货问题，如果这部分业务处理不好，往往会引起客户抱怨或者投诉，直接导致的结果便是客户体验降低，对电商、或者电商平台上的商家，甚至产品供应商的信任度降低，各方信誉均会受到极大影响。而退换货无疑会产生包括逆向物流成本在内的各项成本，有时候在大规模促销活动结束后，随之而来的大量退货订单所额外产生的物流成本甚至超出销售的毛利率，企业承受不起便会直接影响其发展。因此，退换货逆向物流成本引起电子商务运营主体的高度重视。

（4）管理成本

在电子商务物流活动中，管理成本是指通过建立相关管理机构和组织，制订相关的管理制度，以正确应用电子商务物流并维护电子商务物流的正常运行，以及对运行电子商务物流进行全方位的计划、控制和协调，并严格监督和管理整个物流活动流程所需的成本。企业在电子商务物流活动中投入了巨额资金，但可能因为管理不善而致使其他方面的成本投入沦为无形浪费，因此，管理成本在实施电子商务物流活动中是必不可少的一项支出。但由于其复杂性，相较于上述成本类型，无法准确估算管理成本。

想一想

请结合电子商务物流面临的新形势，来思考电子商务物流运营主体的物流成本主要包括哪些？

6.1.4 电子商务物流成本控制方法与应用

1. ABC 活动成本法

所谓活动成本法（Activity-Based Costing，简称 ABC）是一种以活动（包括作业、业务、增值等）为对象的成本核算、分析与控制方法体系，又称作业成本分析法、作业成本计算法。活动成本法试图将所有的有关费用与完成增值活动联系起来，即需要被分配费用的是消费一定的资源的活动（作业），而非分配给一个组织或一项产品。活动成本法可以为物流企业不断改善经营管理提供准确、及时的有关活动、活动量、活动对象的信息，从而可以用活动成本法所提供的信息，来改善企业物流成本的管理过程。

活动成本法的基本特点是基于活动成员承担的活动及其变革所引起的成本增加和减少。在物流企业组织中应用活动成本法，并进行物流成本管理的关键步骤是成本分配和成本分析，在这两步骤中体现了活动成本法的基本特点。

活动成本法的分析基础是活动（作业、业务等），应用活动成本法首先必须对活动本身进行分析，然后挖掘成本动因和建立活动计量体系。

第一、分析活动。分析活动的内容要点包括：

① 活动的必要性。分析活动首先要对不必要的活动进行确认。判断一项活动是否必要，通常可以从三个方面进行考察：第一，对用户必要否，若对用户是必不可少的，那么这项活动就是必要的；第二，对成功运营必要否，若对成功运营是必要的，那么这项活动也是必要的；第三，能否合并，若能合并到其他活动，则合并之。除此以外的活动都应予以删除。

② 活动量比较。仅凭本公司物流活动业务量的效率、效益，不足以说明问题，需要将其与其他公司相同或相近的活动进行比较分析，从而发现相对差距和值得改进之处。

③ 各项活动之间的联系分析。要达到一定目标需要经过一系列物流活动，而这一系列活动必须相互协调，才能消除重复性活动、将活动占用的时间降至最少。

第二、挖掘成本动因。寻找导致不必要活动或不佳活动产生的原因，从而为最终消除不必要的活动和活动成本找到依据。否则，这些不必要活动在经过一段时间后又会重新出来。

第三、建立活动计量体系。活动分析和成本动因分析都是定期进行的,但物流活动是每一天都在进行的,为了确保每一项活动都对生产、经营、服务作出贡献,需要建立活动计量体系。其步骤如下:

① 确定目标。即确定满足用户需求和成功经营的目标体系。

② 目标落实到参与活动的人员。每一参与活动的人员都应了解企业目标的重要性,以及各目标之间的关系。企业目标经过层层分解,落实到每个参与活动的人员。

③ 采用多种计量方法。寻找对每项活动进行计量、评价的方法,正确反映每项活动对总目标的贡献大小,作为改进活动和进行奖励的依据。

由于电子商务的快速发展,使得电子商务物流更加繁琐,作业成本理论的应用可以将电子商务过程中的琐碎步骤进行分类,将看似没有头绪的过程变得流程化,从而可以更好地量化和控制其成本。

以 A 公司为例,A 公司电子商务活动销售商品主要分为两个大类:休闲裤和牛仔裤。对于 A 公司的这种 B2B 的电子商务活动,其物流活动的特点是小批量、高频率,每个商品间物流成本差异不大。现以 A 公司 2013 年 6 月份数据为例,采用 ABC 活动成本法(作业成本分析法)对 A 公司此月电子商务物流成本进行核算。具体数据如下,耗用资源总共 180500 元,其中采购 23000 元,生产 76000 元,质检 14700 元,配送处理 42600 元,退换货处理 13700 元,一般管理 10500 元。采购工时总共 1425 小时,其中采购休闲裤 767 小时,牛仔裤 658 小时;生产工时总共 103000 小时,其中生产休闲裤 46000 小时,牛仔裤 57000 小时;质检工时总共 3009 小时,其中休闲裤质检 1534 小时,牛仔裤 1475 小时;配送处理工时总共 7968 小时,其中配送休闲裤 3843 小时,牛仔裤 4125 小时;退换货处理总共 5190 小时,其中退换休闲裤 2760 小时,牛仔裤 2430 小时;一般管理总共 1580 小时,其中休闲裤管理 850 小时,牛仔裤 730 小时。

第一步,分析活动,确定作业项目。该公司物流流程较为清晰,最主要的作业项目包括:采购、生产、质检、配送、退换货、一般管理。作业成本耗用资源(成本)见表 6-1。

表 6-1　A 公司作业项目及耗费资源

作业项目	采购	生产	质检	配送处理	退换货处理	一般管理
耗用资源(成本)	23000	76000	14700	42600	13700	10500

第二步,挖掘作业成本动因。A 服装公司电子商务物流成本各项作业的成本动因见表 6-2。

表 6-2　A 公司成本动因

序 号	作业项目	成本动因
1	采购	采购工时数
2	生产	工时数
3	质检	质检人员工时数
4	配送处理	配送工时数
5	退换货处理	退换货处理工时数
6	一般管理	管理工时数

第三步,建立活动计量体系,核算物流成本,进行有效控制。其中,成本动因率=作业

成本/作业量。则，休闲裤采购作业成本=采购成本动因率*作业量=16.14*767≈12379.65（元），牛仔裤采购作业成本=采购成本动因率*作业量=16.14*658≈10620.35（元），其他依次进行计算。见表6-3。

表6-3 A公司休闲裤和牛仔裤物流成本核算表

作业	成本	作业量	成本动因率	休闲裤		牛仔裤	
				作业量	分摊成本	作业量	分摊成本
采购	23000	1425	16.14	767	12379.65	658	10620.35
生产	76000	103000	0.74	46000	33941.75	57000	42058.25
质检	14700	3009	4.89	1534	7494.12	1475	7205.88
配送处理	42600	7968	5.35	3843	20546.16	4125	22053.84
退换货处理	13700	5190	2.64	2760	7285.55	2430	6414.45
一般管理	10500	1580	6.65	850	5648.73	730	4851.27
合计	180500				87295.96		93204.04

通过计算休闲裤和牛仔裤各个物流作业的实际成本，可以更好地确定各作业环节的成本比重，并针对其主要作业成本进行分析，从而实现对整体成本的最终控制。无论是休闲裤还是牛仔裤，A公司的生产和配送环节的物流成本所占比重最大，应该对其物流活动进行控制和优化，从而达到降低物流成本的目的。

想一想

ABC活动成本法（作业成本分析法）是如何进行电子商务物流成本控制的？

2. 经济批量订购法

经济订货批量 Economic Order Quantity（EOQ），通过平衡采购进货成本和保管仓储成本核算，以实现总库存成本最低的最佳订货量。经济订货批量是固定订货批量模型的一种，可以用来确定企业一次订货（外购或自制）的数量。当企业按照经济订货批量来订货时，可实现订货成本和储存成本之和最小化。

经济订货批量模型是目前大多数企业最常采用的货物定购方式。该模型适用于整批间隔进货、不允许缺货的存储问题，即某种物资单位时间的需求量为D，存储量以单位时间消耗数量D的速度逐渐下降，经过时间T后，存储量下降到零，此时开始定货并随即到货，库存量由零上升为最高库存量Q，然后开始下一个存储周期，形成多周期存储模型，示意图如图6-1所示。

3. 绝对成本控制与相对成本控制

绝对成本控制是把成本支出控制在一个绝对金额以内的成本控制方法。绝对成本控制从节约各种费用支出、杜绝浪费的途径进行物流成本控制，要求把营运生产过程中发生的一切费用支出都列入成本控制范围。标准成本法和预算控制是绝对成本控制的主要方法。

相对成本控制是通过成本与产值、利润、质量和功能等因素的对比分析，寻求在一定制约因素下取得最优经济效益的一种成本控制方法。相对成本控制扩大了物流成本控制领域，要求人们在努力降低物流成本的同时，充分注意与成本关系密切的因素，诸如产品结构、项目结构、服务质量水平、质量管理等方面的工作，目的在于提高成本支出所产生的效益，从而减少单位产品或业务量的成本投入。两种成本控制方法的比较见表 6-4。

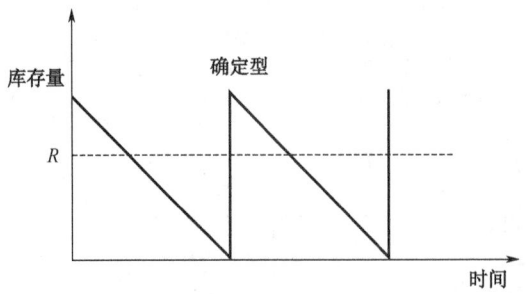

图 6-1　确定型经济订购批量模型

表 6-4　绝对成本控制与相对成本控制的比较

比 较 项 目	绝对成本控制	相对成本控制
控制对象	成本支出	成本与其他因素的关系
控制目的	降低成本金额	降低单位产品或业务量的成本
控制方法	成本与标准成本比较	成本与相关指标的比较
控制时间	成本发生时或发生后	成本发生之前
控制性质	属实施性成本控制	属决策性成本控制

 想一想

绝对成本控制与相对成本控制的区别有哪些？

4．标准成本控制法

标准成本是通过精确调查以后测定的在预定的情况下"应该发生"的成本。标准成本作为一种预计成本，要使它能与实际成本进行比较，就必须具有一定的"规范"性。因规范的程度不同，标准成本一般可分为理想的标准成本、正常的标准成本和基本的标准成本三类。

1）理想的标准成本。是以现有技术和管理处于最佳状态为基础所确定的标准成本。采用这种标准成本，意味着成本的发生完全按理想的状态进行，不允许有丝毫浪费。尽管这种标准成本在实际工作中很难达到，但它作为提高作业效率的最终目标具有引导意义。

2）正常的标准成本。又称良好业绩标准，是根据已经达到的生产技术水平，以有效经营为前提而制定的标准成本。在制定这种标准成本时，应把生产经营过程中不可避免的损耗和低效率等情况考虑在内。这种标准成本是经过努力可以达到的，因而成为企业广泛应用的标准成本。

3）基本的标准成本。又称过去业绩标准，是以历史上某一时期已经达到的成本水平为基础而制定的标准成本。这种标准成本由于不具备先进性，一般不用于成本控制，但它可以使各个时期的实际成本与同一标准进行比较，从而揭示成本水平的变化情况。

想一想

什么是标准成本？其种类有哪些？

任务 2　电子商务物流配送成本控制

6.2.1　电子商务配送成本分析

1. 电子商务配送成本核算

电子商务物流配送成本是各个配送环节或活动成本的集成，电子商务物流配送的成本核算与控制关系到企业物流效益的好坏。电子商务物流配送各个环节的成本及其核算都具有各自的特点，如流通加工的成本核算与配送运输成本的核算具有明显的区别，其成本计算的对象及计算单位都不同。配送成本的计算和控制由于涉及多环节的成本计算，对每个环节应当计算各成本计算对象的总成本。总成本是指成本计算期内成本计算对象的成本总额，即各个成本项目金额之和。配送成本总额由各个环节的成本组成。

根据配送流程及配送环节，配送成本实际上是含配送运输费用、分拣费用、配装及流通加工费用等全过程。其成本应由以下费用构成：

配送成本＝配送运输成本＋分拣成本＋配装成本＋流通加工成本

（1）分拣成本

分拣成本是指分拣机械及人工在完成货物分拣过程中所发生的各项费用之和。它包括分拣设备按照规定进行计提的折旧费，分拣设备进行保养和维修发生的修理费，分拣作业职工的工资及福利费，以及分拣发生的其他费用。

（2）配装成本

配装成本是指在完成配装货物过程中所发生的各种费用之和。它包括配装过程中消耗的各种材料费，配装作业职工的工资及福利费，配装过程中消耗的辅助材料费用，以及配装发生的其他费用。

（3）流通加工成本

流通加工成本是指在配送过程中所提供的各种流通加工服务所消耗的材料费、人工费和制作费用的货币表现。它包括流通加工产品过程中直接消耗的材料、辅助材料、包装材料以及燃料和动力等费用，流通加工作业职工的工资及福利费，以及流通加工单位的折旧费、租赁费等。

（4）配送运输成本

配送运输成本是指配送车辆在完成配送货物过程中，所发生的各种车辆费用和配送间接费用。它包括配送车辆从事配送活动所发生的各项费用，如燃料、修理费等，以及配送运输间接费用，如折旧费等。配送运输成本在配送总成本中所占比重比较大，应重点管理和控制。

此外，除了以上各成本的直接费用成本外，还有间接费用成本。需要指出的是，在进行配送成本费用核算时要避免配送成本费用重复交叉。

在流通型配送中心的成本核算中，大部分企业以配送中心的几大功能为核算对象，对其进行成本分析核算。以某企业为例，工作人员在进行统计时，便根据表格（见表6-5）填写即可，把企业自身的物流配送成本进行了汇总和核算。这种核算方法对于加强每个物流功能环节的管理，提高每个环节作业水平，设定合理化的目标，具有重要的意义。

表6-5 配送物流成本核算

项目	分拣	配装	流通加工	运输
直接费用	126550	187960	104000	614400
工资	62500	89000	42500	120000
职工福利费	8750	12460		16800
修理费	11000			33600
折旧费	32000			53000
材料费		50500	6500	
辅助材料费		14000		
燃料				130000
轮胎				71000
运输管理费				99000
车船使用税				34000
行车事故损失				35000
其他费用	12300	22000	55000	22000
间接费用	34500	26300		130000
小计	161050	214260	104000	744400
总成本	1223710			

配送成本的核算对象应根据物流成本计算的目的及物流企业活动的特点予以决定。一般来说，成本核算对象不是由人们主观随意规定的，不同类型从客观上决定了不同的成本核算对象。电子商务运营主体要根据自己经营的特点和管理要求的不同，选择不同的成本核算对象来归集、分配物流费用，确定成本核算对象，并调整上表的内容，从而最终对配送成本进行核算和控制。

2. 电子商务物流配送成本控制

（1）物流配送成本控制的方法

物流配送成本控制方法，包括绝对成本控制法和相对成本控制法。

1）绝对成本控制。绝对成本控制就是把成本支出控制在一个绝对金额以内的成本控制方法。

2）相对成本控制。相对成本控制是通过成本与产值、利润、质量和功能等因素的对比分析，寻求在一定制约因素取得最优经济效益的一种控制方法。

（2）物流配送成本控制的基本程序

1）制定控制标准。成本控制标准是控制成本费用的重要依据，物流配送的成本标准的制定，应按照实际的配送环节分项制定。

2）揭示成本差异。成本的控制标准制定后要与实际费用进行比较，及时揭示成本差异。

3）成本信息反馈。成本控制中，成本差异的情况要及时反馈到有关部门，以便及时控制与纠正。

（3）物流配送各环节成本控制的选择

配送各环节的成本控制应该在控制配送总成本的基础上分项控制。由于各环节的成本项目差异很大，在选用成本控制标准时应遵循合适的原则，对不同的环节应采用不同的成本控制标准。

配送运输环节的作业具有汽车运输的特点，受驾驶水平、道路条件、车辆性能的影响。尽管配送运输一般按优化的配送路线进行配送，但不确定因素很大。因此，对配送运输成本的控制应选择相对成本控制。

配送的流通加工环节、分拣环节、配装环节应采用绝对成本控制。虽然各环节的成本项目具有一定的差异，它们的控制标准可按直接材料费用、直接人工费用和制造费用分别制定。进行每一项控制标准都要考虑数量与单价两个基本因素。

6.2.2 电子商务配送控制策略

1. 电子商务配送合理化

电子商务环境下，消费者可能分布非常分散，在进行配送的决策时必须全面地、综合地决策，应避免由于不合理配送所造成的损失。但有时某些不合理现象是伴生的，在追求合理的同时，可能会产生某些不合理。一般来说经济效益是配送的首要衡量标志，但在决策时常常需要考虑多方面的因素，即实现电子商务物流配送的合理化。对于配送的决策优劣，不能仅仅依据配送成本的高低简单下结论，因为它没有一个绝对的标准，但是要实现配送合理化的最终目标，应尽量控制配送成本。首先，了解不合理配送的形式对于进行合理配送益处甚大。

（1）不合理配送的表现形式

1）资源筹措不合理

配送是利用较大批量来筹措资源的。通过筹措资源的规模效益来降低资源筹措成本，使配送资源筹措成本低于用户自行筹措的资源成本，从而取得优势。如果不是集中多个用户需要进行批量筹措资源，而仅仅是为某一二户代购代筹，对用户来讲，不仅不能降低资源筹措费用，相反还要多支付一笔配送企业的代筹代办费，显然这是不合理的。

资源筹措不合理还有其他表现形式，如配送量计划不准，资源筹措过多或过少，在资源筹措时不考虑建立与资源供应者之间长期稳定的供需关系等。

2）库存决策不合理

配送应充分利用集中库存总量低于各用户分散库存总量，从而大大节约社会储存成本，同时降低用户实际平均分摊库存负担。因此，配送企业必须依靠科学管理来实现一个低总量的库存，否则就仅表现为库存转移，而出现不能实现社会库存降低的不合理。

配送企业库存决策不合理还表现为储存量不足，不能保证随机需求，失去了应有的市场。

3）价格不合理

通常，配送的价格应低于不实行配送时，用户自己进货时产品购买价格加上自己提货、运输、进货之成本总和，这样才会使用户有利可图。有时，由于配送有较高服务水平，价格稍高，用户也是可以接受的，但这并不是普遍的原则。如果配送价格普遍高于用户自己的进货价格，损伤了用户利益，这就是一种不合理表现。定价过低，使配送企业处于无力或亏损状态下运行，会损害销售者的利益，这也是不合理的。

4）配送与直达的决策不合理

一般说来配送总是增加了环节，但是环节的增加，可降低用户平均库存水平，以此不但足以补偿增加环节的支出，而且还能取得剩余效益。但是如果用户使用批量大，可以直接通过社会物流系统均衡批量进货，较之通过配送中转送货则更可能节约费用。在这种情况下，不直接进货而通过配送，就属于不合理范畴。

5）进货中的不合理运输

配送与用户自提相比较，尤其是对多个小用户来说，可以集中配装一车送几家，这比一家一户自提，大大节省了运力和运费。如果不能利用这一优势，仍然是一户一送，而车辆达不到满载，则就属于不合理。此外，其他不合理运输的表现形式，在配送中亦可能出现，使配送不得不合理。

6）经营观念不合理

在配送实施中，有许多是经营观念不合理，使配送优势无从发挥，相反却损害了配送的形象。这是在开展配送时尤其需要注意克服的不合理现象。例如，配送企业利用配送手段，向用户转嫁资金、库存困难，在库存过大时，强迫用户接货，以缓解自己的库存压力；在资金紧张时，长期占用用户资金；在资源紧张时，将用户委托的资源挪作他用等。

（2）配送合理化的判断标志

对于配送合理化与否的判断，是配送决策系统的重要内容，目前国内外尚无一定的技术经济指标体系和判断方法。通常，判断配送合理与否应考虑以下几个标志。

1）库存标志。

库存是判断配送合理与否的重要标志。具体标志有以下两个方面：

① 库存总量。库存总量在一个配送系统中，从分散于各个用户转移给配送中心库存数量加上在实行配送后库存之和应低于实行配送前各用户库存量之和。

库存总量是一个动态的量，上述比较应当是在一定经营量的前提下。当用户生产规模扩大而引起库存总量上升，这是扩大再生产的必要条件，在分析库存总量时必须扣除这一因素的影响，才能对库存总量是否下降做出正确判断。

② 库存周转。由于配送企业的调剂作用，以低库存保持高的供应能力，库存周转一般总是快于原来各企业的库存周转。从各个用户角度进行判断，各用户在实行配送前后的库存周转比较，也是判断合理与否的标志。一般来说，以库存储备资金来计算库存，而不以实际物资数量来计算。

2）资金标志。

总的来讲，实行配送应有利于资金占用量的降低及资金运用的科学化。具体判断标志如下：

① 资金总量。用于资源筹措所占用流动资金的总量，随储备总货量的下降及供应方式

的改变必然有一个大的降低。

② 资金周转。从资金运用来讲，由于整个节奏加快，资金充分发挥作用，同样数量的资金，过去需要较长时期才能满足一定供应需求，配送之后，在较短时期内就能达此目的。所以资金周转是否加快，是衡量配送合理与否的标志。

③ 资金投向的改变。资金分散投入还是集中投入，是资金调控能力的重要反映。实行配送后，资金必须从分散投入改为集中投入，借以增加调控作用。

3）成本和效益。

总效益、宏观效益、微观效益、资源筹措成本等都是判断配送合理化的重要标志。对于不同的配送方式，侧重点可能也不同。例如，配送企业、用户都是各自独立的以利润为中心的企业，不但要看配送的总效益，而且还要看对社会的宏观效益及两个企业的微观效益，不顾及任何一方，都必然出现不合理。又例如，如果配送是由用户集团企业组织的，配送主要强调保证能力和服务性，那么，效益主要从总效益、宏观效益和用户集团企业的微观效益来判断，不必过多顾及配送企业的微观效益。

由于总效益及宏观效益难以计量，在实际判断时，常以按国家政策进行经营，完成国家税收及配送企业和用户的微观效益来判断。

对于配送企业而言，企业利润反映了配送合理化的程度。对于用户企业而言，在保证或提高供应水平（产出一定）前提下，供应成本的降低，反映了配送的合理化程度。

成本及效益对合理化的衡量，还可以具体到存储、运输等配送环节，使判断更为精细。

4）供应保证标志。

实行配送，各用户的最大担心是害怕供应保证程度降低，这个是心态问题，也是承担风险的实际问题。合理配送的重要一点是必须提高而不是降低对用户的供应保证能力。配送企业的供应保障能力，是一个科学的、合理的概念，而不是无限的概念。具体来讲，如果供应保障能力过高，超过了实际的需要，属于不合理。所以追求供应保障能力的合理化也是有限度的。供应保证能力可以从以下几个方面判断：

① 缺货次数。实行配送后，对各用户来讲，该到货而未到货以致影响用户生产和经营的次数，必须下降才算合理。

② 配送企业集中库存量。对每一个用户来讲，其数量所形成的保证供应能力高于配送前单个企业保证程度，从供应保证来看才算合理。

③ 即时配送的能力及速度。及时配送的能力及速度是用户出现特殊情况的特殊供应保障方式，这一能力必须高于未实行即时配送的能力及速度才算合理。

5）社会运力节约标志。

末端运输是目前运能、运力使用不合理，浪费较大的领域，因而人们寄希望于配送来解决这个问题。这也成了配送合理化的重要标志。

运力使用的合理化是依靠运货运力的规划和整个配送系统的合理流程及社会运输系统合理衔接来实现的。送货运力的规划是任何配送中心都需要花力气解决的问题，而其他问题则有赖于配送及物流系统的合理化，其判断可简化如下：

① 社会车辆总数减少，而承运量增加；

② 社会车辆空驶减少；

③ 一家一户自提自运减少，社会化运输增加；

④ 用户企业仓库、供应、进货人力节约标志。

实行合理配送后，各用户库存量、库存面积、仓库管理人员减少；用于订货、接货、搞供应的人减少。真正解除了用户的后顾之忧，配送的合理化程度则可以说是一个高水平了。

6) 物流合理化标志。

配送必须有利于物流合理。可以从以下几方面判断：

① 是否降低物流费用；

② 是否减少了物流损失；

③ 是否加快了物流速度；

④ 是否发挥了各种物流方式的最优效果；

⑤ 是否有效衔接了干线运输和末端运输；

⑥ 是否减少了实际的物流中转次数；

⑦ 是否采用了先进的技术手段。

物流合理化问题是配送要解决的大问题，也是衡量配送本身的重要标志。

2．电子商务配送合理化的策略

国内外推行配送合理化可供借鉴的办法主要有以下几个方面。

（1）推行一定综合程度的专业化配送

通过采用专业设备、设施及操作程序，取得较好的配送效果并降低配送过于综合化的复杂程度及难度，从而追求配送合理化。

（2）推行加工配送

通过加工和配送结合，充分利用本来应有的中转，而不增加新的中转的配送合理化。同时，加工借助于配送，加工目的更明确，和用户联系更紧密，更避免了盲目性。二者有机结合，不过多增加投入却可追求两个优势、两个效益，是配送合理化的重要经验。

（3）推行共同配送

共同配送是在核心组织（配送中心）的同一计划、同一调度下展开的，故协调指挥机构必须有较强的组织能力。对于参与协作的配送企业来说，可以借此扩大销售渠道和开展联合经营。对于用户来说，可以保证建设项目的需要。通过共同配送，可以以最近的路程、最低的配送成本完成配送，从而追求合理化。

（4）实行送取结合

配送企业应与用户建立稳定、密切的协作关系。配送企业不仅成了用户的供应代理人，而且成了用户的存储据点，甚至成为产品代销人。在配送时，将用户所需的物资送到，再将该用户生产的产品用同一车辆运回，这种产品也成为配送中心的配送产品之一，或者作为代存代储，免去了生产企业的库存包袱。这种送取结合，使运力充分利用，也使配送企业功能有更大的发挥，从而追求合理化。

（5）推行准时配送

准时配送即按照商定的时间和规定货物的运送形式。准时配送是配送合理化的重要内容。配送做到了准时，用户才有资源把握，可以放心地实施低库存或零库存，可以有效地安排接货的人力、物力，以追求最高效率的工作。另外，保证供应能力，也取决于准时供应。准时供应配送系统是现在许多配送企业追求配送合理化的重要手段。

（6）推行即时配送

即时配送是根据用户提出的时间要求、供货数量和品种及时地进行配送的形式。由于即时配送完全是按照用户的要求运行的，客观上能促使需求者压缩自己的库存，使其货物的"经常库存"趋于零。即时配送是最终解决用户企业担心断供之忧、大幅度提高供应保证能力的重要手段。即时配送是配送企业快速反应能力的具体化，是配送企业能力的体现。即时配送成本较高，但它却是整个配送合理化的重要保证手段。

> **想一想**
>
> 如何判断电子商务下物流成本是否合理化？

任务 3　电子商务库存成本控制

6.3.1　电子商务库存成本控制方法

如何确定库存产品的数量，以达到库存总成本与客户服务的平衡，是库存控制中很关键的一个环节。若库存大，占用资金高，资金周转率低，则会增加企业运营成本，阻碍企业运作，成为企业管理中的重要问题。若库存小，增加订购成本，出现缺货，又会导致企业运营不稳定。为达到订货成本和库存持有成本（储存保管成本）之间的平衡关系，使得库存总成本最小，我们通常采用 ABC 控制法、经济订购批量法、定期订货等方法来实现这一目标。

1．ABC 分类库存控制法

ABC 分类库存控制法是指将库存货物按重要程度分为特别重要的库存（A 类货物），一般重要的库存（B 类货物）和不重要的库存（C 类货物）三个等级，针对不同类型级别的货物进行分别管理和控制的方法。一般认为，企业的库存货物无论是数量、价格，还是品种，均存在一定的差异性。一些货物品种不多但价格很高，相反，另一些货物品种很多但价格很低，因此，客观上造成企业对库存货物管理的困难，如果对每一品种均予以相同管理，那是不可能的或不切合实际的。为了集中企业资源，更有效地开展科学管理，必须将管理的重点放在重要的货物上，即依据库存货物重要程度的不同，分别进行不同管理，这就是 ABC 分类控制法的主要内涵。

（1）ABC 分类控制法的主要步骤如下：

1）对库存货物进行排队。

对库存货物通常按资金比例和品种项目比例这两个指标来分类。具体地说，编制库存品种和资金序列表，并计算品种累计与全部品种比例，以及货物占用资金累计与全部资金比例，见表 6-6。

表 6-6　货物排队序列表

品种数（个）	品种累计（个）	占库存品种（%）	占用资金（万元）	占用资金累计（万元）	占库存资金（%）
260	260	7	5800	5800	69
68	328	9	500	6300	75
55	383	11	250	6550	78
95	478	14	340	6890	82
170	648	19	420	7310	87
352	1000	29	410	7720	92
2421	3421	100	670	8390	100

2）对库存货物分类。

根据对库存货物的排队状况，确定基本界定，编制库存货物 ABC 分类表。ABC 分类表述基本思想认为：A 类库存品种少但资金占用大，即 A 类库存品种约占库存品种总数的 5%～10%，而其占用资金金额占库存金额的 70%～75%；B 类库存品种约占库存品种总数的 10%～20%，其占用资金金额占库存总金额的 15%～25%；C 类库存品种约占库存品种总数的 70%～75%，其占用资金金额占库存总金额的 5%～10%，见表 6-7。

表 6-7　ABC 分类表

分类	品种数（个）	占库存品种（%）	品种累计（%）	占用资金（万元）	占库存资金（%）	占库存资金累计（%）
A	328	9	9	6300	75	75
B	672	20	29	1420	17	92
C	2421	71	100	670	8	100

3）对库存货物进行 ABC 分类之后，对不同级别的货物进行不同的管理和控制。

A 类库存货物。这类货物数量虽少但对企业却最为重要，是最重要严格管理和控制的货物。企业必须对此类货物定时进行盘点，详细记录及经常检查分析货物库存量增减，在满足企业内部需要和顾客需要的前提下维持尽可能最低的经常库存量和安全库存量，加快库存周转。

B 类库存货物。这类货物属于一般重要的库存货物。对于这类货物的库存管理介于 A 类和 C 类货物之间，一般进行正常的例行管理和控制。

C 类库存货物。这类货物数量最大但对企业的重要性最低，因而被视为不重要的库存货物，一般进行简单的管理和控制。

对上述管理和控制要求见表 6-8。

表 6-8　ABC 分类管理和控制表

项　目	A 类货物	B 类货物	C 类货物
控制程度	严格	一般	简单
库存量计算	按模型计算	一般计算	简单或不计算
进出记录	详细	一般	简单
安全库存量	低	较大	大

2. 经济订购批量

订货批量概念是根据订货成本来平衡维持存货的成本。了解这种关系的关键是要记住，平均存货等于订货批量的一半。因此，订货批量越大，平均存货就越大，相应地，每年的持有成本也越大。然而，订货批量越大，每一计划期需要的订货次数就越少，相应地，订货总成本也就越低。把订货批量公式化可以确定精确的数量，据此，对于给定的销售量，订货和维持存货的年度联合总成本是最低的。使订货成本和维持成本总计最低的点代表了总成本，最低点即最优订货批量（经济订购批量），如图6-2所示。

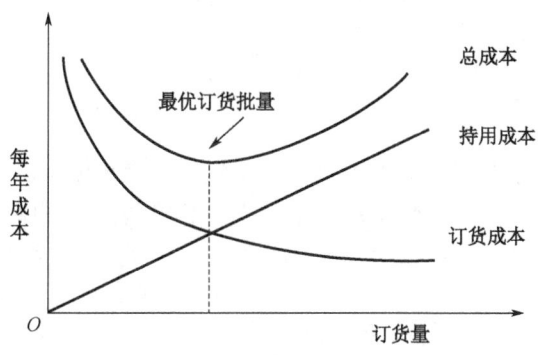

图6-2　经济订购批量模型

经济订购批量是平衡采购进货成本和保管仓储成本，确定一个最佳的订货数量来实现最低总库存成本的一种方法，这种方法需要的假设条件如下：

1）已知全部需求的满足数；
2）已知连续不变的需求速率；
3）已知不变的补给完成周期；
4）与订货数量和时间保持独立的产品价格不变；
5）不限制计划制订范围；
6）多种有货项目之间不存在交互作用；
7）没有在途存货；
8）不限制可得资本。

根据上述假设条件，设定：

1）TC 为年总库存成本（元）；
2）Q 为每次订购的数量（件）；
3）P 为货物单价（元/件）；
4）R 为年总需求量（件）；
5）C 为单次订货成本（元）；
6）F 为每件存货的年保管费用占其价值的百分比；
7）$H=PF$ 为单位产品的库存成本，即每件存货的年平均库存保管费用（元/件·年）。
8）Q^* 为经济订货批量。

由于，每年总库存成本=进货成本+订货成本+保管仓储成本，于是，得到如下公式：

$$\text{TC}(Q) = PR + \frac{CR}{Q} + \frac{PFQ}{2} \quad (1)$$

对上式求导数，并令求导为零，依次进行推导：

$$\frac{d\text{TC}(Q)}{dQ} = \frac{d}{dQ}\left(PR + \frac{CR}{Q} + \frac{PFQ}{2}\right) = 0 \quad (2)$$

$$\frac{PF}{2} - \frac{CR}{Q^2} = 0 \quad (3)$$

$$\frac{PF}{2} - \frac{CR}{Q^2} = 0 \quad (4)$$

$$Q^2 = \frac{2CR}{PF} \quad (5)$$

对上式（5）进行开方，求得最佳订购批量为：

$$Q^* = \sqrt{\frac{2CR}{PF}} = \sqrt{\frac{2CR}{H}} \quad (6)$$

上述经济模型是建立在许多假设条件基础上的一种简单模型，在实际情况中，并非如此理想，存在着许多复杂性，如数量折扣条件下引起采购价格下降，缺货条件下的购买延后，价格上涨和多品种等情况等，均会出现经济批量模型的不适用或修正。

例：永恒公司为制造工业产品的企业，每年需采购零件 10000 只，购买价格为 16 元，每次订购成本为 100 元，每只零件保管成本为 8 元，求该零件经济订购批量，并求订货次数。

解：

经济订购批量 $Q^* = \sqrt{2C \times R / H}$
$= \sqrt{2 \times 10000 \times 100 / 8} = 500$（只）

年订购货物次数 $N = R/Q^*$
$= 10000/500 = 20$（次）

每次订货间隔期 $T = 365/N$
$= 365/20 = 18.25$（天）

上述经济模型是建立在许多假设条件基础上的一种简单模型，在实际情况中，并非如此理想，存在着许多复杂性，如数量折扣条件下引起采购价格下降，缺货条件下的购买延后，价格上涨和多品种等情况，均会出现经济批量模型的不适用或修正，下面就采购数量变动引起采购价格下降对经济采购批量的影响作一介绍。

供应商为了吸引客户，一次采购更多的货物规定数量上的价格优惠政策。其核心是确立数量标准或称折扣点，在折扣点前提下，采购价格表现为折扣点前后不同，见表 6-9。

表6-9 多重折扣点与价格

折扣点	$Q_0=0$	Q_1	Q_2	……	Q_n
采购价格	P_0	P_1	P_2	……	P_n

根据前述经济订购数量计算最佳订货量的步骤：

计算最后折扣区间的经济批量 Q_n*，并与 Q_n 比较。

如果：$Q_n* \geq Q_n$

则：最佳经济订购批量为 $Q* = Q_n*$

如果：$Q_n* < Q_n$

则：进行第二步骤计算。

计算第 t 个折扣区间的经济订购批量 Q_t*。

如果：$Q_t \leq Q_t* < Q_t+1$

则：计算 Q_t* 和折扣点 Q_t+1 相对应的总库存成本 $TC_t \times$ 和 TC_t+1 并比较其两者大小。

如果：$TC_t^* \geq TC_t+1$

则：$Q^* = Q_t+1$

如果：$TC_t^* > TC_t+1$

则：$Q^* = Q_t^*$

3. 定量订货制度

企业在实际生产或经营过程中往往会出现因订货货物未及时到达而影响企业正常的生产经营活动，为了预防不利因素的出现，企业采用先期订货，保证货物被正常使用。在这一思想指导下，定量定货制度便应运而生。所谓定量订货制度是指当库存货物量下降到某一库存数量（订货点）时，按现定数量（以经济订货批量计算）组织货物补充的一种库存管理制度。其特点是：订货点不变，订购批量不变，而订货间隔期不定。

企业认为，库存货物消耗到订货点时，便采取订货并发出订货单，经过到货时间延续，库存货物量又突然上升，循环往复，促使生产或经营连续不断。订货点确认的计算公式如下：

订货点＝到货间隔期×平均每天耗用量

上述公式表明，企业每天货物耗用量为均匀或固定不变，并且到货间隔期可预知的，那么该公式为成立。但是企业经济活动经常会出现一些不可预测性，如每天耗用货物量和到货间隔期出现变化，在这种情况下，往往就要考虑安全库存这一概念，所谓安全库存就是为了预防临时用量增大或到货间隔期延长而多储备库存量。其计算公式如下：

安全库存＝（统计每天最大耗用量－平均每天正常耗用量）×到货间隔期

根据考虑安全库存这一因素，对订货点公式进行修正，其修正后的订货点计算公式如下：

订货点＝到货间隔期×平均每天耗用量＋安全库存

＝预计每天最大耗用量×到货间隔期

确定了订货点后，就必须考虑订货量，订货量的确定可参照经济订货批量来进行。

4. 定期订货制度

企业由于受到生产或经营目标的影响，或市场因素的影响，往往在先前确定订货时间，这样在一个生产或经营周期内基本确定订货数量，从而形成相对稳定的订货间隔期，定期订货制度随之产生。所谓定期订货制度是指按预先确定的相对不变的订货间隔期进行订货补充库存量的一种库存管理制度。其特点是：订货间隔期不变，订购货物量不定。

一般认为，库存货物耗用至某一预先指定的订货时间（不发生任何缺货损失，保证生产或经营的连续性），便开始订货并发出订货单，直至进货。待到下一期订货时间，循环往复，始终保持订货间隔期不变。订购货物量的计算公式如下：

订货量＝最高库存量－现有库存量－订货未到量＋顾客延迟购买量

一般认为，A类货物宜采用定期订货制，B类和C类货物可采用定量订货制。

✓ 6.3.2 供应链管理环境下电子商务库存成本控制策略

1. VMI 管理系统

在供应链管理环境下，供应链的各个环节的活动都应该是同步进行的。近年来，在国外，出现了一种新的供应链库存管理方法—供应商管理用户库存（Vendor Managed Inventory，VMI），这种库存管理策略打破了传统的各自为政的库存管理模式，体现了供应链的集成化管理思想，适应市场变化的要求，是一种新的有代表性库存管理思想。

VMI 是一种很好的供应链库存管理策略。关于 VMI 的定义，国外有学者认为："VMI 是一种在用户和供应商之间的合作性策略，对双方来说都是以最低的成本优化产品的可获性，在一个相互同意的目标框架下由供应商管理库存，这样的目标框架被经常性监督和修正，以产生一种连续改进的环境"。

2．联合库存管理

VMI 是一种供应链集成化运作的决策代理模式，它把用户的库存决策权代理给供应商，由供应商代理分销商或批发商行使库存决策的权力。联合库存管理则是一种风险分担的库存管理模式。

联合库存管理的思想可以从分销中心的联合库存功能谈起。地区分销中心体现了一种简单的联合库存管理思想。传统的分销模式是分销商根据市场需求直接向工厂订货，比如汽车分销商（或批发商），根据用户对车型、款式、颜色、价格等的不同需求，向汽车制造厂订的货，需要经过一段较长时间才能达到，因为顾客不想等待这么久的时间，因此各个推销商不得不进行库存备货，这样大量的库存使推销商难以承受，以至于破产。据估计，在美国，通用汽车公司销售 500 万辆轿车和卡车，平均价格是 18 500 美元，推销商维持 60 天的库存，库存费是车价值的 22%，一年总的库存费用达到 3.4 亿美元。而采用地区分销中心，就大大减缓了库存浪费的现象。采用分销中心后的销售方式，各个销售商只需要少量的库存，大量的库存由地区分销中心储备，也就是各个销售商把其库存的一部分交给地区分销中心负责，从而减轻了各个销售商的库存压力。分销中心就起到了联合库存管理的功能，分销中心既是一个商品的联合库存中心，同时也是需求信息的交流与传递枢纽。

任务 4　电子商务物流退换货成本控制

6.4.1　电子商务退换货物流成因

从物流角度来看，电商退换货是在商品交易意向达成并交付消费者之后，消费者由于对商品不满意，从而将商品与电商企业进行退换的活动。电商退换货具有时间、品种、数量均不确定，返仓包裹多次流转的特点，这无疑将给电商企业带来更高的货损比例和更有挑战的物流作业需求。

伴随着电子商务业务量的增大，人们对退换货问题也将更加关注。Jupiter MediaMatrix 公司在 2001 年做的一项研究表明电子商务的退货量的增长速度将与电子商务业务量的增长速度大概持平，而退货量的增加将使退货成本也迅速增加，从而降低了电子商务的利润。目前电商行业的退换货比例较高，由此带来的退换货成本（货物回退和商品重新配送的物流成本）也居高不下。

电子商务退换货的增加，不仅仅因为电子商务业务量的增加和商家对顾客满意度的重视，更重要的是由于消费者保护自己权益意识的提高等。电子商务退换货物流的产生，究其根本原因在于消费者对电子商务不满意，不满意的因素具体如图 6-3 所示。

项目 6　电子商务物流成本控制

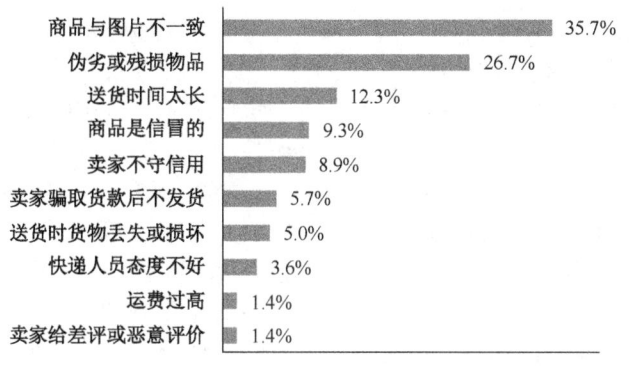

图 6-3　电子商务不满意因素

请结合自身网购的退换货经历，谈谈电子商务退换货物流成因有哪些？

6.4.2　电子商务退换货成本控制策略

退货问题关系到消费者对电子商务的信任，如果处理不好将会影响电子商务的发展。随着越来越多的企业进入电子商务领域，电子商务领域内部的竞争以及电子商务与传统商务的竞争也愈来愈激烈。正如美国物流管理协会的资深专家詹姆斯教授的描述"企业对退货如何处置，已经成为一项标新立异的竞争战略，并正成为提高效率的全新领域"。因此有必要对电子商务的退货成本控制策略进行研究。

1．退换货管理

大部分在线商家对退换货管理不重视，它们的着重点在于吸引顾客购买商品而不是退货。由于电子商务是一种新型的商务活动，许多在线商家以前没有在线交易的经验，不知道退货处理的量有多大，也不知道如何去处理。一个在线商家往往销售来源于不同制造商的多种商品，而不同制造商的不同退换货政策也使得电子商务中的退换货的管理更加困难。

要降低退换货的成本，首先要有科学高效的退货管理。科学高效的退换货管理目标是在维持既定的服务水平不变的前提下降低退货成本提高退换货效率。可从以下几方面着手改善电子商务企业的退换货管理。

（1）降低退换货量

退换货的极大不确定性会影响商家对库存的管理和对财务的管理，在一定程度上会干扰常规业务的顺利运转，另外对退换货的处理成本也比较高，因此企业要尽量减少顾客的退换货。减少顾客的退货主要是从源头上控制，可采取以下策略：

1）让消费者明白商家的退换货政策。这一点很重要，必须让消费者在决定购买之前明白商家的退换货政策，让消费者知道什么样的商品可以退换货，这样会减少消费者因为不了解退换货政策，购买时以为可以退换货，却在购买后发现不能退换货的情形，这样不仅可降低退换货量，更可以维护商家的信誉。

2）提供准确完整的商品信息。在网上提供尽量详细和准确的信息。尽量避免顾客因为发现实际收到的货物与网上标称的商品不一致而退换货的情况。

3）顾客可及时取消订单。减少因为顾客一时冲动而购买，购买后后悔不已而导致的退货。例如中国店规定，未付款订单无须顾客处理，系统在 30 天后自动将其取消。已付款订单必须在发货前取消。通常情况下平寄邮件订单务必在订购的当天取消，快寄在一小时内取消。

4）进行在线配置。提供在线配置的公司的退货正在大大下降。例如 PC 产品，客户可以在线有足够充裕的时间进行配置，甚至可以分多次完成配置。对这种客户定制化的商品要严格限制其退货条件，PC 产品退货后，如果没有质量问题和损伤可将其拆分，零件可以重新销售，退货给商家造成的损失不是特别大。但是对于服装或是礼品这类个性化差异比较大的商品，退货后很难再销售，毕竟要找到在颜色、款式、大小上要求完全一样的机会是很小的。

5）配送及时准确。退货中有很大的比例是因为货物的配送不及时，致使客户退货。尤其是有时效性的产品，比如节日礼物、贺卡、圣诞树、杂志等。避免诸如目的地错误、商品错误等这样的配送错误。这就需要加强内部正向物流管理，提高配送的速度和准确性。

亚马逊经营的商品种类很多，但由于对商品品种选择适当，价格合理，商品质量和配送服务等能满足顾客需要，所以保持了很低的退货比率。传统书店的退书率一般为 25%，高的可达 40%，而亚马逊的退书率只有 0.25%，远远低于传统的零售书店。极低的退货比率不仅减少了企业的退货成本，也保持了较高的顾客服务水平并取得良好的商业信誉。

（2）提高退换货处理效率

退换货量、退换货种类的增加和特殊商品的时效性都对退换货处理的效率提出了挑战。提高退换货处理的效率可缩短退换货的处理周期，增加退换货的再销售机会。提高退换货处理的效率亦可提高客户的满意度。退换货处理效率的提高可以从以下两个方面着手。

1）退换货流程标准化。首先要有详细的、操作性强的可退换货商品标准，由于消费者退换货原因具有多样性和不确定性，常使退换货处理人员很难自行决定对某些特殊情况下的退货处理，需要征求上一级的意见，这就降低了退换货的处理效率。除了要制定详细的操作性强的退换货商品标准外，还要给退换货处理人员以足够的授权。对退换货流程中的其他环节也要制定这样的标准。

2）提高退换货自动化程度。尽量提高退换货过程中的自动化程度，消费者可以从网上提交退换货请求，根据商家的系统规则输入相应的退换货原因代码，系统根据一定的标准决定该商品是否可以退换货，若可以退换货则生成相应的 RMA（退货商品授权）号码，以及包含退换货信息的条形码，这样消费者只需将相应的 RMA 号码和条形码打印贴在商品上，然后交给负责退换货运输的部门即可，可以是该商家的退换货点，也可以是跟该商家合作的物流公司。这样降低了退换货处理过程中人力的参与程度，节省了人力，提高了效率。

（3）退货预测和退货数据分析

随着退货问题的日益突出和信息技术的发展，有很多 B2C 的电子商务商家已经开始关注使用统计分析技术来发现退货中存在的问题，从而采取合适的方法降低退货成本，使用预测技术来预测退货量，来合理安排库存和人力。退货数据分析按分析比较的数据对象可以分为两类：

1）历史数据分析比较。历史数据分析比较是指通过对退货的历史数据的分析来发现问题。通过对历史数据的分析可以发现哪些商品的退货比例较大；哪部分消费者的退货较多；商家应该建立一套比较完整的退货原因代码，顾客在申请退货时需要提供此代码，这样比较容易发现退货中的主要原因。Jupiter 的一个调查中有这样一个案例：一家网上商店的某种商品的退货率达到 30%，销售者通过对退货原因的分析发现大部分的退货是因为该商品的网上显示的包装跟实际的包装不符。于是该商家及时调整了网上显示的包装样式，该商品的退货比率立刻下降了一半。

2）与传统销售渠道比较。很多网上商店也都有自己的现实中的店铺，通过将网上销售的退货与现实店铺的退货比较可以发现在网上销售中存在的问题。

2. 退换货战略

相对于正向物流来讲，退货具有数量少、种类多、分布范围广的特点，如果由各个商家独自负责退货的确认、运输、退款等服务，则在规模上很不经济，为了能达到退货的规模经济性。可以考虑采取退货联盟或与第三方物流合作的战略。

退货联盟，是指多家企业在退货的政策、运输等方面通过合作而达成的联盟。通过建立退货联盟，他们可以共享资源，尤其是运输资源，从而降低退货的规模不经济性。此外，在线商家也可以与第三方退货物流公司合作，将退货交给他们处理。企业将退货交给专门的公司来处理，不仅可以降低成本，自己更可以着重于核心能力的开发，这将给企业带来很大的效益。第三方退货物流公司保存在线商家的退货标准，消费者携带要退货的商品来到第三方退货物流公司要求退货，第三方退货物流公司根据国家和各在线商家的退货标准来确定该商品能否退货。如果能退货第三方退货物流公司通知在线商家依据退货商品的完好状况将商品发往在线商家的指定接收地点（零售商或是制造商），在线商家相应改变库存。

然后第三方退货物流公司根据消费者退款或换货要求，监督在线商家在指定期限内将款项退还给消费者或给消费者更换商品，最后第三方退货物流公司和在线商家进行内部结算。如不能退货第三方退货物流公司可协助消费者和在线商家进行联系，解决一些跨越退货权限的退货问题。

想一想

电子商务退换货成本控制的策略有哪些？

同步实训

实训 7　XXX 天猫店的物流成本核算

实训目的

（1）了解电子商务物流成本控制方法的运用；
（2）了解电子商务物流作业的动态；
（3）理解采用作业成本法来分析电子商务的物流成本。

 电子商务物流

 实训内容与步骤

某天猫店主要经销甲、乙两种产品，采取电子商务方式销售，采取小批量方式直接发货给消费者，不同产品间物流差异不大。该天猫店的物流作业流程较为清晰，采用作业成本法计算物流成本，所涉及的作业主要包括：订单处理、配送、退换货、一般管理。现以该天猫店 2015 年 10 月份数据为例，对其电子商务物流成本进行核算。

1）本月共处理甲产品订单 10 份，乙产品订单 2050 份。
2）配送全月提供 940 小时的生产能力，其中甲产品耗用 120 小时，乙产品耗用 820 小时。
3）本月退换货处理，甲产品需要 150 小时，乙产品需要 400 小时。
4）本月甲产品耗用一般管理工时为 130 小时，乙产品耗用一般管理工时为 446 小时。

该天猫店本月所耗用的各类资源价值如下表所示。

作业	工资	能耗	折旧	办公费
资源价值	30000	5200	45000	8500

上述费用中，订单处理人员工资 6000 元，配送人员工资 8500 元，退换货处理人员工资 12000 元，一般管理人员工资 3500 元；配送消耗能耗费用 3000 元，退换货消耗能耗费用 1500 元，其他能耗费用主要由一般管理消耗（其他活动不分配能耗费用）；折旧费用中，配送折旧费 20000，退换货折旧费 15000 元，其他为一般管理消耗；办公费中订单处理消耗 2500 元，其他为一般管理消耗。

要求：采用作业成本法核算该天猫店甲产品和乙产品的物流成本，并编制电子商务物流成本核算表。

 **实训提示**

此次实训的难点是对电子商务物流活动进行分析，理解并运用电子商务物流成本控制方法来对电子商务物流成本进行核算，对电子商务物流活动进行控制和优化，从而达到降低物流成本的目的。

思考与练习

（1）请你查阅资料找出一家电子商务公司，分析其电子商务物流主要作业项目有哪些？请你说出你的分析思路。
（2）请你谈谈使用作业成本法进行成本核算的好处。

 **项目小结**

物流作业成本计算是以作业成本法为指导，将物流间接成本和辅助资源更准确地分配到物流作业、运作过程、产品、服务及顾客中的一种成本计算方法。随着物流管理研究的

项目 6 电子商务物流成本控制

发展，目前越来越倾向于采用作业成本法来进行物流成本的核算，因此需要深刻理解作业成本法在电子商务物流成本控制中的运用。

实训 8　跨境电子商务物流成本控制方案设计

 实训目的

（1）了解跨境电子商务的项目流程；
（2）了解跨境电子商务物流成本的构成；
（3）分析跨境电子商务项目物流成本及控制策略。

 实训内容与步骤

跨境电子商务指的是不同国家或地区的交易双方，通过互联网以邮件或者快递等形式通关，数额小，次数多，速度快的新的国际贸易模式。在中国很多中小企业都在发展跨境电子商务，发展态势也比较乐观。

相比国内电商，跨境电商最难做的莫过于对跨境物流的操控，会涉及通关、运输时间、运输方式等一系列问题，而如何节省跨国物流成本也是跨境电商卖家们非常头疼的问题。物流选择正确与否，会直接影响客户的去留。如果物流选择准确到位的话，不仅会大大缩减物流成本，也会为卖家带来源源不断的生意；反之会因为差评不断而逐渐丢失掉客户。

目前小卖家所处的市场环境是价格和排名都拼不过大卖家，那么如何才能成为大卖家？主要是要寻找一个突破口，即物流成本的控制。那么，对于中小卖家来说，如何对跨境电子商务物流成本进行控制？

 **实训提示**

此次实训的难点是了解跨境电商物流的流程，合理选择物流渠道，控制跨境电子商务物流成本，设计跨境电子商务物流成本控制方案，为中小卖家发展跨境电商缩减物流成本。

 思考与练习

请以"跨境电子商务物流成本控制方案"为题，为中小卖家设计一份跨境电子商务物流成本控制方案，字数不少于 1000 字。

项目小结

跨境物流一直是制约整个跨境电商行业发展的关键性因素，而物流成本的控制又是卖家应该重点关注的一个环节，所以为自己设计合适的跨境物流成本控制方案会让小卖家降低物流成本，提高利润，从而更加有机会突破到大卖家。

同步测试

1. 单项选择题

（1）在物流企业组织中应用活动成本法，并进行物流成本管理的关键步骤是（　　）和成本分析。

  A．成本分配   B．成本核算

  C．成本控制   D．成本决策

（2）为达到订货成本和（　　）之间的平衡关系，使得库存总成本最小，我们采用经济订购批量方法来控制库存总成本。

  A．库存持有成本   B．配送成本

  C．分拣成本   D．流通加工成本

（3）（　　）是指在配送过程中所提供的各种流通加工服务所消耗的材料费、人工费和制作费用的货币表现。

  A．分拣成本   B．装配成本   C．配送运输成本   D．流通加工成本

2. 多项选择题

（1）电子商务运营主体物流面临的新形势主要包括（　　）。

  A．信息化   B．现代化   C．社会化   D．网络化

（2）物流合理化标志判断的依据包括（　　）。

  A．是否降低物流费用   B．是否减少了物流损失

  C．是否加快了物流速度   D．是否发挥了各种物流方式的最优效果

（3）电子商务对物流配送的冲击和影响包括（　　）。

  A．给物流配送观念带来深刻的革命

  B．网络对物流配送的控制代替了物流配送管理程序

  C．物流配送的持续时间在网络环境下会大大缩短

  D．网络系统的介入，简化了物流配送的过程

（4）电子商务配送合理化的做法包括（　　）。

  A．推行一定综合程度的专业化配送   B．实行送取结合

  C．推行共同配送   D．推行准时配送

3. 分析题

（1）简述电子商务运营主体物流成本的内容。

（2）讨论电子商务物流退换货成本控制的策略。

（3）查阅资料了解电子商务物流成本的现状。

项目 7

电子商务物流绩效评价与管理

本项目重点难点

能够明确电子商务物流岗位目标，能够根据具体岗位工作重点，选择合适的方法、原则，确定出具体岗位的关键绩效指标（KPI）以及权重；能够评价电子商务物流服务质量。

项目导图

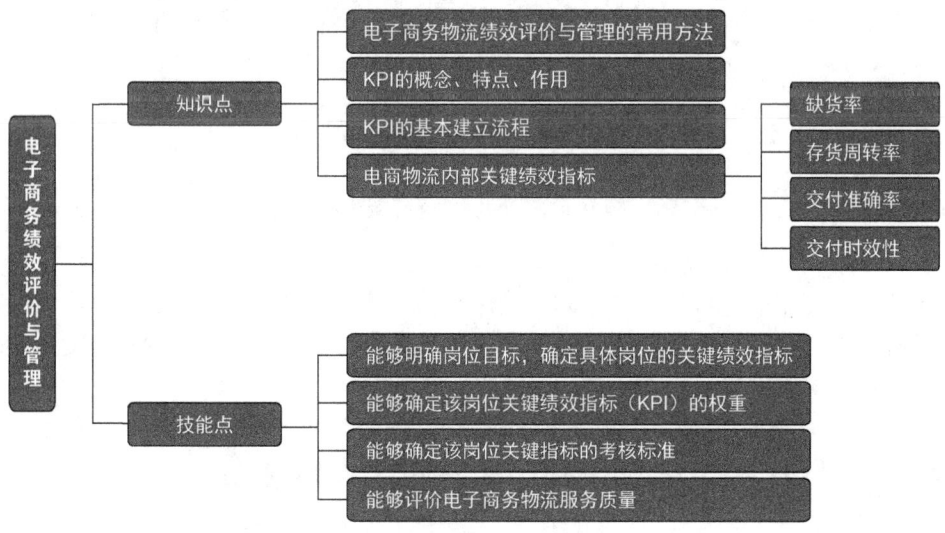

引例

周一的生活紧张忙碌，很多公司都忙于开会、安排新一周的计划。还有一件事，对于公司人来说可谓是"如影随形""让我欢喜让我忧"，那就是绩效考核。很多企业都在做绩效考核，但公司人可不一定都买账，目前多数企业的绩效考核标准过于模糊，表现

为标准欠缺、标准走样、难以准确量化等，容易引起不全面、非客观公正的判断，员工怨声载道。

小林是一家电商公司的仓库管理员，上个月工资发到手后吓了一跳，比之前少了五百多元，小林就去薪资部门调看自己的工资明细单，发现自己这个月的绩效考核部分扣了很多分，这个试运行的绩效考核制度自己都还没好好研究，居然就已经中招了！小林赶紧回去翻看了群文件里的仓储部门绩效考核试行方案，这才恍然大悟，几个关键的指标，本月自己都没有好好把握起来，比如，小林这个月迟到了 2 次，请假一次，全勤奖 100 元被扣除了。但是有一条小林表示不服：订单出库错发漏发每个订单扣 10 元。可是小林觉得自己非常仔细地检查货品了，都是按照发货单核对了多次了，为什么还会发错货呢？会不会是发货单打印错了呢？小林感觉这个方案过于苛刻，还有很多不合理的方面，连夜写了一份报告准备第二天去与部门经理表达自己的想法。

引例分析

物流部门的绩效考核是一个电商企业非常重要的环节，在指标和分值的设置上都需要仔细斟酌，特别是权责的划分、奖惩分明是用绩效考核方案达到激励目标的重要方面。

任务 1　电子商务物流绩效评价概述

✓ 7.1.1　电子商务物流绩效评价的概念

物流服务的监控是以成本与效益的正确衡量为基础。物流服务提供者对物流系统有效衡量与监控，对被服务企业的物流管理非常重要。物流服务监控系统必须建立衡量客户服务满意度、存货可得性以及成本控制三方面的标准。

✓ 7.1.2　电子商务物流服务及评价的特点

中小型电子商务企业由于受资金、技术、人员的限制，规模效益难以发挥出来，更多的是在依靠大型企业，所以经常要借助第三方物流企业的物流资源。进而在很多情况下不能够自主去控制好物流的服务质量，所以有可能会造成隐患。

作为一种新兴业态，中小型电子商务企业物流服务具有以下特点：

1. 订单量大而批量小

相对于其他制造业、汽车业来说，中小型电子商务企业更加注重的是贴近生活性，中小型电子商务企业订单的数量相对较大，但是每单金额相对较少；由于中小型电子商务企业经营商品品类趋于多元化，往往一个订单中包含多个商品品类，而导致分拣难度大；又因为品类多元化，直接导致包装不易标准化、自动化、机械化。

2. 时效要求高

与传统卖场不同的是，消费者不能立马获得心仪的商品，这中间需要一段等待时间，大多消费者都希望等待时间越短越好，因此等待时间的长短将会直接影响到消费者对物流服务的评价。在如今经营商品、价格水平都趋同的情况下，中小型电子商务们的主要战场转移到物流服务水平上。所以时效性又是消费者衡量物流服务水平的重要指标之一。因此越来越多的电子商务企业开始在时效性上开始了一场没有硝烟的速度战，像京东商城的"211限时号店的'半日达'"。这都是对物流各项硬性条件发出了巨大的要求，因为时效性就是一场与时间的赛跑。

3. 服务范围广

电子商务企业服务对象是全国甚至全球任何一个能在线下达订单的地方，这就表示着物流服务商们的"手"得伸到全国甚至是全球，物流服务范围十分广，这对物流/配送中心网点健全性、配送承载能力等硬件设施都提出了很高的要求。现在，我国自主运营的物流体系的中小型电子商务企业均与第三方物流建立了一个良好的合作关系，以此来扩大和补充服务区域。

4. 要求从业人员的素质高

中小型电子商务企业的物流配送人员是最直接接触消费者的，代表的是一个企业的形象与文化，是影响消费者对企业服务质量的评价依据之一。事实上，我国的物流配送工作人员的文化程度不高，这与中小型电子商务企业所秉承的服务至上的要求不符，这也是出现电子商务企业组建自己的物流体系的原因。在自营物流条件下，配送人员的服务态度能够被自己优化，但在另一个方面，网络客户服务却得不到足够的重视，在流程中就是在购物前后的咨询服务；从提供服务种类又可分成咨询等待时间及问题解决等待时间。

正所谓顾客是上帝，中小型电子商务企业的物流派送人员会直接接触消费者，同时他们也是在做着宣传企业的文化，更多是扮演着电子商务企业的形象，这是直接关系消费者对电子商务企业物流服务的评价。但是一些中小型物流企业员工不理睬发货人，态度怠慢。客户对企业的满意度是一个企业生存的基础，可能就是这些一线的物流派送员一个简单的动作或是一句话，将其他工作人员努力树立的形象摧毁得一干二净。归根结底，还是因为服务意识淡薄所导致的。而中小型物流企业普遍存在的"野蛮装卸"、"野蛮运输"造成的货损甚至丢失的问题更是时有发生。

7.1.3 电子商务物流绩效评价的意义

在技术、政策多种有利因素的促进下，近几年来我国网络购物的成交额呈现出爆发式增长态势，但电子商务迅猛发展的同时，消费者购物的满意度，尤其是对物流配送服务的满意度偏低。众所皆知物流配送在电子商务中具有不可轻视的重要性，把握好消费者对网络购物中物流配送的需求，提高物流配送服务的满意度，就是一个电子商务企业发展最好的动力，这样电子商务企业才能真正地做到做大、做强的目的。

在信息经济的时代，电子商务与物流是两者相互依存的概念。一方面，电子商务的实现需要物流的支持，实际上绝大多数的电子商务离不开物流；另一方面，随着社会化、专业化、全球化的经济发展，使得物流呈现更多的电子化、虚拟化和网络化的特征，电子商业化相关的技术在物流中发挥着关键的作用。

7.1.4 集中重要的数据与事实

现代企业管理中最主要的问题是由众多的数据引起的。现代信息与通信设备（条码扫描器、自动收款机、电子数据交换系统、无线电射频系统等）为收集大量数据提供了捷径，而电子计算机则能快速准确地处理这些数据。然而，如果没有监控与管理系统把重要信息从大量的信息中提取出来，管理与监控人员就很难有效地进行管理。

因此，电子商务物流绩效评价与管理是要把重点放在重要数据上，不要浪费时间整理那些琐碎无用的资料。监控的核心是集中，把精力集中于能说明系统是如何工作的，以及问题源于何处的关键点。这样，有用的数据将有助于发现并纠正监控系统中尚未发现的问题。

例如在客户服务中，要衡量哪些是客户最易感受到的服务，比如订单完成率、客户实际的订单周期时间、完美订单完成率、电话不通的概率等。在仓储中，最关心的问题是人员和设备的配备及效率，如每工时的分拣量。

任务 2 电子商务物流绩效评价的主要方法

7.2.1 关键绩效指标（KPI）概述

1. 关键绩效指标（KPI）的概念

关键绩效指标（KPI：Key Performance Indicator）是通过对组织内部流程的输入端、输出端的关键参数进行设置、取样、计算、分析，衡量流程绩效的一种目标式量化管理指标，是把企业的战略目标分解为可操作的工作目标的工具，是企业绩效管理的基础。

2. 关键绩效指标（KPI）的特点

关键绩效指标（KPI）可以使部门主管明确部门主管职责，并以此为基础，明确部门人员业绩衡量指标，是用于衡量工作人员工作绩效表现的量化指标。

KPI 是对真正驱动公司战略目标站实现的具体因素的发掘，是公司战略对每个职位工作绩效要求的具体体现，主要反映员工工作的直接可控效果，剔除他人或环境造成的其他方面影响。

KPI 不是对所有操作过程的反映，而只对其中对公司整体战略目标影响较大、对战略目标实现起到不可或缺作用的工作进行衡量。

KPI 的制定过程由上级与员工共同参与完成，是双方达成一致意见的体现，是组织中相关人员对职位工作绩效要求的共同认识。

3．关键绩效指标（KPI）的作用

第一，作为公司战略目标的分解，KPI 的制定有力地推动公司战略在各个单位、各个部门得以执行；

第二，KPI 为上下级对职位工作职责和关键绩效要求有了清晰的共识，确保各层各类人员努力方向的一致性；

第三，KPI 为绩效管理提供了透明、客观、可衡量的基础；

第四，作为关键经营活动的绩效反映，KPI 帮助各职位员工集中精力处理对公司战略有最大驱动力的方面；

第五，通过定期计算和回顾 KPI 执行结果，管理人员能清晰了解经营领域中的关键绩效参数，并及时诊断存在的问题，采取行动予以改进。

4．关键绩效指标（KPI）体系的确定方法

企业关键绩效的体系层级见表 7-1。

表 7-1　企业关键绩效的体系层级

企业级 KPI	对企业战略及经营目标进行关键成功因素分析，确定企业级 KPI
部门级 KPI	根据部门职责、业务流程分析企业级 KPI，明确部门目标、通过对部门关键成功因素进行分析
岗位级 KPI	根据岗位职责、业务流程分解部门级 KPI，明确岗位目标、通过对岗位关键成功因素进行分析

5．构建关键绩效指标（KPI）的原则

构建关键绩效指标（KPI）遵从 SMART 原则，S 代表具体（SPECIFIC）：指标要尽量做到具体，不能笼统模糊；M 代表可度量（MEASURABLE）：指标是要尽量量化，不能量化的要细化，就是说指标不能用数字表现的就要把它分解到最小的具体组织单位；A 代表可实现（ATTAINABLE）：指标通过尽最大努力的情况下最终可以达成，避免设立无效目标；R 代表相关性（RELEVANT）：指标是明确的，保证与组织的目标相关一致性；T 代表有时限（TIME-BOUND）：指标必须在特定的期限内完成，保证目标完成的实效。

6．构建关键绩效指标（KPI）的基本流程

企业的总体战略目标在通常情况下均可以分解为几项主要的支持性子目标，而这些更为具体的支持性子目标需要企业某些主要业务流程的支持才能在一定程度上达成。因此，分解企业战略目标，分析并建立各子目标与主要业务流程的联系。企业高层确立公司的总体战略目标（可用鱼骨图方式），由企业（中）高层将战略目标分解为主要的支持性子目标（也可用鱼骨图方式）。

将企业的主要业务流程与支持性子目标之间建立关联，确认各战略子目标的支持性业务流程后，需要进一步确认各业务流程在支持战略子目标达成的前提下本身的总目标，并运用九宫图的方式进一步确认流程总目标在不同维度上的详细分解内容。

确认各业务流程与各职能部门的联系，各业务部门提取部门级 KPI 指标，根据部门 KPI、业务流程以及确定的各职位职责，实现企业目标、流程、职能与职位的统一。具体设计流程可参照 KPI 基本流程思维导图，如图 7-1 所示。

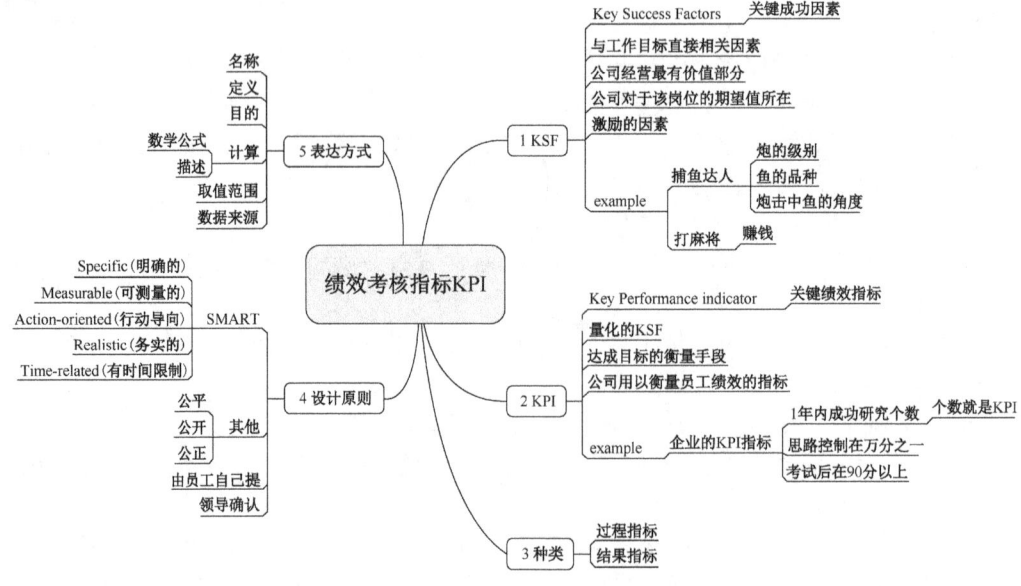

图 7-1　KPI 基本流程思维导图

7.2.2　KPI 制定与管理案例

1．电商企业对第三方物流公司 KPI 指标

对第三方物流服务商的服务绩效衡量，需要制定一系列的关键绩效指标。关键绩效指标需要根据项目的具体情况来开发与制定。在制定 KPI 时，电商企业与第三方物流服务商共同参与是最好的。因为电子商务企业对自己行业的实践及客户的要求比较清楚，第三方物流服务商对外部物流市场与绩效的可能性比较了解。双方应合作开发合理的关键绩效指标，见表 7-2。

表 7-2　某公司对第三方物流服务商的 KPI

类别	KPI	定义	考核标准	处罚措施
运输	准时交货考核指标	在合同规定时间内送达客户的订单总数占可统计订单总数的百分比（合同规定时间是指运输报价单上的时间）	95%	每 1% 的差距，扣 1% 的总运费
	货运单签收及回单完成指标	在限定时间内将正确签收的货运单返回给该公司	90%	每 1% 的差距扣 0.5% 的运费；当差距超过 3%，按 2% 运费扣除
	货物安全性	安全送达次数比率	97%	每 1% 的差距扣 0.5% 的运费；当差距超过 3%，按 2% 运费扣除
		纸箱破损比率	0.30%	
		货物破损比率	0.05%	
	运输损害报告反馈	在限定时间内以书面形式将运输发生的破损反馈给该公司	24 小时	
		货差事故或交通事故反馈给该公司	7 天	

续表

类别	KPI	定义	考核标准	处罚措施
仓库与存货管理	到货、出库信息反馈	在限定时间内将到货/出库信息反馈给该公司	到货签收、装车发运后的1小时	
	存货记录准确率		99.90%	每1‰的差距，扣仓储费用的5%；当差距超过3‰，按10%仓储费扣除
	报表准确性	提供给该公司关于仓库运作的报表的准确性	99.90%	
	报表准确性考核指标	每日库存报表、收发货变动表准确度	99.90%	每1‰的差距，扣仓储费用的5%
	盘点差错率	库存货物同账面库存的符合程度	0.01%	每0.1‰的差距，扣仓储费用的5%；当差距超过0.3‰，按10%仓储费扣除
	仓库操作货损比率	考核仓库操作的安全性	0.02%	每0.1‰的差距，扣仓储费用的5%；当差距超过0.3‰，按10%仓储费扣除
	事故证明反馈时间	在限定时间内将仓库储存事故或第三者责任事故的合法证明文件或报告提交给该公司	7天内	

KPI 一旦确定，第三方物流公司必须做到。否则，要有相应的规定，该规定应在双方合同中予以明确；以某企业为例：

（1）1个月达不到，限期整改；
（2）连续3个月达不到，可以取消合同；
（3）达不到有关KPI，将扣除一定的服务费；
（4）第三方物流供应商的服务将定期进行评估。

表7-3为某公司对第三方物流服务商的关键绩效指标月度履行情况的统计与打分。

表7-3 某公司对第三方物流KPI的统计与打分

			KPI 考核指标				
序号	KPI考核内容	KPI考核计量方式	考核标准	考核数据		KPI考核结果	备注
1	运输准时率	运输准时率=每月准时签收的票数/每月所承运的票数×100%	98.00%	月准时签收票数	月实际托运票数	95.56%	
				43	45		
2	运输准确率	运输准确率=每月准确托运票数/每月实际托运票数×100%	100.00%	月准时签收票数	月实际托运票数	100.00%	
				45	45		
3	提货准时率	提货准时率=每月准时提货车次/每月实际发货车次×100%	100.00%	月准时提货车次	月实际发货车次	100.00%	
				45	45		

续表

序号	KPI考核内容	KPI考核计量方式	考核标准	考核数据		KPI考核结果	备注
				KPI考核指标			
4	到货频次达标率	到货频次达标率=每月实际到达托运票数/每月托运总票数×100%	100.00%	月实际到达票数 45	月实际发货总票数 45	100.00%	
5	运输赔偿率	运输赔偿率=每月赔偿金额/每月总运费金额×100%	10.00%	月赔偿金额（元） 400	月总运费金额（元） 280528	0.14%	
6	运输破损率	运输破损率=每月承运货物残损件数/每月承运货物总件数×100%	1.00%	月破损件数 1	月实际发货总件数 690	0.14%	
7	运输丢失率	运输丢失率=每月承运货物丢失 物件数/每月承运货物总件数×100%	0.10%	月丢失件数 0	月实际发货总件数 690	0.00%	
8	签收单返回率	签单返还及时率=及时返还的签单数/应返还签单数×100%	98.00%	月准时签返票数 45	月实际应返票数 45	100.00%	
9	信息反馈准时率	信息反馈准时率=每月信息反馈准时次数/每月全部反馈次数×100%	98.00%	月准时反馈次数 45	月全部反馈次数 45	100.00%	
10	客户投诉率	客户投诉率 = 客户投诉次数/所承运货物的总票数×100%	0.20%	月客户投诉票数 0	月实际发货总票数 45	0.00%	
统计单位：		统计日期：		统计人：			

2．某企业对物流供应商考核细则

为了实现公司专业化管理工作的落实，利用管理手段来提升物流公司与我方的配合，达到合作双赢的目标，特制定以下考评办法。

（1）考核事项

我公司会在第三方物流配送到货是否及时，物流总部以及网点是否配合和服务态度，回单是否按时按量寄回，货品残损情况，货物储存情况，投诉以及索赔等各个方面进行考核。

（2）考核办法

以每个月100分计算，采用级别评价法。

（3）考核时间

① 月度考核：月度的考核成绩。

② 季度考核：三个月的综合考核成绩汇总。

（4）考核等级

A级（优秀级）85～100分；

B级（良好级）70～85分；

C级（合格级）60~70分；

D级（较差级）40~60分；

E级（极差级）40分以下。

（5）考核结果的应用

以月度考核成绩为基础。

1）月度考核

A：月考核成绩为C级，罚款500元

B：月考核成绩为D级，罚款1000元

C：月考核成绩为E级，罚款2000元

2）季度考核：连续三个月成绩为D级和E级，我方将停止一切合作事宜。

（6）考核内容

1）货物配送时限：

① 在送货物到目的地时，在不能入库的情况下，送货人没有及时与本公司沟通擅自离开的，造成货物不能按时入库，每次扣5分。并立即进行二次配送。

② 送货超时（从接货到入库时间超过4天或承诺到货时间）每天扣2分。

2）外包装：

① 未按照标准存放而导致包装破损，未按产品特性要求进行有效防护的，如防潮、防震、防尘防腐蚀等，货物包装受潮、变形等，造成不能按时按量入库的，每省份每单次扣2分，并按照货物包装物价格进行赔偿。

A．损坏数量较少，不影响产品兑换，扣除当次货物物流费用，下次发货补发包装物，并随下次发货一并入库。

B．损坏数量较大，影响了产品兑换，要求立即进行免费配送包装，并进行再次入库。

② 未经许可，擅自更改包装及包装的尺寸规格、数量，每次扣2分。并按照我方要求实施补救措施。

3）货品管理：

① 货物途中遗失造成产品不能正常入库的，每省每单次扣5分，并按照与公司供货价格赔偿；未按照标准存放而导致货物损坏、未按产品特性要求进行有效防护的，如防潮、防震、防尘防腐蚀等，对货物造成损失，不能满足配送要求的，每省份每单次扣5分，并按照与公司供货价格进行赔偿。

A．损坏数量较少，不影响产品兑换，扣除当次货物物流费用，下次发货补发货品，并随下次发货一并入库。

B．损坏数量较大，影响了产品兑换，要求立即进行免费配送，并进行再次入库。

② 供货时外包装标识产品、数量和内实物产品、数量不符，每次扣5分。

③ 货物出现异常，丢失，损坏，没有及时向我公司说明情况，超过24小时，每次每天扣2分。

4）仓储管理：

储存过程中货物码放不整齐，库区杂乱，随意空包装和货物混放，出现超高、倒置现象，造成我公司礼品包装破损或货物损坏，每次扣2分。并按照与公司供货价格进行赔偿，并要求立即进行免费配送补充货品或包装进行再次入库。

5）配送服务：

① 货物发货至各省仓库时，送货人员须配合省库收货人以纸质《入库申请单》为依据，逐个清点，确认礼品名称及数量准确，礼品包装完好，礼品的封签完好；若出现仓库反应物流商不配合清点货物情况的，一次扣 2 分。

② 省库收货后的签收单按发货批次，十日内，按量回寄给公司，如有遗失，除承担相关的连带责任外，每缺失一份单据扣 1 分，逾期未寄出每次扣 2 分。

6）其他事宜：

① 物流公司人员不配合本公司合理的安排，态度恶劣，拒绝配送造成我公司重大经济损失，每次扣 10 分。

② 物流公司电话（每日早 8:30—晚 8:30）无人接听，无法联系造成重大信息无法传递的，每次扣 2 分。

③ 服务人员不遵守本公司给出的物流规范管理的相关通知的，每次扣 2 分。

请物流公司积极配合我方工作，愿我们的合作更愉快、更长远。

3．第三方物流服务提供商考核表

电商企业对第三方物流服务商考核表见表 7-4。

表 7-4 电商企业对第三方物流服务商考核表

第三方物流公司名称									考核时间		
考核指标	具体考核数据								统计比率		得分
									统计项	统计数据	
一、准点提货	月提货总数量										
	当月延迟次数							…	i	准点提货率	%
	具体延迟时间							…	i		
	① 准点提货率= Max（当月延迟次数）/月提货总次数*100%； ② 具体延迟时间>5 小时（其中单次货运量>20 件）总得分-1 分。 ③ 当月送货延迟数>6 次，总得分-5 分。 ④ 总得分=① +② +③										
二、准点交货	月交货总次数										
	当月延迟次数							…	i	准点交货率	%
	具体延迟时间							…	i		
	⑤ 准点交货率= Max（当月延迟次数）/月交货总次数*100%； ⑥ 具体延迟时间>5 小时（其中单次货运量>20 件）总得分-1 分。 ⑦ 当月送货延迟数>6 次，总得分-5 分。 ⑧ 总得分=① +② +③										

续表

三、完好交货	1. 完好交货率	月总运货数量								货物损坏率	%
		当月损坏货物次数						…	i		
		单次货物损坏量						…	i		
		① 总完好交货率=$(1-\sum_i 单次货损量 \div 总发运数)\times 100\%$； ② 单次货物损坏量÷单次货运总量>30%（其中单次货运量>60件）总得分-1分。 ③ 当月货损坏次数>6次，总得分-5分。 ④ 总得分=①＋②＋③									
	2. 重大事故	重大事故——整车交通事故/走失/货损。因整车走失或交通事故等造成的返厂，该部分货损按整车交通事故/走失对事故车数进行考核扣分，具体事故数不考核为货损率。但，因雨淋、倒车等造成的重大货损而返厂的，不按整车交通事故/走失考核。 次数为0者得分：100 次数为1者得分：50 次数为2及以上者得分：0								次数	
四、信息及时准确率	1. 单证及时率	月总单证量								单证及时率	%
		不及时送或达或回传次数						…	i		
		单证及时率——考核单据、报表等操作的及时比率。 包括：单据、报表考核、送货清单（签收单、回单）、发票、日运作情况反馈表、非固定车辆提货委托书等的及时传送。传递时间按公司规定考核，超出规定者为不及时到达									
	2. 信息处理准确率	月总单证数量								单证准确率	%
		出错单证次数						…	i		
		单证准确率——考核单据、报表、信息系统操作的准确比率。 包括送货清单（签收单、回单）、发票、非固定车辆提货委托书等的信息的准确性									
		窜货情况统计，（其中因为仓库贴标签未贴牢固造成的算0.5分/次，因为货运公司未及时与我公司负责部门沟通解决。）出现窜货情况扣分标准为：6分/次。									
	3. 司机通信畅通率	司机通信畅通率=1-司机通信中断次数/考察次数（票数）。（可根据具体情况对司机进行行考察，每次运输过程考察1次）未考察得分为满分								司机通信畅通率	%

续表

五、服务质量	1. 总评	总评——依据总体运作质量、服务意识、服务态度及客户满意度等进行总体评分		
	2. 加分项目	① 客户表扬		
		② 合理化建议		
		③ 紧急订单的及时完成		
	3. 扣分项目	① 在搬运、捆绑雨布等作业时，有不规范作业行为	记录发生具体时间、事件	
		② 服务态度差，造成客户投诉		
		③ 不遵守仓库管理规定，有不符规定或不文明的语言/行为		
		④ 在进行相关调查时提供虚假信息		
		⑤ 其他不规范运作或客户投诉		
	加分项目一次加分1分，同一项最多加分5分，扣分项目一次扣分1.5分，无最多限制			

指标 得分 项目	准点提货	准点交货	完好交货率	重大事故	单证及时率	信息处理准确率	司机通信畅通率	服务质量	合计
权重比例	10%	12%	20%	22%	4%	12%	2%	18%	100%
得分									——
最终得分									
评语：									

任务3 基于KPI的电子商务物流绩效评价与管理

对于电子商务企业来说，对自身的物流组织部门和提供物流服务的第三方物流服务提供商进行物流项目的绩效衡量与监控，已成为关键业务之一。对自身的物流组织部门和提供物流服务的第三方物流服务提供商进行物流项目的绩效衡量与监控的内容与方法，包括对客户服务绩效的衡量与监控，成本与生产率的衡量与监控，以及仓库、运输、存货的监控,最科学的方法是构建完整的 KPI 指标体系,对企业的物流活动进行全方位的评价与管理。

7.3.1 仓储的评价与管理

仓储是物流管理活动中的一个重要内容,是数据最集中的场所。仓储直接影响一定时期内物流的响应速度、服务水平和服务质量。

1. 缺货率

仓储缺货率是从仓储缺货的角度来反映一定时期内物流仓储的服务水平和服务质量,也是物流仓储信息的一个重要数据。一般用缺货量的百分比来表示,即:

订缺货率=不能够满足订单的次数/顾客总下单数

仓储缺货率也可以用缺供客户数与供货客户数的百分比表示,即:

仓储缺货率=缺供客户数/供货客户数×100%

仓储缺货率反映了物流仓储因货物存储不足对客户需求的影响程度的信息,数据越大,说明服务水平越差,是衡量仓储服务水平的一个反指标。必须千方百计降低仓储缺货率,以提高仓储服务水平。

2. 存货周转率

存货周转率是企业一定时期销货成本与平均存货余额的比率。用于反映存货的周转速度,即存货的流动性及存货资金占用量是否合理,促使企业在保证生产经营连续性的同时,提高资金的使用效率,增强企业的短期偿债能力。

存货周转率是对流动资产周转率的补充说明,通过存货周转率的计算与分析,可以测定企业一定时期内存货资产的周转速度,是反映企业购、产、销平衡效率的一种尺度。存货周转率越高,表明企业存货资产变现能力越强,存货及占用在存货上的资金周转速度越快。

存货周转率(Inventory Turnover)又名库存周转率,是衡量和评价企业购入存货、投入生产、销售收回等各环节管理状况的综合性指标。它是销货成本被平均存货所除而得到的比率,或叫存货周转次数,用时间表示的存货周转率就是存货周转天数。其计算公式如下:

存货周转率(次数)=销售成本/平均存货余额

或者:存货周转率(次数)=营业收入/存货平均余额(主要用于获利能力分析)

其中:

平均存货余额=(期初存货+期末存货)÷2

存货周转天数=计算期天数/存货周转率(次数)

存货周转天数=(期初存货+期末存货)÷2*计算天数÷销售成本

或者:存货周转天数=计算天数*(期初存货+期末存货)÷2÷销售成本

存货周转率指标的好坏反映企业存货管理水平的高低,它影响到企业的短期偿债能力,是整个企业管理的一项重要内容。一般来讲,存货周转速度越快,存货的占用水平越低,流动性越强,存货转换为现金或应收账款的速度越快。因此,提高存货周转率可以提高企业的变现能力。

库存周转率考核的目的在于从财务的角度预测整个公司的现金流,从而考核整个公司的需求与供应链运作水平。

很简单的算法,如某制造公司在 2003 年一季度的销售物料成本为 200 万元,其季度初的库存价值为 30 万元,该季度底的库存价值为 50 万元,那么其库存周转率为 200/[(30+50)/2]=5 次。相当于该企业用平均 40 万的现金在一个季度里面周转了 5 次,赚了 5 次利润。照此计算,如果每季度平均销售物料成本不变,每季度底的库存平均值也不变,那么该企业的年库存周转率就变为 200*4/40=20 次。就相当于该企业一年用 40 万的现金赚了 20 次利润!

7.3.2 分拣与发货的评价与管理

1. 分拣的评价与管理

(1) 分拣员岗位关键绩效指标

分拣员岗位职责包括接收任务开始拣货,按照工作流程与方法准确、高效地分拣每一张订单,准确高效分拣货物,将货物放置在正确位置,在拣货过程中检查货位信息是否准确、拣货区的 5S 执行,要保持一个舒适的工作环境。详细指标见分拣员岗位关键成功因素鱼骨图。

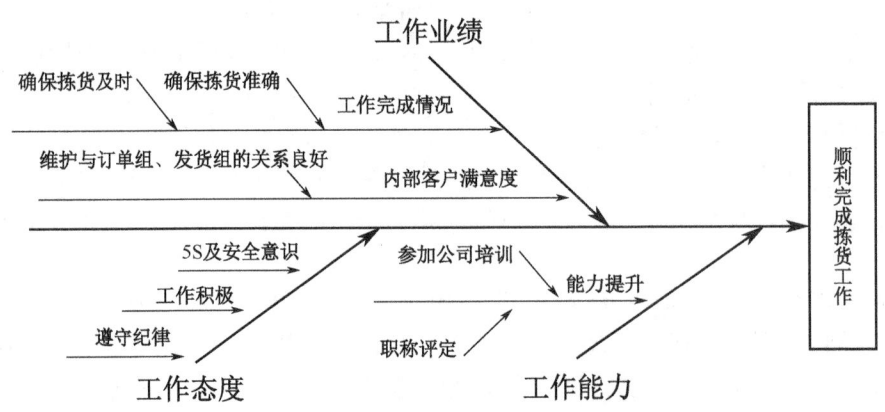

图 7-2 分拣员岗位关键成功因素鱼骨图

(2) 对分拣员岗位评价与管理

主要依据关键绩效指标(KPI),从工作业绩和工作态度两方面评价。

工作业绩主要包括分拣数量、分拣及时率、分拣差错率等;工作态度主要包括纪律、出勤率、安全事故次数、5S 检查执行情况等指标。

各电子商务企业可以根据工作实际赋予相应的权重,对分拣员岗位进行客观的评价与管理。

2. 发货的评价与管理

(1) 发货员岗位关键绩效指标

发货员岗位关键绩效指标包括负责发货前的产品及标签检查、将货物贴上发货单并交给承运人、负责维护各种运输关系、跟踪货物运输状态、及时处理发货后遇到的问题等。

详细指标见发货员岗位关键成功因素鱼骨图。

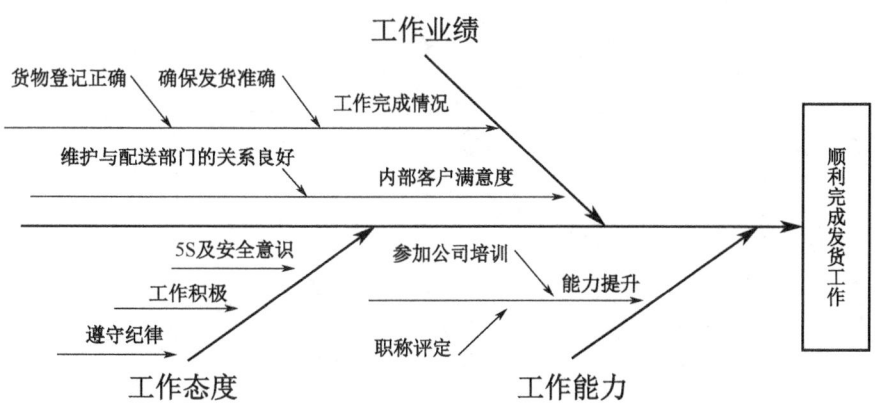

图 7-3　发货员岗位关键成功因素的鱼骨图

（2）对发货员岗位评价与管理

主要依据关键绩效指标（KPI），从工作业绩和工作态度两方面评价。

工作业绩主要包括发货数量、发货及时率、发货差错率、发货差错率等；工作态度主要包括纪律、出勤率、安全事故次数、5S 检查执行情况等指标。

（3）发货员岗位关键绩效指标（KPI）权重确定

各电子商务企业可以根据工作实际赋予相应的权重，对发货员岗位进行客观的评价与管理。一般而言，仓储经理与发货员分别对关键绩效指标（KPI）进行打分，再沟通确定最终权重，表 7-5 为某公司的发货员岗位绩效权重设置。

表 7-5　发货员岗位绩效权重表

指标类型	发货员岗位关键绩效指标(KPI)	权重1（仓储经理）	权重2（发货员1）	权重3（发货员2）	最终权重
工作业绩	发货差错率	35	20	30	35
	发货登记差错率	20	20	20	20
	发货及时率	15	20	15	15
工作态度	纪律	5	5	5	5
	出勤率	5	5	5	5
	安全事故次数	10	10	15	10
	5S 检查	10	10	10	10

全部（KPI）权重总和为 100 分，每 5 分为一个进阶梯度，进行权重确定。

（4）发货差错率指标考核标准确定

如某公司仓储部门发货员岗位发货差错率指标 2017 年目标值为 0.49%，确定 2018 年发货员岗位发货差错率目标值。发货员 2017 年月度差错率统计见表 7-6。

表 7-6　发货员 2017 年月度差错率统计

KPI	1月	2月	3月	4月	5月	6月	7月	8月	9月	10月	11月	12月
	0.24%	0.39%	0.56%	0.49%	0.71%	0.32%	0.45%	0.33%	0.45%	0.49%	0.12%	0.35%

仓储部发货员岗位2017年发货差错率指标平均值及2018年目标值见表7-7。

表7-7 发货员差错率2018年预估

KPI	2017年平均值	2018年目标值
发货差错率	0.41%	0.4%

根据上年目标值，对目标值进行微调。

（5）发货差错率指标积分规则确定

如某物流公司发货员岗位发货差错率指标2018年目标值为0.45%，假设上限为0.8%，权重为35分，应用常见积分规则进行积分。发货差错率指标考核计分规则为：完成目标值，该项目满分，每高0.01%，扣1分，扣完为止（目标值0.45%与上限0.8%之间有0.35%，权重35分，那么每0.01%对应1分）。

发货员岗位与发货差错率指标定义与描述示例见表7-8。

表7-8 发货员岗位与发货差错率指标定义与描述示例

定义与描述项	示例
指标名称	发货差错率
指标定义	每月由于发货员符合失误而造成的发货差错订单数与总订单数的比率
设立目的	该指标用于衡量发货员符合工作的完成情况，工作是否认真负责
计算公式	发货差错率=发货差错订单数/总订单数×100%
相关说明	该指标由仓储部门以月、季、半年报于人事行政部门，借此提高物流中心的服务质量，避免客户投诉，考核发货人员复核工作情况
数据收集	仓储部
数据来源	客服部
数据核对	人事行政部
统计周期	每周
统计方式	数据和趋势图

仓储部发货员关键绩效指标（KPI）考核表见表7-9。

表7-9 仓储部发货员关键绩效指标（KPI）考核表

考核项	关键绩效指标	权重	目标	积分规则	得分
工作业绩	发货差错率	35	0.45%	完成目标满分 高0.1%，扣5分，扣完为止	
	发货登记差错率	20	0.5%	完成目标满分 高0.1%，扣5分，扣完为止	
	发货及时率	15	99.3%	完成目标满分 低0.01%，扣5分，扣完为止	
工作态度	纪律	5		违反一次规章制度、劳动纪律扣1分，扣完为止	
	出勤率	5	100%	旷工扣5分，迟到扣1分，全勤满分	
	安全事故	10	0	出现安全事故得0分	
	5S检查	10		5S检查不合格1项扣1分，扣完为止	

7.3.3 配送与交付的评价与管理

1. 配送的评价与管理

从配送中心到消费者之间的配送成本一般是很大的,发达国家典型的物流配送系统中运输成本平均占销售收入的 4%。因此,尽量减少运输开支并提供与费用相对应的服务水平是很重要的。

一般电商企业对配送的监控有以下两个方面:

1) 货物跟踪。现代的服务敏感性,要求物流配送系统必须提供货物的实时信息,包括提供货物的位置与状态。这些信息提供给电商企业以及消费者以确保有效率地运作。现代货物跟踪系统较为昂贵,但由于服务的改进,提供的竞争优势是显著的。

2) 运费账单审计与以合同运价方式支付公共承运人的运费。运价考虑到了起点的位置、货物类别、货物体积和重量、运输距离、包装形式和地域。运费账单必须审计后支付。系统可以手工操作,也可以计算机化。现代发达的系统由条码、电子标签和其他扫描系统及高级处理软件组成。

2. 交付的评价与管理

订单与交货的一致性是电子商务业最重要的因素。主要的作业指标是无误交货率。

无误交货率=当月准确按照顾客订单发货次数/当月内发货总次数。

在实际操作中,顾客最关心的也是我们能否正确地按照客户的订单来交货。所以没有按照顾客的订单发货,给网站的服务形象造成的损害是最大的。因此在发货前必须根据顾客的订单多应用物流技术,如:仓位条码和货品条码及二人复核流程(一人读出货单,一人核对实物)来确保所发货物是否符合顾客的要求。

(1) 交付准确率

交付准确率是电商仓库非常重要的一个内部绩效指标,直接与客户满意度、售后率、投诉率相关,提高交付的准确率还能大大减少公司的各项成本和费用。

当订单数量特别多,或者在店铺搞活动争分夺秒的时候,我们的打单人员及仓库发货人员就会在这种快速运作状态下产生差错,会出现物品多发或者少发,错发成其他的货(颜色、大小、款式),或者把价值比较贵重的物品给错发,或者把地址填写错误。如果客户要求退货,那么来回的运费成本是要承担的;而且,发错货给客户的印象也不好,如果客户写在评价里,对后面购买的客户也会造成一定的影响。因此,作为一个电商卖家,我们一定要把错货率降到最低,甚至降低到零。

(2) 降低发货的出错率

一个订单的操作步骤基本可分为:下载(整理)订单→打印快递单和发货单→配货→校验→打包→装车。那么如何才能更有效地做到降低发货出错率,或者说零失误呢?

① 订单的获取(整理)环节。

订单的整理,要求对于货品的信息和发货地址准确无误;我们结合后台的一些软件把订单信息全部下载下来。比如,使用专业的 ERP 系统,在获取订单信息时,会连同买家在淘宝后台的备注和留言也一并下载下来,这样一来,我们就可以及时根据买家的最新要求来作出更改,防止物货信息和发货地址的错误;订单信息的正确性是保障不会发错货的第一步。

② 快递单和发货单的打印环节。

订单获取到了之后,接下来就是打印单据了,在打单时,相信各位卖家也会常常碰到同一买家在不同时间段内连续拍下多个订单(却只付了一个邮费的)的特殊多个订单,如果我们逐个都去打单的话,不仅费时费力、费快递费外,还容易引起混乱;另外发货单和快递单最好一次性搞定,这样不仅仅是将两者的信息结合在一起,还避免了订单信息和物流信息混乱的可能,很多卖家图省事,都不打发货单,直接把订单货品信息打在快递单单面上,这样一来,不仅在给配货人员带来不便的同时,也容易造成买家商品信息的泄漏,如果是贵重物品的话将会更加危险。

② 验货核实环节。

配货人员在配好货之后,需要对货品的数量、颜色、品类进行审查。目前,一般的商家大都采用肉眼的审核方式来进行简单检验。这种检验方式在订单多,时间急、配货人员疲劳的时候就行不通,特别容易出错。

如果在这个环节加一道系统查验的话,基本上可以将配货的出错率降低到零,淘仓网络在验货核实方面采用的是利用条形码加扫描枪进行审核,如果货品的种类、数量、属性扫描审核全部正确的话,那么就会自动发货到淘宝;对于配错货的订单,在这个检验环节里作出报警,提示错误信息;这样一来,哪怕配货人员配错了货,在这个环节也能及时纠正过来。

如果把这一系列操作流程标准化,那么,相信也会给您减少很多的售后纠纷问题,由此可见,建立一个标准化的发货流程还是非常重要的,更能大大提高打单发货的速度和准确性。

(3)交付时效性

电商企业内部交付的及时率=当月快递公司准时送达次数/当月快递公司总发给次数。物流公司交付时效是指从下订单开始计算到收到货物为止这段时间。

设立合理的交付时效考核指标。客户对运输时效的一般要求不外乎两种:缩短产品交货期和提高产品交货准时率,这也是运输时效优化追求的目标。产品交货期能体现企业运作水平的好坏,准时交货率能体现企业的诚信和竞争力。两个指标缺一不可,而且此两指标互相依存,互相冲突,符合悖反原理,延长产品交货期可提高产品的准时交货率,缩短产品交货期则会增加准时交货率的达标难度。因此,企业在考核运输时效的时候一定要设立两个指标:平均运输周期(衡量产品交货期的指标)和准时交货率(衡量产品交货是否可靠的指标),只有在平均运输周期和准时交货率之间找到平衡,才能最终取得客户的满意,增强企业的竞争力。我们在考察某物流公司运输时效的服务水平时,也不能单纯地考察某一指标,而是两个指标都要考察。

✓ 7.3.4 客户服务的监控

从物流的角度看,客户服务是所有物流活动或供应链过程的产物,客户服务水平是衡量物流系统为客户创造的时间和地点效用能力的尺度。客户服务水平决定了企业能否留住现有的顾客及吸引新客户的能力。因此,在电子商务企业对物流服务商的监控中,客户服务的监控是至关重要的环节。

客户服务的定义是随企业而变化的，不同的企业对客户服务这一概念往往有不同的理解。例如供应商和它的客户对客户服务的理解就有很大的不同。从物流的角度来说，客户服务可以理解为衡量物流系统为某种商品或服务创造时间和空间效用好坏的尺度，这包括从接收客户订单开始到商品送到客户手中为止的所有服务活动。

作为电子商务物流的客户服务，客户的范围包括两方面：

1）电子商务企业的相关工作人员，例如电子商务售后服务人员、对物流服务运费账单审计人员等；

2）消费者。

所以，客户服务的监控需要了解物流公司对两方面客户的服务情况。一般情况下，物流的客户服务分为交易前、交易中、交易后要素。

1. 交易前要素

交易前要素为企业开展良好的服务创造适宜的环境。这部分要素尽管并不都与未来有关，但对销售有重要影响。顾客对企业及其服务的印象和整体的满意度都与交易前要素密切相关。

1）顾客服务条例的书面说明。顾客服务条例以正式文本的形式，反映顾客的需要，阐明服务的标准；所规定的每项服务不仅要可度量考核，还应有可操作性。

2）提供给顾客的文本。顾客能了解到自己能够获得什么样的服务，否则顾客可能产生一些不切实际的要求。同时，顾客也可以知道在没有得到应有的服务时该与谁以什么方式联系；如果顾客在遇到问题或需要了解某些信息时找不到具体的人询问，他很可能一去不返。

3）组织结构。对每个企业来说，应该有一个较好的组织结构以保障和促进各职能部门之间的沟通与协作。

4）系统柔性。物流系统在设计时要注意柔性和必要的应急措施，以便顺利地响应诸如原材料短缺、自然灾害、劳动力紧张等突发事件。

2. 交易中要素

交易中要素主要指直接发生在交货过程中的顾客服务活动，也就是最经常与顾客服务相联系的活动，主要包括以下内容：

1）缺货水平。即对企业产品可供性的衡量尺度。对每一次缺货情况要根据具体产品和顾客作完备记录，以便发现潜在的问题。当缺货发生时，企业要为顾客提供合适的产品，或尽可能地从其他地方调运，或向顾客承诺一旦有货立即安排运送，目的在于尽可能保持顾客的忠诚度，留住顾客。

2）订货信息。向顾客快速准确地提供所购商品的库存信息、预计的运送日期。对顾客的购买需求，企业有时难以一次完全满足，这种订单需要通过延期订货、分批运送来完成。延期订货发生的次数及相应的订货周期是评估物流系统服务优劣的重要指标。

3）信息的准确性。顾客不仅希望快速获得广泛的数据信息，同时也要求这些关于订货和库存的信息是准确无误的。

4）订货周期。订货周期是从顾客下订单到收货为止所跨越的时间。包括下订单，订单汇总与处理，货物拣选，包装与配送。

5）订货周期的可靠性。顾客往往更加关心订货周期的可靠性而非绝对的天数，因为可靠性高可以减少顾客的安全库存。

顾客服务的交易中要素往往备受顾客关注,因为对顾客而言,这些要素是最直接和显而易见的,有80%的顾客认为产品的运送甚至与产品质量本身同等重要。图7-4显示,通常顾客抱怨的原因有44%来自送货的延迟,所以,处理好顾客服务的交易中要素对于减少顾客抱怨十分重要。

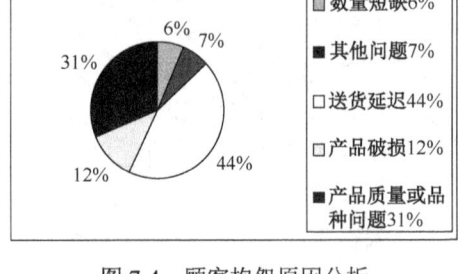

图7-4 顾客抱怨原因分析

3. 交易后要素

顾客服务的交易后要素是企业对顾客在接收到产品或服务之后继续提供的支持。这类要素曾经是顾客服务要素中最常被忽视的部分。售后服务对提高顾客满意度和留住顾客至关重要,主要包括以下内容:

1)服务跟踪。为防止顾客因物流问题而投诉,企业必须物流服务进行跟踪。

2)顾客的抱怨、投诉和退货。为消除顾客的抱怨,需要一个准确的在线信息系统处理来自顾客的信息,监控事态的发展,并向顾客提供最新的信息。物流系统的设计目标是将产品顺利传递到顾客手中,而那些非经常性的操作,特别是顾客退货的处理,其费用是很高的,企业对顾客抱怨要有明确的规定,以便尽可能及时有效地处理,维护顾客的忠诚度。

同步阅读

阅读材料1:电商库存控制:KPI和安全存量为手段永远不够

案例提供:梁飞,深圳金海湾企业管理咨询公司合伙人

为了增减库存的问题,这已经不知道是一个月里开的第几个会了。一如既往的争吵、没有结果。争吵的焦点,就是库存到底应该增加,还是减少。以往,当销售部要求增加库存的时候,公司就增加库存;当生产部要求减少库存的时候,公司就减少库存。而作为老板的李威,一直没有想好,公司的库存应该定在一个什么样的比例才算合适?

李威是天山音响公司的创始人之一,也是公司总经理。经过二十年发展,从一家小企业成为国内知名音响企业,其中最重要的因素,在于公司从外部企业引进了一批研发、营销、生产方面的精英。营销副总张云飞和生产副总唐冲就是其中的佼佼者——可以这么说,公司在三年内营业额翻了两番,如果没有张、唐二人,是不可能完成的。

可是在库存问题上,两个人的矛盾也是不可调和的。

(一)两边都有理

正所谓"屁股指挥脑袋",张云飞负责销售部门,当然是希望扩大库存,无论客户要什么货,都能马上交货,无形中就比竞争对手多了竞争优势;而唐冲负责生产部门,必然关注库存量的增加,他多年来一直坚持"零库存"生产理念,和销售部冲突强烈,简直没有可以调和的余地。时间一长,矛盾越来越突出。

李威自己也很苦恼,这么多年过来了,还真没想过库存要不要控制,控制到多少量的问题。但问题摆到桌面来了,肯定是要做出决策的。面对张、唐这样的强势人物,打"马虎眼"、"和稀泥"必定会寒了二人的心。其实,唐冲早就向李威诉过苦了。

"现在公司每月增加几百万的库存,我看着心急啊。"唐冲诉苦道,"张总想增加公司销

售额的心情我能理解,可真的要增加库存才能解决问题吗?原来公司的交期是要25天,经过这两年工艺改进,引进了两条新设备线,如果不是特别大的订单,我们交期从来不会大于20天的,这已经是在同行业里的最高水平了。我相信这一点,在与其他同行竞争的时候,就已经是最大的竞争优势了。"唐冲又说,"像丰田、联想、戴尔、海尔等大公司,他们都已经做到了零库存。我们公司相对较小,零库存目前还做不到,但减少库存、增加现金流通速度,还是能做到的。"

唐冲所说,正与李威前不久在一次总裁培训班上听到的生产指导思想不谋而合,而且他觉得也颇有道理。的确,现在公司的库存数量也太大了,几乎是前三年的几倍了。

要不,跟张云飞商量一下,把库存降下来?正思考着,会议室门响了,李威一听,就知道张云飞来了。他当然是冲库存的事来的,李威让他开门见山。"唐总的谨慎态度肯定是好的,也是为了公司着想,为了降低公司风险,这点我很赞同。"张云飞的态度还是不错,"不过,唐总一直是负责生产方面,他对销售这一块不太了解啊。""怎么说?"李威有点好奇了。"其实我要求公司增加的库存,根本就不存在着什么风险!"张云飞说,"难道您没注意到,增加的库存其实主要是六七个品种,而我们销售部门做过市场调研,这几个品种目前是供不应求的,所以根本就不存在会成为死库存的可能性啊。"

李威问了句:"唐总也说了,自从公司提高了生产工艺,我们绝对可以在20天内交货。他看了同行几个大公司的交期时间,一般来说都要25天以上。也就是说,基本上不存在因为没有库存而影响销售的情况。"

张云飞的脸一下子苦了起来:"唐总对市场情况不了解啊,因为没有库存而影响销售的情况,他根本就不知道。我们销售员已经反映过很多次了,现在很多室外表演的,对交期要求一般是一个星期以内,人家一听要20天,根本就不理了,直接向别的有存货的厂家订货。这个亏我们可是吃得多了!"

"不过我们的库存也的确不少,现在的库存是三年前的几倍了。"李威提出自己的疑问。"李总,话可不能这么说。"张云飞说,"没有这么多库存,销售额是怎么做上来的?这些库存都是畅销货,都是能直接变成钱的。只要查一下我们的库存周转率就可以看到,虽然库存增加了,但库存周转率也提高了,这就说明,这些库存是能创造效益的。现在的市场竞争太激烈了,不进则退,我们必须牢牢地占领住市场,把其他竞争对手挤出去,才能在这个行业里占有一席之地!"

"嗯。你说的也有道理。我再想想吧。"李威的脑子又混沌了,他不想在这种混沌状态下做出决策。

(二)从财务和考核的角度来考虑

李威想了一会儿,决定去找一个重要的人。他马上站起身来,向着财务部走去。财务部一直是由向天业当家,做过几家外企的财务总监。在他的操持下,财务部这几年的工作一直有声有色,财务分析、财务报告一直做得很好,在很多重大决策上,他能提供很多中立的意见。

转眼间,李威就坐在了向天业的办公桌前。

"其实他们双方都有道理,不能说谁对谁错。不过,李总,你有没有注意到一个问题?"向天业说。"什么问题?"李威想不出自己忽略了什么。"考核问题。"向天业说,"其实两人是没有直接冲突的,增加库存对唐总来说还有个好处,就是避免销售部的人老是跟在他屁股后面催货。但是,我们在年初设计考核方案的时候,就直接制造矛盾了:我们要考核唐总的库存周转率。""考核库存周转率怎么了?"李威还是没听明白,"库存周转率不是在

一直上升吗？""关键是我们年初给唐总的考核指标有点高了，而且，这个考核权重占了20%！如果完不成，对唐总年终奖的影响太大了。"向天业分析道，"如果还是按照前年的库存情况，以唐总的能力，他还是能完成这个考核指标的。但自从去年年底以来，张总强烈要求增加库存，这就给了唐总很大的压力了。我看了一下前几个月的财务指标，再这样下去，唐总几个跟库存有关的指标都不一定能够完成。"

李威恍然大悟，"我回头就跟人力资源部那边商量一下，动态调整库存周转率考核，那不就成了？""对于唐总那边的问题是可以解决了，张总不是一直信誓旦旦说消化这个库存没问题吗？我们可以直接把这个库存指标也作为张总的考核指标。"向天业说。"有道理。"李威笑了起来，"那问题就解决了？"他顿时感到一身轻松。"没这么简单。"向天业又说，"张总跟唐总的冲突问题是解决了，但库存问题本身并没有解决。我们还是要定一个库存指标出来，把公司的库存控制在一个合理的量上。""你认为我们的库存应该如何控制呢？"李威问道，他知道向天业必有答案。"如果从财务角度来看，我建议我们拥有一个稳健的财务体系。"向天业打开电脑上一个图表，展示给李威："李总您看，我们的库存增加，销售额增加，这是事实。但我们要看到，库存的增加速度比销售的增加速度快多了，这些库存放着都是钱哪，公司现金流已经受到极大的影响。再说，这些型号的音响现在是受欢迎，但音响器材功能及外观的更新换代速度也很快。从这个角度来考虑，如果我们的存货不流行了，直接就是一堆废铁，打折出售也未必会有人要！我们只能算是中型企业，这个风险承担不起的。"

李威一下子又沉默了。现在看来，库存增加的现象必须得到改变，问题是，具体要怎么操作呢？

（三）什么是安全库存

李威决定把这个问题交给一位专家来解决。

两个小时后，李威出现在一家咖啡馆内，坐他对面的，是有名的咨询专家郑通。两年前，郑通带队为天山音响做战略咨询，帮助公司取得很大的发展，两家合作一直非常愉快。

此刻，郑通正仔细看着李威带过来的销售、生产、研发、财务等报表。郑通把所有的报表看了三四次，抬起头来很坚定地说："这个库存还是得减，这样才能降低风险，提高效益。"

"那你还是赞同生产部唐总的意见了？"李威问道。

"也不全是。"郑通摇了摇头，"减库存要得法。像唐总那样一味追求低库存，在你们这个行业，的确会给销售带来很大压力。"

"愿闻其详！"李威知道郑通不是一个和稀泥的人，他的意见，必定不是唐、张二人意见的折中，往往视野更开阔。

"从报表上来说，有短期、长期两种策略。"郑通分析道，"从短期来看，仓库里现在还有好几百万积压两年以上的库存，马上清掉，要么低价出售，低于成本也无所谓；要么拆了重新组装新款的音响。这样做，从账面上看是亏了，但实际上是赚了。"

李威点点头。这个道理一说他便能想明白，积压的库存，账面上值不少钱，其实只是一堆死物，再过一两年就只能卖废铁了。但如果现在痛下决心，把积压库存给清理掉，将其换成现金流通起来，对公司只有好处，没有坏处。

"从长期来看，公司其实缺少一个有效的库存管理模式，我简要说一下安全库存的问题吧。""首先，销售部要做出一个可靠的市场需求预测。张总要求提高某类产品的库存，不能他说多少便是多少，他得拿出数据来。""其次，生产部必须对产品的种类和交期有充分的了解,这一点,唐总和张总必须建立一个有效的沟通机制,只有双方沟通好,才能避免搞销售的不关注生产状况、管生产的不了解市场销路。"

"再次,对张总、唐总提出的库存结构,财务要做财务分析,对持货成本、缺货成本进行充分了解,做出合理的评价。如果确实持有成本过高的,那库存便得削减。销售提出库存、生产补充数据、财务确认库存,这样三方确定下来的,才是比较合理的安全库存。到时候,公司的库存要不要减,就一目了然了。"

"最后,研发部也要参与进来。在每推出一个新产品之前,必须把之前的产品尤其是性能相近产品的库存给降下来,这样才不会造成冲击,不会产生商品积压或降价方面的损失。"

郑通又对每一个要点解释了一番,说了一个小时,李威终于能放下心中的那块大石头了。他端起手中的咖啡,喝了一大口,说:"这是我喝过的有史以来最好喝的咖啡了!"

对于减不减库存,考核 KPI 主导的只是责任范围,以结果为导向,但库存控制没有结果,只有后果。而安全存量管理则只是控制库存的一种手段。这两个方法对传统企业而言也许真的够了,因为其粗狂批量的进出模式。但对于以精细化的单个用户为目标的电商而言,永远不够,也许绝非利器。真正的利器在于以日常数据为导向的周转率和动销率。

商品周转率=(月度售出商品的成本/月度平均库存总值)*100%商品

周转天数=360*周转率

商品周转次数=360/周转天数

商品动销率=动销品种数/仓库总品种数*100%

商品周转率越高,商品给公司带来的利润就越高。商品的动销率越高,滞销产品就越少。

一个关注商品价值变化,一个关注存放价值变化。

前段时间也遇到以下两方面的困惑:

1. 订单量并不大但觉得商品的存放面积永远不够,货架有效利用率{=(货架实际存量/货架最大存量)×100%}也一直不理想。

2. 网站的经营SKU(品项数)已经琳琅满目了,用户还是反映买不到商品或缺货率{(=日缺货单数/顾客日订货总单数)×100%}居高不下。

后来终于找到了商品周转和动销有效结合的办法。目前很多电商企业还不知道周转率代表商品的周转次数所带来的供应链效率,该效率决定资金流转的价值。100元的商品一年周转12次,价值就是1200元,周转4次,那么该商品的价值就只有400元;动销率代表商品的销售状态,该状态不是决定销售业绩,而是决定销售层面的价值。好卖的商品大家都能卖,把不好卖(滞销)的商品卖好才是销售人员能耐价值所在。

当商品的周转天数能30天周转一次,动销率在85%~90%之间,那么我们的供应链一定是健康的。反之商品存放的成本会越来越高,仓储面积的需求会越来越大。

所以电商企业的仓库有多少万平米其实对企业而言并没有任何值得炫耀的。真正值得炫耀的只有两个数据:周转天数和动销率。

尤其动销率不但对减不减库存至关重要,更至关体现电商供应链管制的水平。

我们控制动销率的目的在于:

1. 区分出畅销平销滞销SKU的占比。以此数据为依据,仓库季度更新SKU排位。打包区附近存放的一定只是畅销品类。仓库远角存放的一定永远是滞销品类。

2. 有助于实施公司品类管理战略。此数据+ABC价值分析法让我们知道:哪些品类该加大力度购入,哪些品类得谨慎采购,哪些品类适合做低价促销,哪些品类非高价不卖。

3. 通过SKU的分析与调整，提高仓库的坪效、米效、品效。

控制SKU的动销率步骤：

1. 按照商品小分类制订SKU动销情况分析表。操作手法：在系统报表中找到需要分析的时间段最后一天的SKU总数和动销SKU数分别填写在分析表中。

2. 进行数据分析：

动销率的计算公式：动销率=动销SKU/实际SKU * 100%。

动销SKU——在界定期间的有销售记录的单品数量。

实际SKU——在界定期间期末的实际库存单品数，不包括已经是零库存的商品，但是包括负库存的商品。

动销率的理解误区：

1. 动销率越高越好。当我们的动销率高于90%时，意味着我们90%的商品都是畅销款。但其实这却只是表面繁荣而已，紧接着问题就会出现：运营该主推哪些商品，该让哪些畅销商品更加畅销，该打造哪些商品为爆款……最要考量的是你的供应链节奏行不行？因为在中国的制造环境和运输环境下，做到零库存和准时制JIT对大众电商企业而言，未来10年都仅仅只是一个梦想而已。

2. 动销率等于100%就是正常，动销率小于100%就是滞销商品惹的祸。

3. 仅仅被百分比所迷惑，只看数据的表面，不透过表面找到问题的实质。商品的畅销、平销、滞销，躺着睡觉有时绝对不仅仅是市场时尚需求问题，也不仅仅是商品质量问题，过季问题，构造问题。有可能是销售策略问题，有可能是拍照问题，有可能是文字编辑问题，也有可能是销售推广力度问题等。这种误导案例数不胜数。

动销率超过100%产生的原因和解决办法：

产生原因：虚库太多或者商品出现停进停销。

解决办法：

1. 仓库缺货信息及时传递给采购，客服。采购及时反馈补货期限或者能否补到货；客服与用户沟通和权衡拆单或者等待期限。不可思议：目前有的电商的后台系统竟然没有拆单的功能。

2. 深层次的思考和布局：销售渠道库存分布和定价的合理性。官网多少库存，淘宝、拍拍、京东、当当又该多少库存，价格多高合适。

3. 淘宝不好销售的商品不等于京东就一定不好销售，官网不好销售的商品并不代表1号店就不好销售，我们首先应该找到销售不佳的原因，商品的款式不流行、同质商品太多等。真正做到数据比拍脑重要。

4. 追求精益化，舍得砍品类。大而全不是所有团队都能玩得转的。砍款注意：当动销SKU<当前库存SKU+淘汰的品项数，说明动销商品被淘汰，而不动销商品没有被淘汰。当动销SKU>当前库存SKU+淘汰的品项数，说明该种类商品应该淘汰。当动销SKU=当前库存SKU+淘汰的品项数，说明该分类商品不但不可以淘汰商品，还需要引进商品品项数。

5. 确保系统库存数据的准确性。目前电商物流已经找到日盘存的方法了。分责任区域对日动销商品盘点下班前30分钟就可搞定。

动销率低于100%产生的原因和解决办法如下。

产生原因：存在滞销商品。商品同质化严重，商品结构有问题，采购买手不专业，定价盲目。

解决办法：

1. 加强商圈内消费者的消费调查，谨慎引进该类商品的新品（谨慎做到：充分进行市调，充分分析，根据消费者的需求适度谨慎引进新品）。

2. 更换不动销商品货架陈列位置；加大不动销商品的促销力度；改变不动销商品的营销策略。我们在处理动销率低于100%的商品时必须谨慎，应注意先找到商品不动销的原因：一是商品是否是结构性、季节性商品；二是要检查商品的性价比（价格是否高于消费者的心理价位、是否高于竞争对手、是否高于同类商品）；三是该类商品的同质商品是否过多；四是商品的促销活动情况等因素。切记：商品不动销大部分并不是商品本身的错，而是我们人为的错，是我们没有重视它的存在。

动销率等于100%时注意：

不能被"百分百"的表面现象迷惑，我们应该透过数据的表面看到其内在的实质，千万不要以为该类商品品项数结构比较合理，在确定是否合理的前提必须要经过以上异常原因的排除，以及改善后方可确定分类商品单品结构的合理性，同时还要加强民意市调，挖掘消费潜力，适度引进新品。还应该加以重视：一是该分类商品的新品引进；二是该小分类商品的促销；三是如何提升新品的销量，培养更多的A类商品。

阅读材料2：电商物流各项数据参考标准

（一）电商物流数据控制标准：

1. 妥投率90%以上。
2. 物流总成本12%内。
3. 商品周转天数低于45天。
4. 发货错误率十万分之二内。
5. 物流及时率85%以上。
6. 客户对物流层面的投诉率低于2%。
7. 商品动销率高于85%、低于98%。
8. 物流整段商品破损率低于千分之三。

（二）电商物流破损率标准：

不能承受20公斤以上外力的挤压和撞击之商品破损率在千分之三以内；能承受之商品破损率需控制在万分之二以内。

（三）物流带来老客户的价值：

1. 发展一位新客户的成本是挽留一个老客户的3～10倍；
2. 客户忠诚度下降5%，企业利润下降25%；
3. 向新客户推销产品成功率是15%，向老客户推销产品成功率是50%；
4. 如果将每年的客户保持率增加5%，利润将达25%～85%；
5. 60%的新客户来自老客户推荐；
6. 20%的客户带来80%的利润！

（四）播种与摘果两种方法：

1. 播种法适合200 SKU内的企业，超200建议"摘果"。
2. 要想提高效率，"摘果"的同时先想办法播种，播种同时先"摘果"。
3. 无论播种还是摘果，都要以动销率和周转率为前提，否则都是假效率。

（五）电商物流考核KPI标准：

1. 权重最大的是及时率。内：从订单到达后台开始到包裹快递分流完成限时3小时；外：根据配送区域限时。

2. 货损货差是操作层面和管理层面最直观 KPI。

3. 物流成本占比客单价因品类不同占比不同，超过 18% 的，不适合网上零售。

（六）电商物流是否高效的界线：

1. 库位计划随采购计划而计划、非商品到来见缝插针。

2. 商品在等待打包而非打包人员在等待商品配货。这也是测算你的人员配置是否合理的一条界线。

3. 商家在跟踪配送订单，而非快递公司在反馈。

4. 商品从没走过回头路。

5. 每季度 2 人辞职。

（七）电商仓储定位数据标准：

1. 根据坪效原理仓库多少平方米承受多少单量，峰值是 3.5 倍。

2. 没有引入 RFID（射频技术）的仓储人均基本负荷订单是 60 单，峰值是 2 倍。

3. 平均每单人力成本 1.66 元，仓储成本 0.66 元，包装成本 1.26 元。

（八）电商行业平均每单出库速度为 23 分钟：

从订单分流同步到后台开始到货物打包完成交付到包裹分流区结束。行业平均每单出库速度为 23 分钟。

（九）电商配送成本标准：

1. 每单配送费占客单价 6% 是标准，否则总物流成本必会高出 12%。

2. 配送成本高于 6%，快递公司必须更换。

3. 顺丰每单的快递费 32 元、宅急送 28 元、四通一达 18 元、区域快递 15 元、分仓周边半径 70 公里自建物流 27 元。

4. 配送速度、态度、准度，决定客户体验良差的 75%。

（十）电商仓储价值标准：

1. 平面仓 6~7 角是标准，立体仓 9 角。

2. 仓储离市中心 60 公里内合理。

3. 商品动销率 85% 是标准，动销率高低决定存放价值。

4. 立体货架利用了仓储价值的 75%，平面货架为 63%，托盘为 46%，操作区为 23%。

5. 仓储面积只做 3 年利用预算。

（十一）电商仓储管理水平的标准：

1. 成本标准：总仓储配送成本是营销额的 18% 内。

2. 发货错误率，十万分之五。

3. 配送延误率：通过 T+3 的反馈统计，配送延误率控制在万分之二单内。

4. 库存准确率，十万分之五。

5. 拣货效率，一分钟 5 件。即一件的拣货时间为 12 秒。

（十二）标准化电商——你的毛利给了谁：

做标准化商品的电商即使返点高达 10%，这 10% 也不够填补物流的黑洞。B2C 大多覆盖的是零售业，零售业利润率较低，减少了中间渠道的电商亦是如此。利润偏低，到底有多低呢？以下一些数据仅供参考

1. 大家电的毛利率<=5%

2. 电脑的毛利率 6%~7%

3. 服装的毛利率 50%

4. 鞋的毛利率20%。

（十三）电商物流人资源很重要：

配送成本是营业额的 8%～10%是合理范围；加盟快递做站点（只收件不派件）模式，配送成本占比为 6%～7%；电商以分仓+干线物流+落地配模式，配送成本同样需要 5%～7%；而做物流的企业做电商，配送成本最低能达到：3%～4%。

（十四）抛货的计算方法：

长*宽*高/6000 本来是国际航协规定的，但我们的快递公司却经常用于汽运。

（十五）代收货款费率是个"黑洞"：

有的快递公司可以开出 3%～5%的代收费率。意味着：这公开、变相的高利贷是合法的。2%是目前黑市高利贷的息率。想想：电商只是通过快递本该付承的本职收取自己的货款，却接受着比黑市更高息率的压榨。其实：很多区域快递早已是免代收费率的。

实训 9　XXX 天猫店物流岗位考核方案设计

步骤一：以小组为单位，每名同学分别扮演 XXX 天猫店物流中心仓库部经理、员工 A、员工 B、员工 C、员工 D。

步骤二：发放《分拣员岗位 KPI 权重确定专家意见表》给学生。要求各学生站在各角色的角度对各指标进行重要性打分。并讲解权重打分要求。

步骤三：学生讨论，小组确定统计结果；教师示范统计过程。各小组将专家意见表内容进行汇总，计算出各指标权重。

参照发货员岗位的绩效权重确定示例。

（1）如何确定岗位的 KPI？
（2）岗位 KPI 中指标重要程度如何体现？
（3）岗位 KPI 的设置都包括哪些内容？怎么设置？

随着互联网与电商行业的迅猛发展，人们的消费模式逐渐从传统的实体商店消费转变为新形态的电子商店消费。这种转变不仅给电商企业带来了发展机遇，同时也带来了新的

挑战。如何在众多同类电商企业中脱颖而出，赢得更高的顾客满意度，成为大部分电商企业所面临的最重要的发展问题。目前许多电子商务公司对物流绩效考核的 KPI 要脱离那种只局限于物流表面，应站在供应链深层的角度，制定和部署物流战略，才为科学合理。

电子商务物流绩效评估权重最大的是及时率，对内从订单到达后台开始到包裹快递分流完成限时 3 小时；对外根据配送区域限时。货损货差是操作层面和管理层面最直观 KPI。物流成本占比客单价因品类不同占比不同，超过 18% 的，不适合网上零售。返款及时率、动销率、周转率是物流管理层水平的体现。库位计划随采购计划而计划、非商品到来见缝插针。商品在等待打包而非打包人员在等待商品配货，这也是企业物流岗位人员配置是否合理的标志之一。

通过本章节的学习，学生应该能够结合实际情况，结合生产工具、产品类目、销售情况、场地情况、人员基础等设计出行之有效的电商物流环节的绩效考核方案，指标明确、权重合理、考核标准具有代表性。

同步测试

1. 单项选择题

(1) 发货员岗位发货差错率指标定义是（　　）。

　　A. 该指标用于衡量发货员复核工作的完成情况，工作是否认真负责

　　B. 每月由于发货员复核失误而造成的发货差错订单数与总订单数的比率

　　C. 发货差错率=发货差错订单数/总订单数×100%

　　D. 该指标由仓储部门以月、季、半年报于人事行政部门，借此提高物流中心服务质量，避免客户投诉，考核发货人员复核工作情况

(2) 从发货员岗位发货差错率指标计算公式：发货差错率=发货差错订单数/总订单数×100%，可以看出该指标的目标值是（　　）。

　　A. 相对值　　　B. 比率　　　C. 比较值　　　D. 绝对值

2. 多项选择题

(1) 发货差错率的统计周期是（　　）。

　　A. 每年　　　B. 每月　　　C. 每周　　　D. 每日

(2) 对发货员岗位关键绩效指标的定义，包括（　　）。

　　A. 说明指标如何进行衡量

　　B. 需要解释指标含义

　　C. 需要对指标进行补充限定性说明，把时间、质量、成本等作为定语进行限制

　　D. 需要明确指标考核谁

(3) 在进行发货员岗位关键绩效指标（KPI）权重确定时，参与者有（　　）。

　　A. 仓储经理　　　B. 发货员　　　C. 入库员　　　D. 配送经理

(4) 在进行发货员岗位关键绩效指标（KPI）权重确定时，需考虑发货员的意见，那么发货员比较多时，可将发货员的意见进行汇总，进行统计取（　　），再根据仓储经理意见最后确定。

　　A. 最大值　　　B. 总数　　　C. 平均数　　　D. 中位数

3．分析题

请结合所学内容对双翼公司仓储部关键绩效指标考核内容提出改进意见。

表 7-10　仓储部关键绩效指标（KPI）考核表

关键绩效指标维度	仓储部关键绩效指标（KPI）	权限	目标值	积分规则	得分
财务	人员成本	10	与预算偏差±5%	完成目标值，满分，每多1%，扣1分，扣完为止	
	耗材费用	5	与预算偏差±5%	完成目标值，满分，每多1%，扣0.5分，扣完为止	
	设备维修与保养费用	5	与预算偏差±5%	完成目标值，满分，每多1%，扣0.5分，扣完为止	
客户	客户意见处理及时率	10	客户意见处理及时率≥95%	完成目标值，满分，每多0.1%，扣1分，扣完为止	
	服务态度与投诉率	10	服务态度与投诉率≤5%	完成目标值，满分，每多0.1%，扣1分，扣完为止	
内部运作	收货/退货及时率	5	收货/退货及时率≥98%	完成目标值，满分，每多0.1%，扣0.5分，扣完为止	
	收货准确性	5	收货准确率≥99%	完成目标值，满分，每多0.1%，扣0.5分，扣完为止	
	订单满足率	10	订单满足率大于等于99.9%	完成目标值，满分，每少0.1%，扣0.5分，扣完为止	
	分拣及时率	5	分拣及时率	完成目标值，满分，每少0.1%，扣0.5分，扣完为止	
	分拣准确率	5	分拣准确率	完成目标值，满分，每少0.1%，扣0.5分，扣完为止	
	库存准确率	5	库存准确率≥99%	完成目标值，满分，每少0.1%，扣0.5分，扣完为止	
	在库货损货差率	5	在库货损货差率≤0.05%	完成目标值，满分，每少0.01%，扣0.5分，扣完为止	
	安全事故次数	5	无安全事故发生	发生安全事故1次，扣5分	
学习成长	流程、技术优化实施率	5	流程、技术优化实施率≥90%	完成目标值，满分，每少1%扣0.5分，扣完为止	
	员工培训次数	5	员工培训次数≥5次	完成目标值，满分，每少1次扣1分，扣完为止	
	员工培训满意度	5	员工培训满意度≥95%	完成目标值，满分，每少1%，扣0.5分，扣完为止	
得分合计					

参 考 文 献

[1] 魏修建等. 电子商务物流（第2版）[M]. 北京：人民交通出版社，2008.
[2] 王自勤. 现代物流管理[M]. 北京：电子工业出版，2002.
[3] 李钊，姜晓坤. 电子商务物流[M]. 北京：北京师范大学出版社，2012.
[4] 钱廷山. 现代物流管理[M]. 南京：东南大学出版社，2005.
[5] 吴健. 电子商务物流[M]. 北京：清华大学出版社，2009.
[6] 屈冠银. 电子商务物流（第3版）[M]. 北京：机械工业出版社，2012.
[7] 清华大学深圳研究生院组织编写. 现代物流管理基础[M]. 广州：海天出版社，2004.
[8] 魏莺. 电子商务物流管理[M]. 北京：清华大学出版社，2006.
[9] 中国交通企业管理协会编. 现代物流管理全书（第一至四卷）[M]. 北京：中国对外经济贸易出版社，2001.
[10] 曾剑等. 物流基础[M]. 北京：机械工业出版社，2002.
[11] 罗振华. 电子商务物流管理[M]. 杭州：浙江大学出版社，2003.
[12] 张铎等. 电子商务物流管理[M]. 北京：高等教育出版社，2006.
[13] 蔡启明等. 现代物流管理[M]. 上海：立信会计出版社，2004.
[14] 张文杰. 电子商务下的物流管理[M]. 北京：北方交通大学出版社，2003.
[15] 刘萍. 电子商务物流[M]. 北京：电子工业出版社，2005.
[16] 杨晓雁. 物流管理导论[M]. 北京：中国商务出版社，2004.
[17] 温诒忠. 物流管理[M]. 上海：立信会计出版社，2006.
[18] 罗振华，孙金丹. 采购实务（第2版）[M]. 北京：北京大学出版社，2017.
[19] 吴彬等. 物流学基础[M]. 北京：首都经济贸易大学出版社，2006.
[20] 嵇成舒. 电子商务物流应用[M]. 北京：电子工业出版社，2002.
[21] 李波. 供应链管理（SCM）教程[M]. 北京：电子工业出版社，2006.
[22] 朱伟生. 物流成本管理[M]. 北京：机械工业出版社，2003.
[23] 陈子侠. 现代物流学理论与实践[M]. 杭州：浙江大学出版社，2003.
[24] 黄中鼎. 现代物流管理[M]. 上海：复旦大学出版社，2005.
[25] 李吟龙. 物流基础[M]. 北京：人民交通出版社，2003.
[26] 何开伦. 物流成本管理[M]. 武汉：武汉理工大学出版社，2007.